CHARLES BERLITZ

DIE WUNDERBARE WELT DER SPRACHEN

FAKTEN, KURIOSA, GEHEIMNISSE

Mit 30 Textabbildungen

PAUL ZSOLNAY VERLAG
WIEN · HAMBURG

Berechtigte Übersetzung aus dem Amerikanischen von
Lilian Faschinger und Stefanie Schaffer

Umschlag und Einband: Walther Götlinger
Filmsatz: Typostudio Wien
Druck und Bindung: Wiener Verlag
Printed in Austria
ISBN 3-552-03418-8

CIP-Kurztitelaufnahme der Deutschen Bibliothek
Berlitz, Charles:
Die wunderbare Welt der Sprachen: Fakten,
Kuriosa, Geheimnisse / Charles Berlitz.
(berecht. Übers. aus d. Amerikan. von Lilian Faschinger
u. Stefanie Schaffer). – Wien; Hamburg: Zsolnay, 1982.
Einheitssacht.: Native tongues (dt.)
ISBN 3-552-03418-8

Meinem Großvater Maximilian Delphinius Berlitz, der viele Sprachen beherrschte und eine neue Lehrmethode des Sprachunterrichts erfand. Er weckte mein lebenslanges Interesse an Sprachen und leitete mich bei meiner Forschungstätigkeit an.

Inhalt

Vorwort

Mein Großvater war M. D. Berlitz, ein Linguist, der 58 Sprachen beherrschte und ein einzigartiges System des Sprachunterrichts erfunden hat. Als ich sprechen lernte, eignete ich mir vier verschiedene Sprachen gleichzeitig an, jede von einem Mitglied meiner Familie, das sich ausschließlich in einer dieser Sprachen mit mir unterhielt. In diesem Alter wußte ich natürlich noch nicht, daß diese Sprachen Weltsprachen waren, und hielt sie ganz einfach für unterschiedliche Ausdrucksweisen, was ja, wenn man es recht bedenkt, eigentlich eine gute Definition für das Phänomen Sprachen ist. Seither habe ich mir durch Sprachstudien, Forschungsarbeit, Lehrtätigkeit, Reisen, längere Aufenthalte in verschiedenen Ländern und das Verfassen von Sprachlehrbüchern die Kenntnis von etwa zwei Dutzend weiteren Sprachen erworben.

Im Verlauf meiner Karriere als Linguist war mir des öfteren schon die Idee gekommen, daß man ein Buch über Sprachen schreiben sollte, und zwar nicht nur, um eine Sprache zu lehren, sondern vielmehr, um an Hand von informativen Fakten und einzelnen Begebenheiten den Einfluß der Sprache auf Politik und Krieg zu illustrieren, dem Geheimnis ihres Ursprungs nachzuspüren und die Umstände ihrer Verbreitung und ihres Niederganges zu erörtern. Ein solches Buch müßte sich mit merkwürdigen Sprachgepflogenheiten auseinandersetzen: mit Ausdrücken der Zuneigung, ja sogar mit Flüchen und Schimpfnamen, mit ungewöhnlichen lautlichen Übereinstimmungen und mit sprachlichen Querverbindungen, die zum Beispiel dazu führen, daß ein Mensch, dessen Muttersprache Deutsch, Englisch oder eine der romanischen Sprachen ist, bereits Tausende Wörter aus fremden Sprachen kennt, ohne es überhaupt zu wissen.

Ein solches Buch müßte einen Eindruck davon geben, wie sehr Sprache die Geschichte der einzelnen Völker dieser Welt beeinflußt hat – und sie heute mehr beeinflußt als je zuvor. Es müßte sich mit sprachlichen Konflikten in unserer gegenwärtigen Welt auseinandersetzen und mit der Möglichkeit einer Weltsprache für das Raumzeitalter.

Da ich mich in meinen bisherigen Werken ziemlich eingehend mit einigen der großen Geheimnisse des Meeres – wie zum Beispiel dem Bermuda-Dreieck und Atlantis – befaßt habe, hat man mich gefragt, wie sich mein Interesse für Sprachen mit dem Element des Rätselhaften vereinbaren läßt. Meine Antwort lautet, daß die Sprache selbst eines der größten Rätsel der Welt ist – berücksichtigt man, wie sie entstand und sich über die ganze Welt ausbreitete, wie es dazu kommt, daß die einzelnen Sprachen so verschieden sind, wie sich die Schrift aus Bildern und Zahlensymbolen zum Alphabet und zu den rund vierhundert verschiedenen Schriftarten, die es heute auf der Welt gibt, entwickelt hat. Denn Sprache, untermauert und verewigt durch die Schrift, war in der Entwicklung der Spezies Mensch der bedeutendste Schritt nach vorn. Sie führte ihn von der Primitivität des Stammesverbandes, der einem Tierrudel nicht unähnlich war, zur Beherrschung der Welt und war eine treibende Kraft bei der Erforschung des Kosmos.

Fremde Wörter sind nicht fremd für den, der sie spricht. Jede Sprachgemeinschaft macht sich ein ganz bestimmtes Bild von der übrigen Welt. Wenn wir in diese verschiedenen Denkweisen eindringen, haben wir unsere Persönlichkeit um eine neue Dimension bereichert. Auf der Weltinsel, auf der wir alle leben, wird es von Tag zu Tag wichtiger, Kultur und Sprache der Nachbarn und damit ihre Denkweise kennenzulernen und zu verstehen. Jetzt haben wir dazu bessere Möglichkeiten als je zuvor, wenn auch vielleicht nicht mehr allzuviel Zeit. Wir sind es uns selbst – unserem eigenen Überleben – schuldig, uns besser mit den Sprachen und damit zugleich mit dem kulturellen Weltbild unserer Nachbarn auf dem Planeten Erde vertraut zu machen.

1

Es gibt 2.796 Sprachen auf der Welt

Nach einer Schätzung der Académie Française, die – zumindest für konservative Linguisten – in Sachen französischer Sprache und Sprachwissenschaft richtungweisend ist, werden auf unserem Planeten derzeit mindestens 2.796 verschiedene Sprachen gesprochen. Es ist durchaus möglich, daß es in entlegenen Wäldern und Dschungeln noch weitere, bisher unentdeckte Sprachen gibt.

Die einzelnen Sprachen der Welt werden in zwölf „wichtige“ und fünfzig „weniger wichtige“ Sprachgruppen eingeteilt. Die Gruppe der indogermanischen (oder indoeuropäischen) Sprachen, zu der auch Deutsch gehört, zählt zu den wichtigsten – und im Fall von Sprachen ist der Maßstab für die Wichtigkeit die Anzahl der Sprecher auf der ganzen Welt.

Neben den heute gesprochenen Sprachen gibt es noch sieben- bis achttausend Dialekte. Als Dialekt bezeichnet man im allgemeinen die Spielart einer Sprache, die sich in Aussprache, Vokabular und Idiomatik so sehr von der Hochsprache unterscheidet, daß das Verständnis einige Schwierigkeiten bereitet. Dialekte *werden* allerdings sehr oft zu Sprachen – das moderne Französisch, Italienisch, Spanisch, Portugiesisch und Rumänisch beispielsweise sind Sprachen, die sich aus lateinischen Regionaldialekten entwickelt haben, die im alten Römischen Reich gesprochen wurden. Englisch in seiner frühesten Form, dem Angelsächsischen, war der Dialekt des mächtigen Wessex. Das moderne Englisch, das sich nach der Eroberung Englands durch die Normannen im Jahr 1066 zu entwickeln begann, ist aus dem Dialekt der Hauptstadt London hervorgegangen.

Einige Sprachen sind einander in Wortschatz und Konstruktion im wesentlichen so ähnlich, daß die Angehörigen der einzelnen Sprachgemeinschaften die verwandten Sprachen wenn schon nicht sprechen, so doch mehr oder weniger leicht verstehen können. So können sich Norweger, Schweden und Dänen miteinander verständigen, wenngleich sie das Isländische, die ältere und archaischere Sprache, nicht verstehen. Holländer verstehen Englisch viel leichter als Englischsprachige das Holländische (Niederländische), obzwar die beiden Sprachen eng verwandt sind. Portugiesen wiederum verstehen Spanisch besser als Spanier das Portugiesische. Angehörige des deutschen Sprachraumes verstehen Englisch und Holländisch leichter als Englischsprachige oder Holländer das Deutsche, das älter ist als seine verschiedenen Tochtersprachen. Jiddisch- und Deutschsprachige können einander fast immer verstehen, da das Jiddische sich aus einem deutschen Dialekt des Mittelalters entwickelt hat.

Die Bibel – Altes und Neues Testament – wurde in 275 Übersetzungen veröffentlicht, und Auszüge aus dem Alten und Neuen Testament wurden in 1.710 Sprachen gedruckt und verbreitet.

In Afrika werden mehr als 700 Sprachen gesprochen, und die indianischen Volksstämme Nord- und Südamerikas sprechen gegenwärtig Hunderte weitere Sprachen, von denen einige noch nicht klassifiziert sind. In der Republik Indien gibt es neben achtzehn Amtssprachen Hunderte weniger bedeutende.

Eine Amtssprache ist jene Sprache, in der eine Regierung ihre Geschäfte abwickelt, und nur Regierungen können eine Sprache zur „Amtssprache" erklären. Die Vereinten Nationen hatten seit ihrer Gründung im Jahr 1945 fünf Amtssprachen (Chinesisch, Französisch, Englisch, Russisch und Spanisch), und „Amtssprache" bedeutet bei der UNO, daß alle Reden simultan in die betreffenden Sprachen übersetzt werden. Vor kurzem erst kam das Arabische als sechste Amtssprache dazu, was der UNO erhebliche Kosten für die Installation und Ausstattung der arabischen Dolmetscherkabinen in den Konferenzräumen verursachte. Neben den Amtssprachen hat die UNO auch noch sogenannte Arbeitssprachen, das sind jene Sprachen, in denen alle Dokumente veröffentlicht werden – unter anderem seit einiger Zeit auch Deutsch.

In der Sowjetunion sind mehr Amtssprachen zugelassen als in jedem anderen Staat der Welt. Jede der fünfzehn sozialistischen Unionsrepubliken der Sowjetunion hat ihre eigene Sprache, und die Unionsrepubliken selbst sind wiederum in autonome Republiken und Gebiete unterteilt, die ebenfalls ihre eigenen Sprachen und oft auch ihr eigenes Alphabet haben. Innerhalb des relativ kleinen Kaukasusgebietes, wo die von Invasions- und Migrationswellen dort hingespülten Sprachgemeinschaften durch tiefe Täler und hohe Berge voneinander getrennt sind, werden mindestens 80 Einzelsprachen gesprochen, weshalb der Kaukasus oft „Berg der Sprachen" genannt wird.

Obwohl es in Australien nur noch rund 50.000 eigentliche Ureinwohner (genannt Australiden oder Aborigines) gibt, sprechen diese mehr als 200 verschiedene Sprachen – eine Zahl, die allerdings zusehends schrumpft, da die kleinen Stämme nach und nach aussterben.

Die Zahl der Weltsprachen hat sich, vor allem in den letzten hundert Jahren, vermindert.

Vor etlichen Jahrhunderten gab es wahrscheinlich mehr als 10.000 Einzelsprachen auf der Welt, und die „babylonische Sprachverwirrung" dürfte damals noch größer gewesen sein als heute.

Das Wort *Babel* läßt sich auf den aramäischen Ausdruck *bab-ili* – „Tor Gottes" – zurückführen und ist der biblische Name jener Stadt, die die Griechen Babylon nannten und in der jener Turm erbaut worden sein soll, an den sich die biblische Erzählung von der Sprachverwirrung knüpft. Im Hebräischen bedeutet *bilbel* „Verwirrung" – eine Anspielung auf die unüberwindlichen Sprachbarrieren zwischen den Erbauern dieses himmelstürmenden Turmes, die zu ihrer Zerstreuung in aller Herren Länder geführt haben. In modernen Sprachen finden wir das Wort Babel im deutschen *babbeln,* im englischen *babble,* im italienischen *babele,* im spanischen *babel* und *balbuceo* und im französischen *babil* und *babiller* wieder.

Die spanischen *conquistadores,* die 1517 in Mexiko eindrangen, waren erstaunt, die Legende vom Turmbau zu Babel dort bereits unter einem anderen Namen vorzufinden. Die Cholulaner erzählen, daß die Pyramide von Cholula als Zufluchtsstätte vor einer künftigen Sintflut gebaut wurde und ihre Erbauer, ebenfalls infolge einer Sprachverwirrung, in alle Winde verstreut wurden. Das Popul Vuh, eine uns erhaltene Maya-

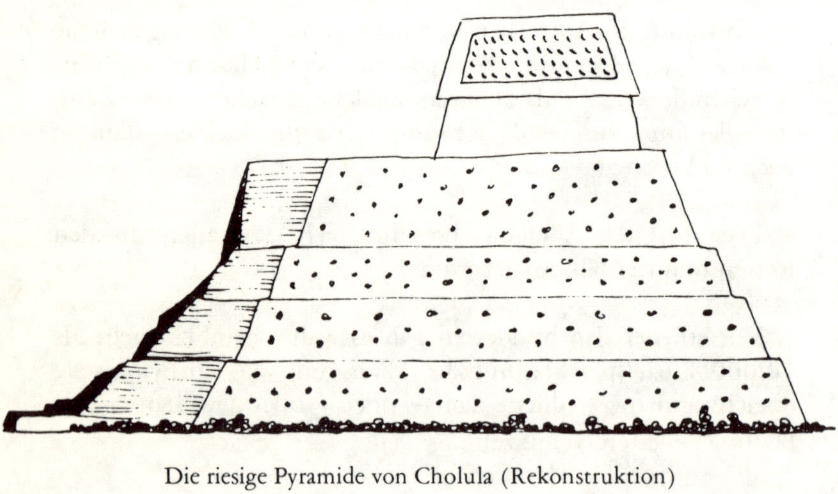

Die riesige Pyramide von Cholula (Rekonstruktion)

Chronik, enthält eine in diesem Zusammenhang bemerkenswerte Passage:

> Hier wandelte sich die Sprache der Stämme – sie begannen in verschiedenen Zungen zu reden. Alles, was sie gehört oder verstanden hatten, als sie von Tulan weggezogen waren, wurde ihnen fremd . . . Als wir von Tulan aufbrachen, hatten wir eine gemeinsame Sprache. Aber ach! Wir haben unsere Sprache vergessen . . .

In der Neuen Welt wurden über tausend verschiedene Sprachen gesprochen, als die ersten Entdecker und Siedler eintrafen; diese Zahl hat sich mittlerweile um mindestens 60 Prozent verringert. Da die Zahl der gesprochenen Sprachen auf der ganzen Welt abnimmt, bemühen sich Sprachwissenschaftler, die bedrohten Sprachen zu „erhalten", bevor sie endgültig verschwinden. Dies geschieht mit Hilfe von Tonbandaufzeichnungen, Wortschatzuntersuchungen und Speicherung in Computern und Datenbanken. So „erhalten" werden beispielsweise die Sprachen aussterbender Stämme in Sibirien und im Amazonasbecken und die Sprachen der Plains und anderer Indianerstämme Nordamerikas, in geringerem Ausmaß auch solcher Mittel- und Südamerikas, wo die indianischen Sprachen noch sehr lebendig sind und von Millionen gesprochen werden. Der letzte Angehörige der sibirischen Schwarztataren, der die Sprache dieses Stammes beherrscht, hat für sowjetische Sprachwissenschaftler Beispiele seiner Sprache auf Tonband aufgenommen. Dasselbe hat das letzte seiner Muttersprache mächtige Mitglied des einst in Nord-Dakota ansässigen Mandan-Stammes für amerikanische Ethnologen getan. Ischii, der letzte Angehörige eines nicht identifizierten und katalogisierten Stammes, der seine Muttersprache noch beherrschte, starb vor einigen Jahren in Kalifornien, ehe die Wissenschaftler seine Sprache auf Tonband aufzeichnen konnten. Man weiß nicht, wie viele weitere vereinzelte Sprecher alter Sprachen gestorben sind, ohne daß ein Mensch ihre letzten Worte verstanden hat.

Obwohl sich die meisten bedeutenden Weltsprachen in den letzten paar Jahrhunderten entwickelt haben, sind immer noch einige sehr alte Sprachen in Verwendung oder wurden wiederbelebt. Sprecher dieser alten Sprachen mußten sich entscheiden, ob sie das moderne Fachvokabular direkt übernehmen oder es ihrer Sprache anpassen wollten. Im Hebräischen beispielsweise wurde für den Ausdruck „Elektrizität" das Wort *haschmal* aus dem Alten Testament, Ezechiel 1 : 4, übernommen, das den Strahlenkranz um die Erscheinung des Herrn bezeichnet.

חשמל

haschmal

Das Navajo-Wort für „Auto" heißt *chidí* – nach dem Geräusch, das die Motoren der ersten Fordwagen, die an kalten Tagen in der Indianerreservation warmliefen, verursachten: „*tschiditschidi*".

Von den mehreren tausend Einzelsprachen der Welt werden nur 101 von mehr als jeweils einer Million Menschen gesprochen. Die vierzehn wichtigsten Sprachen stehen hinsichtlich der Sprecherzahl etwa in dieser Reihenfolge:

Chinesisch
Englisch
Hindustani (die gesprochene Form von Hindi und Urdu)
Russisch
Spanisch
Japanisch
Deutsch
Indonesisch
Portugiesisch
Französisch
Arabisch

Bengali
Malaiisch
Italienisch

Jede dieser Sprachen, Dialekte mit eingeschlossen, wird von mindestens 50 Millionen Menschen gesprochen. Das Chinesische mit fast einer Milliarde Sprecher nimmt entschieden den ersten Platz ein. Das Englische, das um etliche Längen geschlagen auf dem zweiten Platz folgt, ist allerdings vom sprachgeographischen Gesichtspunkt aus bedeutender als das Chinesische, da es nicht nur für etwa 300 Millionen Menschen die Muttersprache ist, sondern von weiteren rund 200 Millionen auf der ganzen Welt als Zweitsprache verwendet wird.

Der Großteil der Weltbevölkerung gehört entweder einer der vierzehn oben angeführten Sprachgemeinschaften, einer der drei anderen relativ großen Sprachgemeinschaften – Holländisch, Griechisch und Suaheli – oder einer Sprachgemeinschaft aus der skandinavischen, türkischen oder slawischen Sprachfamilie an oder ist doch zumindest mit einer dieser Sprachen vertraut. Deshalb kann jemand, wenn er das Interesse und die Zeit zum Erlernen dieser zwanzig Sprachen aufbringt, sich auch mit dem Großteil der Bevölkerung dieses Planeten verständigen.

Einige berühmte Linguisten haben diese Leistung vollbracht oder sogar überboten. Kardinal Giuseppe Mezzofanti, Direktor der Vatikanischen Bibliothek im 19. Jahrhundert, soll 50 Sprachen, darunter auch indianische und afrikanische, fließend gesprochen haben und darüber hinaus imstande gewesen sein, 114 weitere zu übersetzen. Sir John Bowring, britischer Gouverneur von Hongkong, konnte 100 Sprachen sprechen und weitere 100 lesen, zweifellos unter Zuhilfenahme seiner umfangreichen Sammlung von Wörterbüchern.

Einige primitive Kulturen dieser Welt haben die kompliziertesten Sprachen hervorgebracht. Die Eskimos im hohen Norden und die Zulus im heißen Süden Afrikas besitzen nuancenreiche und schwierige – bis vor kurzem schriftlose – Sprachen mit einem flektierten Wortschatz von zwanzig- bis fünfundzwanzigtausend Wörtern, was den Alltagswortschatz des amerikanischen Durchschnittsakademikers um etliche tausend Wörter übersteigt.

Von allen heute noch gesprochenen Sprachen ist das Baskische, eine isolierte europäische Sprache, die im Norden Spaniens und im Südosten Frankreichs gesprochen wird, wahrscheinlich am schwierigsten zu erlernen, da es mit keiner Sprache der Welt verwandt ist, wenn man von der angenommenen, aber nicht erwiesenen Verwandtschaft mit einer kleinen Gruppe von Sprachen auf der Sprachinsel des Kaukasus absieht. Das Baskische könnte der Rest einer Höhlensprache sein, die gesprochen wurde, lange ehe die Gletscher große Teile der nördlichen Hemisphäre bedeckten. Seine extrem schwierige Struktur und sein kompliziertes Vokabular haben zur Entstehung des spanischen Sprichwortes geführt: „Als Gott den Teufel bestrafen wollte, verdammte er ihn dazu, sieben Jahre Baskisch zu lernen.“

2

Die Entstehung der Sprachen

Der Ursprung der Sprachen ist immer noch ein dunkles Geheimnis. Niemand weiß, wann oder wo sie entstanden sind, welches die erste Sprache war oder welche die älteste der heute gesprochenen Sprachen ist. Es wird allgemein angenommen, daß sich die menschliche Sprache aus einer Reihe von Lautsignalen, ähnlich denen der Vögel, Fische, Land- und Meerestiere, entwickelt hat.

Es gibt eine Vielzahl von Theorien und Vermutungen darüber, welches wohl die ersten Wörter waren, die die werdende Menschheit artikuliert hat. Vielleicht ist die menschliche Sprache aus Warn- oder Hilferufen entstanden, die unsere frühesten Vorfahren ausstießen, wenn ein wildes Tier angerannt oder dahergestampft kam, also aus Wörtern wie: „Achtung!“, „Lauf!“, „Hierher!“ oder „Hilfe!“ Andere „erste Wörter“ waren vielleicht Anweisungen bei der gemeinsamen Jagd oder – in späterer Zeit – Befehle vom Anführer einer Kriegerschar. Im privateren Lebensbereich könnten es Warnungen oder Drohungen gewesen sein, um andere von der eigenen Nahrung, dem Partner oder irgendeinem Besitztum fernzuhalten, von der Höhle zu verscheuchen oder aber – wie das bei Tieren ja immer noch der Fall ist – Herausforderungen zum Kampf.

Eine andere Erklärung für das Entstehen der Sprache wird von den Linguisten „Aha“-Theorie genannt. Nach dieser Theorie waren die ersten menschlichen Laute Ausdrücke des Mißfallens, des Hungers, des Schmerzes oder der Freude, aus denen sich im Lauf der Zeit Wörter zur Formulierung differenzierterer Gedanken und Empfindungen entwickelten. Das allererste Wort müßte demnach ein unfreiwillig ausgestoßenes „Au!" gewesen sein, wie es in den meisten Sprachen noch in irgendeiner Form existiert (Au, Ow, Ai).

Die „Wau-Wau"-Theorie beruht auf der These, daß das Vokabular der frühesten menschlichen Wesen sich aus tierischen Lauten entwickelt hat, deren der Mensch sich bediente, um die einzelnen Tiere zu benennen, so wie Kinder das tun, wenn sie von einer „Muh-Muh" (Kuh), einem „Wau-Wau" (Hund), einer „Quack-Quack" (Ente) oder einem „Bäh-Bäh" (Schaf) sprechen. Die Katze heißt im Chinesischen *mao,* und dieses Wort wird genauso ausgesprochen, wie das „Miau" einer Katze klingt.

Ein eindrucksvolles Beispiel für die „Wau-Wau"-Theorie ist das über die Jahrhunderte hinweg überlieferte Wort „Barbar", das sich vom altgriechischen Wort *barbaros* herleitet, mit dem reisende Griechen die Bewohner anderer Länder bezeichneten, die des Griechischen, der Sprache der kultivierten Welt, nicht mächtig waren und deren fremde Sprachen in ihren Ohren wie das Bäh-Bäh eines blökenden Schafes klangen.

Eine weitere Erklärung für das Entstehen der menschlichen Sprache bietet die „Kling-Klang"-Theorie, die davon ausgeht, daß der Mensch zur Sprache gelangte, indem er Dinge, Tätigkeiten und Naturerscheinungen mit dem damit assoziierten Laut bezeichnete, wie zum Beispiel „Bum" für den Donner, „Platsch" für das Wasser, „Zisch" für ein Messer oder eine messerähnliche Waffe oder „Knister" für das Feuer. Das japanische Wort *pika-pika* ist ein sehr anschaulicher Ausdruck für den Blitz, ebenso wie das englische Wort *boom* für jede Art von Explosion, einschließlich der Atombombenexplosion. Diese Art der Wortschöpfung zur Wiedergabe eines Geräusches (oder zur verbalen Wiedergabe eines visuellen Eindrucks) heißt mit dem Fachausdruck *Onomatopöie.* Das Wort kommt aus dem Griechischen und bedeutet wörtlich übersetzt „einen Namen machen“.

In der Sprache der Chinook-Indianer Oregons heißt das Wort für Herz *tun-tun* – eine sehr treffende Bezeichnung, wenn man sich das Klopfen des Herzens vergegenwärtigt.

Die „Jo-he-ho“-Theorie über die Entwicklung der menschlichen Sprache gründet sich auf den Glauben an die menschliche Zusammenarbeit und ist somit sicher eine sehr idealistische Erklärung für den Zweck der Sprache. Diese Theorie geht von der Vermutung aus, daß die früheste Sprache eine Art Gesang war, mit dem die Menschen einander zu gemeinsamer Leistung anfeuerten – etwa, um schwere Steine zum Schutz gegen Raubtiere vor Höhleneingänge zu wälzen, um erlegtes Großwild zum Lager zu schleppen oder um den Kampfgeist anzufachen. Ziemlich sicher ist, daß sich aus dieser Form der beginnenden Sprache die Dichtung und das Lied entwickelt haben. Lieder solcher Art gibt es noch heute, wie etwa das Lied der Wolgaschlepper und Matrosenlieder aus der Zeit der Segelschiffahrt.

Wahrscheinlich entstanden die ersten menschlichen Sprachäußerungen zunächst in kleinen Familiengruppen, und später kamen mit der Ausweitung der Kommunikationskreise neue Wörter von anderen Gruppen hinzu. Dies geschah vermutlich so lange, bis ein gemeinsamer Wortschatz oder eine gemeinsame Grundsprache ausgebildet war, die sich für die Zusammenarbeit bei der Jagd oder für gemeinschaftliche Raubzüge als nützlich erwies.

In manchen heute noch gesprochenen Sprachen gibt es Wörter, deren Herkunft aus neolithischer Zeit erkennbar ist. Im Baskischen beispielsweise ist der Ausdruck für „Messer“ ein Kompositum und heißt wörtlich übersetzt „der Stein, der schneidet“; und die wörtliche Übersetzung von „Plafond“ lautet „Dach der Höhle“.

Während die Theorien für die Entstehung einer Grundsprache sich in erster Linie auf die Bereiche Gefahr, Jagd und Kampf stützen, nimmt man an, daß Wörter zum Ausdruck von Gefühlen und geistigen Regungen wahrscheinlich auf dem Weg über spontane Gefühlsäußerungen entstanden sind („Puh-Puh"-Theorie). Liebe und Haß sind gute Beispiele dafür. In fast allen Sprachen ist das Wort für „Liebe" ein angenehmer, einschmeichelnder Laut, während das Wort für „Haß" einen harten, rauhen Klang hat. Dieselbe Übereinstimmung zwischen Klang und Bedeutung findet sich in vielen Sprachen auch bei anderen Wortpaaren (wie zum Beispiel schön und häßlich).

Ob nun ein Wort, das für „Mutter" steht, natürlicherweise das erste Wort ist, das überall von Babys geäußert wird oder nicht: Wörter für „Mutter" zeigen in fast allen Sprachen der Welt die Tendenz, mit *m* zu beginnen oder diesen Laut zu unterstreichen:

mère (franz.)
madre (span. und ital.)
Mutter (deutsch)
mai (port.)
mama (Kisuaheli)
umame (Zulu)
umm (arab.)
imeh (hebr.)
moeder (holl.)
moder (schwed. und dän.)
man (Hindu und Urdu)
mitir (griech.)
mam (walis.)
mor (norweg.)
mat' (russ.)
me (vietnam.)
mu (chines.)

Zwei erwähnenswerte Ausnahmen dieser „m-für-Mutter"-Tendenz sind das japanische *ha-ha* und das Wort aus der Ewesprache, das an der afrikanischen Westküste verwendet wird, nämlich *da-da.*

Wahrscheinlich aber ist die menschliche Sprache nicht nur aus einer einzelnen dieser Quellen, die von Theoretikern diskutiert werden, entstanden, sondern hat sich aus mehreren entwickelt. Der berühmte Archäologe und Linguist Max Müller vertritt die Ansicht, daß die zunehmende Entwicklung und Differenzierung der Sprache über Tausende von Jahren Hand in Hand ging mit der Entwicklung des menschlichen Gehirns.

3

Ausbreitung und Niedergang von Sprachen

Die Ausbreitung einer Sprache erfolgt durch die Wanderung von Volksstämmen auf der Suche nach Nahrung oder fruchtbarem Land, durch Kriege, Eroberungen und Kolonisation, auf dem Weg über Handel und Religion oder durch mehrere dieser Faktoren gleichzeitig. Die wichtigsten Sprachen, die ihre Ausbreitung der Kolonisation verdanken, sind beispielsweise Englisch, Französisch, Spanisch, Holländisch, Portugiesisch und in zunehmendem Maß auch Russisch. Eine Sprache geht unter, wenn sie im wahrsten Sinn des Wortes von einer stärkeren verdrängt wird, die sich auf lange Sicht für die Bevölkerung eines Gebietes als nützlicher erweist. So haben zahlreiche der jungen afrikanischen Staaten des ehemals britischen oder französischen Kolonialreiches zunächst eine afrikanische Lokalsprache zur offiziellen Landessprache erklärt und sind dann wegen der internationalen Vorteile und des Mangels an Lehr- und Fachbüchern in ihren eigenen Sprachen zu Englisch oder Französisch als Verkehrssprache zurückgekehrt.

Kisuaheli, eine Handelssprache der afrikanischen Ostküste und des Landesinneren, hat sich zu einer wichtigen internationalen Sprache entwickelt und ist in zehn afrikanischen Ländern die offizielle Landessprache. Es besitzt eine umfangreiche Literatur und wird immer mehr zu einer Voraussetzung für jeden, der in Ostafrika lebt und arbeitet. Doch selbst wenn Kisuaheli eines Tages in den ostafrikanischen Staaten die englische Sprache vollständig ersetzen sollte, werden eine ganze Reihe von englischen Wörtern, die ins Kisuaheli übernommen wurden, in dessen Sprachschatz weiterleben – genauso wie lateinische Wörter durch die Berührung Britanniens mit den römischen Legionen ins Englische eingegangen sind. Zu den englischen Wörtern in Kisuaheli gehören beispielsweise *eropleni* (von *airplane*/Flugzeug), *lori* (von *lorry*/Lastwagen), *motokaa* (von *motorcar*/Auto), *helikopta* (von *helicopter*/Hubschrauber), *paraschuti* (*parachute*/Fallschirm), *kapteni* (*captain*/Kapitän, Kommandant etc.), *jipi (jeep), baisikele* (*bicycle*/Fahrrad).

Bevor Indien seine Unabhängigkeit erlangte, galten Urdu und Hindi, nun die Hauptsprachen in Pakistan beziehungsweise Indien, als so ähnlich, daß sie unter dem Begriff Hindustani zusammengefaßt wurden. Der Hauptunterschied zwischen den beiden Sprachen liegt in der Schrift: Hindi wird in der Sanskritschrift Devanagari („Schrift der Götter") geschrieben und Urdu mit den Schriftzeichen des Arabischen, der Sprache des Korans, der Heiligen Schrift des Islam. Hindi ist stärker vom altindischen Sanskrit beeinflußt; Urdu enthält viele Wörter aus dem Türkischen, dem Arabischen, dem Persischen und der Puschtu-Sprache, die auf die Zeit Akbars, des indischen Herrschers aus der Dynastie der mohammedanischen Großmoguln zurückgehen. Akbar hatte beobachtet, daß sein Heer Wörter, die von verschiedenen Truppenkontingenten benutzt wurden, in die Grundsprache Hindustani aufgenommen hatte, damit die Krieger sowohl die Befehle als auch sich untereinander verstehen konnten, und beschloß, diese „Armeesprache" zu einer offiziellen Sprache zu machen. Er nannte die Sprache Urdu, was „Heer" oder „Lager" bedeutet. Das Wort Urdu ist linguistisch mit dem Wort „Horde" verwandt, der Bezeichnung für eine wilde, bunt zusammengewürfelte Schar – nicht unbedingt ein Heer.

Die hindisprachige Bevölkerung der Republik Indien bildet eine der größten Sprachgemeinschaften der Welt. Dennoch sieht sich Indien 35 Jahre nach seiner Unabhängigkeit von England immer noch gezwungen, Englisch als Verkehrssprache zu benutzen, da die südindischen Sprachgruppen sich vehement gegen die Anerkennung des Hindi als Nationalsprache zur Wehr setzen.

Mit Ausnahme einiger Sprachen aus der finno-ugrischen Gruppe (vor allem Finnisch, Estnisch und Ungarisch), des Baskischen und einiger europäischer Randsprachen gehören alle europäischen Sprachen zur indogermanischen (oder indoeuropäischen) Sprachfamilie, die sich von Europa über den Kaukasus und den Iran bis nach Nordindien erstreckt. Die Ähnlichkeit gewisser Schlüsselwörter in den vielen Einzelsprachen dieser Familie ließ Linguisten früherer Zeiten vermuten, daß sie einer Ur-Weltsprache auf der Spur wären. Später jedoch stellte sich heraus, daß die Sprachen des indogermanischen Stammes nur eine genetische Gruppe darstellen, die weder die semitisch-hamitischen Sprachen (Naher Osten) noch die chinesischen (Ostasien), noch die vielen anderen Sprachgruppen der Welt, wie zum Beispiel die Indianersprachen Amerikas, die afrikanischen Sprachen und die Sprachen Südasiens und des Pazifiks, umfaßt. Mit anderen Worten, wir haben zwar einige Äste und Zweige in den oberen Bereichen des Sprachenbaumes erfaßt, die tieferen Äste und den Stamm aber noch nicht identifiziert.

Man nimmt an, daß die urindogermanische Sprache vor fünfundzwanzigtausend Jahren in Mitteleuropa entstanden ist und sich von dort über ganz Europa, Rußland und den Iran bis zum indischen Subkontinent ausbreitete. Der Grund für diese sprachgeographische Ausdehnung war die Wanderung der Volksstämme auf der Suche nach Nahrung, Jagdgründen und fruchtbarem Land. Im Verlauf ihrer Wanderung haben diese Träger der urindogermanischen Sprache den Großteil der Sprachen hervorgebracht, die wir, ihre europäischen, nord- und südamerikanischen und asiatischen Nachfahren, heute sprechen, doch hatte sich die Ursprache über diesen langen Zeitraum hinweg so sehr verändert, daß die Träger ihrer modifizierten

Formen einander nicht mehr verstehen konnten – die Legende vom Turmbau zu Babel war Wirklichkeit geworden.

Sprachforscher haben auf der Suche nach der Urheimat des indogermanischen Sprachstammes die Möglichkeit erwogen, daß drei Wörter, die allen Sprachen dieses Stammes gemeinsam sind, uns einen Hinweis darauf geben können, von wo die Ursprache ihren Ausgang genommen hat. Diese drei Wörter waren „Buche", „Turteltaube" und „Lachs". Der einzige geographische Raum, in dem alle drei lebenden Entsprechungen dieser Wörter gefunden wurden, war das Gebiet zwischen den Flüssen Elbe, Oder, Weichsel und Rhein. Dort gab es Lachs, Turteltauben und Buchen, doch gab es keine Turteltauben nördlich der dänischen Grenze, keine Buchen östlich der Weichsel und keinen Lachs westlich des Rheins. Die Theorie, daß die indogermanische Sprache von dort ihren Ausgang genommen hat, fand weitere Unterstützung in der Tatsache, daß die in jenem Raum heute noch gesprochene Sprache – das Litauische – den indogermanischen Sprachwurzeln am nächsten steht. Übrigens variiert das alte Wort für „Lachs" in den einzelnen frühen Sprachen nur wenig.

Ein weiteres Wort, das als gemeinsames Bindeglied zwischen allen urindogermanischen Stämmen (die auch Arier genannt werden, was soviel heißt wie „die Edlen") in Betracht gezogen wurde, ist das Wort für „Ochsenjoch", altgotisch *yuk*. Varianten dieses Wortes tauchen in allen Gebieten auf, in die die ursprünglichen Arier oder Protoarier auf ihren Wanderungen gelangten und den geduldigen Ochsen ins Joch spannten.

Das Lateinische ist ein Beispiel für eine Sprache, die sich durch Eroberungen ausbreitete. In den Jahrhunderten, in denen Rom den Großteil der bekannten Welt – oder zumindest der den Römern bekannten Welt – beherrschte, entwickelten die römischen Legionäre, das Verwaltungspersonal, die

Händler und das Lagergefolge in den römischen Provinzen in fast ganz Europa eine Umgangssprache, die sich mit den lokalen keltischen Dialekten vermischte und schließlich zu den Sprachen Französisch, Spanisch, Portugiesisch, Italienisch, Katalanisch, Räto-Romanisch und Rumänisch wurde, wobei sich die Beziehung zu Rom bei den zwei letztgenannten sogar im Namen ausdrückt.

Aber schon bevor diese lateinischen Tochtersprachen – oder romanischen Sprachen – in weiten Teilen Europas an die Stelle des Lateinischen traten, war Latein selbst länger als jede andere Sprache davor oder danach Weltsprache gewesen.

Die lateinischen Tochtersprachen oder romanischen Sprachen übernahmen oft anstelle der korrekten lateinischen Wörter Ausdrücke aus der Sprache, die in den römischen Lagern gesprochen wurde. *Caput* z. B. ist das lateinische Wort für „Kopf", aber die Legionäre sagten zum Spaß *testa* (eigentlich „runder Kochtopf"), und dieses Wort ist als *tête* ins Französische und als *testa* ins Italienische eingegangen. Das korrekte lateinische Wort für „Kopf" – *caput* – hat als *capo* im italienischen und amerikanischen Mafiajargon in der Bedeutung „Anführer" oder „Chef" überlebt.

Einen anderen Bedeutungswandel hat das lateinische *caput* in dem deutschen Wort „kaputt" durchgemacht. Im Mittelalter zählten die deutschen Totengräber jeden Toten als „Kopf" oder *caput,* und so kam es, daß das Wort im Deutschen mit der Zeit die Bedeutung zerbrochen, entzwei, unbrauchbar bekam.

Der Dialektausdruck für „Pferd" war *cavallus,* das korrekte Wort hieß *equus.* Aus *cavallus* wurde das französische *cheval,* das italienische *cavallo,* das spanische *caballo,* das englische Kollektivum *cavalry* („Kavallerie"; über das Französische auch ins Deutsche eingedrungen) und das deutsche „Gaul". Das korrekte lateinische Wort lebt im Englischen nur in den

Wörtern *equestrian* (Reit-, Reiter) und *equine* (pferdeartig, Pferde) weiter.

Das englische Wort *mile* ebenso wie die deutsche „Meile" kommen vom lateinischen *mille* – „tausend" –, womit tausend „Doppelschritte" (linker und rechter Fuß) gemeint sind. Das war der offizielle Paradeschritt der Legionen, etwa 1,50 m, und die Einheit, mit der die Römer die Entfernung zwischen Städten maßen.

Interessanterweise wird das Studium der lateinischen Sprache, die den traditionellen Zusammenhang unserer Bildung und Kultur gewährleistet und als Kirchensprache verwendet wird, im deutschen Sprachraum sehr gepflegt, obwohl sie den deutschen Wortschatz nie so stark beeinflußt hat wie den der romanischen Sprachen und des Englischen. Dies liegt zweifellos daran, daß es Rom nie gelungen ist, die germanischen Volksstämme zu unterwerfen und die germanischen Gebiete dem römischen Kolonialreich einzugliedern. Und nicht nur das – Rom mußte in der Schlacht im Teutoburger Wald von germanischen Stämmen unter der Führung Hermann des Cheruskers (lat. Arminius) sogar eine bemerkenswerte Niederlage hinnehmen. Diese Niederlage wird von vielen als eine Wende betrachtet, die das Ende der Unbesiegbarkeit der römischen Legionen markiert, von denen drei in dieser einzigen Schlacht vernichtet wurden, was den Römern den Mut zu weiteren Vorstößen nach Germanien raubte.

Durch die lange Dauer der römischen Besatzung Britanniens, das anschließende Eindringen und Seßhaftwerden der germanischen Stämme und die französisch-normannische Eroberung vom Jahre 1066 ist das Englische zu einer Mischsprache geworden, die linguistisch etwa in der Mitte zwischen den romanischen und germanischen Sprachen steht. Neben dem ungeheuren Zustrom von Wörtern lateinischer Abstammung wurden auch viele Wörter und Wendungen praktisch unverändert aus dem Lateinischen übernommen. Ein alter Römer könnte Wörter wie die nachstehenden sicher leicht erkennen, auch wenn er sich vermutlich über ihre heutige Bedeutung wundern würde:

exit („Ausgang")
item („Punkt", z. B. in einer Aufzählung)
salary („Gehalt")
deficit („Defizit")
profit („Profit")
propaganda („Propaganda")
sic („so")
testimony („Zeugnis", „Zeugenaussage")
habeas corpus (im brit. Recht die *Habeas-Corpus*-Akte, das Gesetz, das den Schutz der persönlichen Freiheit als verfassungsmäßig garantiertes Recht festlegt. Niemand darf ohne richterliche Untersuchung und Anordnung in Haft genommen oder gehalten werden.)
terra firma („fester Boden")
alibi („Alibi")
alias („alias")
ad hoc („ad hoc")
omnibus („Omnibus")
candidate („Kandidat")
nucleus („Nukleus")
calculus („Kalkül, Rechnungsart")
modus vivendi („modus vivendi")
veto („Veto")
subpoena („Vorladung unter Strafandrohung")
persona non grata („persona non grata")

Da das gesprochene Latein immer seltener Verwendung findet, wird es gern als tote Sprache angesehen. Dieses Todesurteil könnte sich jedoch als etwas voreilig erweisen. Ärzte, Juristen, Natur- und Geisteswissenschaftler bedienen sich in ihrem Fachvokabular immer noch des Lateinischen, und

Tausende von Schülern auf der ganzen Welt lernen Latein. Es ist immer noch die offizielle Sprache der römisch-katholischen Kirche, und der Vatikan gibt regelmäßig Publikationen in lateinischer Sprache heraus.

Das moderne Deutsch hat seinen grammatischen Formenreichtum viel stärker bewahrt als andere germanische Sprachen, wie z. B. Holländisch, Englisch und die skandinavischen Sprachen, und steht der historischen Sprache Mitteleuropas noch am nächsten. Die Sprache Karls des Großen und des Heiligen Römischen Reiches war Althochdeutsch, obgleich Latein als Amts- und Schriftsprache weit verbreitet war.

Genau wie das Lateinische trägt auch das Altgriechische immer noch zur Bildung neuer Wörter in den modernen Sprachen bei. So wird beispielsweise das griechische Wort *tele,* „fern, weit", zur Bildung vieler Zusammensetzungen herangezogen:

Telefon	„Fernstimme" (gr. *phone* = Stimme)
Teleskop .... (Fernrohr)	„Fernspäher" (gr. *scopos* = Späher)
Telegramm	„Fernbuchstabe" (gr. *gramma* = Buchstabe)
Telepathie	„Ferngefühl" (gr. *pathos* = Gefühl)
Television	„Fernsehen" (lat. *visio* = das Sehen)
engl. *teletype(writer)*	„Fernschreiber" (gr. *typos* = das Eingedrückte)

Das Griechische, eine wichtige Sprache des östlichen Mittelmeerraumes, schien sich zur Zeit Alexanders des Großen zur herrschenden Weltsprache zu entwickeln. Obwohl Griechenland später von den Römern erobert wurde, galt Griechisch immer noch als Sprache der Kultur und feinen Lebensart und wurde vornehmen jungen Römern von gebildeten griechischen Sklaven gelehrt. Weder Cäsar noch Mark Anton benötigten einen Dolmetsch, um sich mit Kleopatra zu unterhalten – alle drei sprachen Griechisch.

Das moderne Griechisch steht dem Altgriechischen viel näher als die romanischen Sprachen dem Lateinischen. Ein gebildeter Grieche kann die Inschriften lesen und verstehen, die seine Vorfahren vor 2.500 Jahren in Stein gemeißelt haben.

Zur semitisch-hamitischen Sprachfamilie zählen die Sprachen Aramäisch, Punisch (Phönizisch), Hebräisch, Amharisch und Arabisch. Aramäisch, eine weitverbreitete Sprache im Nahen Osten der Antike, war die Sprache Jesu Christi.

Als lebende Sprache existiert das Aramäische heute nur noch in einigen kleinen Dörfern im Gebiet des ehemaligen Samaria. Die phönizische Sprache erlosch, als das Handelsimperium Karthago von römischen Truppen erobert wurde, die nicht nur die Städte und deren Bevölkerung, sondern auch alle Bücher und Aufzeichnungen vernichteten.

سلام	שלום
salaam	*schalom*

Arabisch und Hebräisch sind über das Aramäische eng miteinander verwandt. Von vielen Ähnlichkeiten seien hier als besonders bemerkenswert die Grußworte *salaam* bzw. *schalom* erwähnt, die beide „Frieden“ bedeuten.

Die Ausbreitung des Islam ab dem 7. Jahrhundert ist ein hervorstechendes Beispiel für den Eroberungszug einer Sprache durch Verbreitung eines Religionsbekenntnisses. Die arabische Sprache ist so stark an den Islam gebunden, daß sie sich mit ihm über die halbe Welt ausgebreitet hat und immer noch ausbreitet.

Die Arabisch sprechenden Moslems hätten vielleicht ganz Europa erobert, wären sie nicht im 8. Jahrhundert bei Tours und Poitiers vom Frankenkönig Karl Martell (Karl dem Hammer) zurückgeschlagen worden. In Spanien hielten sich die Moslems bis zum Jahr 1492 und hinterließen ein Erbe an wissenschaftlichen Ausdrücken, vor allem in den Bereichen Chemie, Medizin und Astronomie, von dene viele auf dem Weg über das Spanische zu internationalem Gebrauch gelangten:

Algebra	Nadir
Alkali	Zenit
Alkohol	Ziffer
Chemie	

Ein von den spanischen Moslems (die Mauren) übernommenes Wort, das fast jeder Spanier so gut wie täglich in den Mund nimmt, heißt *¡Ojalá!* und bedeutet soviel wie „das hoffe ich“, „ich hoffe, daß . . .“ oder „O daß doch . . .!“. Dieser Ausdruck hallte über Tausende von Schlachtfeldern, er ist eine linguistische Erinnerung an den Schlachtruf der Moslems: *Wa Allah!* – „Oh Allah!“

Türkisch gehört zur ural-altaischen Sprachgruppe, zu der auch Finnisch, Ungarisch und Estnisch zählen. Das Türkeitürkische ist einer Vielzahl von Turksprachen ähnlich, die vom Süden der UdSSR über Zentralasien bis nach West-China gesprochen werden – das entspricht im wesentlichen den Routen der großen Invasionen aus Asien, die einst bis zu den Toren Wiens vordrangen. Es galt lange Zeit als allgemeiner Grundsatz, daß man auf einer Reise über die Karawanenstraßen von Istanbul bis Peking mit Türkisch allein ganz gut zurechtkommt.

Die deutsche Sprache hat (ebenso wie die deutschen Lande) viele Fremdinvasionen mitgemacht. Man hat einmal geschätzt, daß es zur Zeit des verheerenden Dreißigjährigen Krieges (1618–1648) in manchen Teilen des deutschen Reiches mehr fremde Truppen und Marketender gab als überlebende Deutsche. Durch diesen wie auch durch andere religiöse und territoriale Kriege zu jener Zeit, als Deutschland das Schlachtfeld Europas war, wurden viele militärische Ausdrücke französischen Ursprungs der deutschen Sprache einverleibt.

Im Zeitalter der Aufklärung ist eine so große Zahl fremder Ausdrücke aus den Bereichen der Philosophie, der höfischen Kultur, der Kunst und der Literatur in die deutsche Sprache eingedrungen, daß sich im 18. Jahrhundert deutsche Lehrer und Dichter zusammentaten, um den bereits existierenden deutschen Wörtern ihren Platz in der Sprache wiederzugeben und die „ausländischen" französischen Wörte auszumerzen – ein Bemühen, das im großen und ganzen gesehen nicht von hundertprozentigem Erfolg begleitet war.

Die englische Sprache ist die einzige, deren Wortschatz den der deutschen übersteigt. Wenn man jedoch die unzähligen Möglichkeiten bedenkt, die der deutschen Sprache zur Bildung neuer Wörter offenstehen, könnte man das Deutsche im Hinblick auf seinen Wortreichtum mit einiger Überzeugung als einen ernsten Rivalen des Englischen betrachten.

4

1066 und die französische Sprachinvasion in England

Relativ bald nach dem Abzug der letzten römischen Truppen sprach man in England Angelsächsisch, eine germanische Sprache. Germanische Stämme waren von der Nordseeküste zwischen Holland und Dänemark ins Land eingedrungen, hatten sich niedergelassen und ihre Sprache zur Landessprache gemacht. Die keltische Urbevölkerung wurde nach Wales, Schottland, Cornwall, auf die kleinen Inseln vor der britischen Küste und nach Irland zurückgedrängt, wo die keltischen Sprachen noch heute existieren. Doch dann, im Jahr 1066, erhielt die vorherrschende Sprache Angelsächsisch beinahe den Todesstoß. Die französischen Normannen fielen in England ein, und Wilhelm der Eroberer besiegte und tötete König Harald von England – ein entscheidender Wendepunkt für die englische Sprache. Mehr als die Hälfte des heutigen englischen Wortschatzes ist französisch-normannischer oder lateinisch-französischer Herkunft.

Nach der Eroberung von 1066 wurden die Französisch sprechenden Normannen die Herren Englands. Wilhelm, der neue Herrscher, umgab sich nicht mit angelsächsischen Grafen und Gefolgsadeligen (die zum Großteil ohnehin bei der Niederlage von Hastings gefallen waren), sondern mit normannischen Baronen und Rittern. Er verteilte den Grundbesitz der gefallenen Angelsachsen an die Krieger, die ihm geholfen hatten, das Land zu erobern, und begünstigte die neuen französischen Grundherren bei seiner harten Steuergesetzgebung. Er drängte die einheimischen Angelsachsen in eine sozial und wirtschaftlich untergeordnete Stellung, wie das ja in eroberten oder annektierten Ländern meist der Fall ist, ließ aber die angelsächsischen Gesetze und Bräuche unangetastet, wie er es bei seiner Krönung gelobt hatte.

Das angenehme Leben im mittelalterlichen Stil der französisch-normannischen Oberherren spiegelt sich noch heute in der englischen Sprache wider. Ein Beispiel dafür sind die Doppelbezeichnungen für Fleisch. Fleisch, das zubereitet auf den Tisch kommt, wird mit dem französischen Lehnwort bezeichnet, während das Tier, von dem das Fleisch stammt, seinen angelsächsischen Namen behalten hat.

TIER	**ZUBEREITETES FLEISCH**	**FRANZÖSISCH**
steer (Ochse)	*beef*	*bœuf*
pig (Schwein)	*pork*	*porc*
calf (Kalb)	*veal*	*veau*
sheep (Schaf)	*mutton*	*mouton*
deer (Wild)	*venison*	*venaison* (von lat. *venatio* – Jagd)
chicken (Huhn) ..	*pullet*	*poulet*

Mit einem Wort, die Angelsachsen durften sich um die Aufzucht und das Schlachten der Tiere kümmern, während die normannischen Herren sich der angenehmeren Beschäftigung des Essens hingaben. Fast alle englischen Wörter, die sich auf die Zubereitung von Speisen beziehen, sind französischen Ursprungs, auch wenn man ihnen das oft nicht ansieht, wie zum Beispiel die Ausdrücke *boil* (kochen); *roast* (braten, rösten; vor allem im Rohr); *toast; fry* (braten; vor allem in der Pfanne, unter Zusatz von Fett); *sauce; pastry* (Gebäck, Pastete); *soup* (Suppe); *jelly* (Sülze, Gelee) und *condiments* (Würze, würzige Zutaten). Selbst als das Englische sich wieder ganz als Landessprache durchgesetzt hatte, erhielten geschmackvolle Gerichte oft einen französischen Namen – ein Brauch, der auch heute noch gang und gäbe ist, wie die Speisekarten in den vornehmeren Restaurants der Vereinigten Staaten, des British Commonwealth, ja eigentlich der ganzen Welt beweisen.

Aus vielen Wörtern, die zur Zeit der normannischen Eroberung ins Englische kamen, läßt sich die Stellung der Angelsachsen nach der Schlacht von Hastings ablesen. Wenn man sich die folgende Liste französischer Wörter ansieht, die zu jener Zeit ins Englische eindrangen, kann man sich gut vorstellen, in welch wenig beneidenswerter Situation sich die angelsächsische Bevölkerung des Landes damals befand: *peasant* (Bauer); *trespass* (Besitzstörung); *punish* (bestrafen); *oppress* (unterdrücken); *prohibit* (verbieten); *discipline* (Züchtigung); *tax* (Steuer); *judge* (Richter); *penalty* (Strafe); *prison* (Gefängnis); *torture* (Folter); *supplication* (demütige Bitte, Gesuch); *exile* (Verbannung); *treason* (Hochverrat); *rebel* (Aufrührer, Rebell); *dungeon* (Verlies, Kerker); *execution* (Hinrichtung). Das Wort *mortgage* („Hypothek", zusammengesetzt aus den französischen Wörtern *mort* – „tot" – und *gage* – „Pfand"), ebenfalls ein normannischer Beitrag zum englischen Vokabular, ist im heutigen Französisch nicht mehr gebräuchlich, sondern wurde durch *hypothèque* ersetzt; im Englischen aber ist es ein sehr wichtiges Wort geblieben.

Andere Wörter französischer Herkunft aus dieser Periode sind ein Spiegelbild des von den Eroberern eingeführten Feudalsystems und ihrer Sitten: *villein* (Leibeigener, Zinsbauer; in der Schreibung *villain* auch Schurke); *palace* (Palast); *castle* (Schloß); *army* (Heer); *armor* (Rüstung); *lance* (Lanze); *tournament* (Turnier); *baron* (Baron); *count* (Graf); *duke* (Herzog); *noble* (adelig); *tower* (Turm); *domain* (Herrengut, Domäne); *mansion* (Herrschaftssitz, Villa); *beauty* (Schönheit); *dance* (Tanz); *poetry* (Poesie); *rhyme* (Reim); *grace* (Anmut); *gentle* (freundlich, vornehm). Außer diesen hat das Englische noch viele andere Ausdrücke normannisch-französischer Abstammung, die mit der Reiterei, der Jagd, mit Vergnügungen aller Art, mit gesellschaftlicher Etikette, schönen Künsten, Bekleidung, den Räumlichkeiten und dem Mobiliar von Herrschaftssitzen zu tun haben: *parlor* (Wohnzimmer, Besuchszimmer, Salon); *pantry* (Vorratsraum); *couch* (Couch); *chair* (Stuhl).

Als das Normannisch-Französische und das Angelsächsische zu einer neuen Sprache verschmolzen, ereignete sich ein außergewöhnliches Phänomen, das der englischen Sprache zum größten Wortschatz aller Sprachen der Welt verhalf: anstelle eines einzigen Wortes bot die Sprache für viele Begriffe zwei Wörter an, ein einheimisch angelsächsisches und ein eleganteres oder formelleres französisches. Nachstehend einige Beispiele für solche angelsächsisch/französische Doubletten:

ANGEL-SÄCHSISCH	**ENGLISCHE LEHNWÖRTER AUS DEM FRANZÖSISCHEN**	
smell	*odor*	Geruch
sweat	*perspiration*	Schweiß
eat	*dine*	essen
dead	*deceased*	tot
go away	*depart*	fortgehen
come back	*return*	zurückkommen
want	*desire*	wollen, wünschen
get	*obtain, receive*	erhalten, bekommen
look at	*regard*	anschauen, betrachten

Die aus dem Französischen übernommenen Bezeichnungen für Körperausscheidungen – *urine* und *excrément* – kann man ohne weiteres aussprechen, während die ursprünglichen angelsächsischen Wörter immer noch als anstößig und vulgär empfunden werden.

Im großen und ganzen sind fast alle mehrsilbigen Wörter im Englischen französisch-lateinischen Ursprungs, während die einsilbigen Wörter aus dem Angelsächsischen stammen.

Um das vierzehnte Jahrhundert war Englisch wieder zur geschriebenen und gesprochenen Landessprache Englands geworden. Eduard der Erste, der selbst von den normannischen Königen abstammte, machte dem französischen König einmal ganz offiziell den Vorwurf, er wolle die englische Sprache ausrotten.

Einige alte französische Namen und Bezeichnungen wurden so stark anglisiert, daß man ihre Herkunft nicht mehr erkennen kann. Der Name des berühmten Reitweges im Londoner Hyde Park – *Rotten Row* – ist eine Verballhornung von *la route du roi* – „der Weg des Königs". Und *Marylebone,* der Name eines Londoner Stadtbezirks und einer Straße, eine Verstümmelung von *Marie-la-bonne* – „Marie, die Gute".

Für die Ausdrücke „anspruchsvoll, eingebildet, hochnäsig" etc. hat das Englische zwei Wörter französischer Herkunft anzubieten: *pretentious* (das als „prätentiös" ja auch im Deutschen existiert) und *hoity-toity,* das sich vom französischen *haut toit* – „hohes Dach" – herleitet, von dem die „hohen Herrschaften" auf die im buchstäblichen Sinn „niedrigere" Klasse herabschauten.

Seinen wahren Aufstieg zur Weltsprache trat das Französische im goldenen Zeitalter Ludwigs des Vierzehnten von Frankreich an, wo es mehr und mehr zur Sprache der Diplomatie, der Intellektuellenkreise und der Literatur wurde. Voltaire bemerkte in einem Brief, den er am Hof des Preußenkönigs Friedrichs des Großen schrieb, daß jedermann am Hof Französisch spreche und sich der deutschen Sprache nur im Umgang mit Soldaten und Pferden bediene.

Zusätzlich zu dem schon im Mittelalter erfolgten Einstrom französischer Wörter ins Englische, wurden auch in moderner Zeit Hunderte von französischen Ausdrücken in die englische Sprache übernommen. Wörter dieser „neueren Ernte" finden sich aber nicht nur im Englischen, sondern auch in anderen Weltsprachen: *cliché* (eingedeutscht „Klischee"); *rendez-vous* („Rendezvous"); *savoir faire* (Gewandtheit); *sang-froid* (Kaltblütigkeit); *s'il vous plaît* (bitte); *encore* (noch; im Englischen nur in der Bedeutung „noch einmal", „da capo"); *bon voyage* (gute Reise); *dernier cri* („das Allerneueste; der letzte Schrei"); *billetdoux* (kleiner Liebesbrief; im Deutschen veraltet); *ménage à trois* (Dreiecksverhältnis); *déshabillé* (Hauskleid, *Négligé*); *au contraire* (im Gegenteil); *joie de vivre* (Lebensfreude); *insouciance* (Sorglosigkeit); *cordon bleu; fin de siècle* (Jahrhundertwende); *dernier mot* (letztes Wort; in der Wendung: das letzte Wort behalten); *nom de plume* (Pseudonym; Deckname eines Schriftstellers); *entente cordiale* („herzliches Einverständnis", bes. zwischen Regierungen); *coup d'état* (Staatsstreich); *détente* (Entspannung). Ohne diese und eine Vielzahl anderer französischer Ausdrücke würde es den heutigen Reportern wahrscheinlich recht schwer fallen, über Auslandspolitik zu schreiben, und auch Theaterkritiker wären bei der Abfassung ihrer Kritiken vielleicht manchmal um das rechte Wort verlegen.

5

Wie man Tausende deutsche Wörter in englische, französische, spanische, portugiesische, italienische, holländische und skandinavische „verwandeln“ kann

André Maurois erzählt eine Episode, die sich in den Schützengräben des Ersten Weltkrieges ereignet hat. Ein portugiesischer Soldat erbot sich, einem französischen Soldaten für 100 Francs in weniger als einer Minute tausend Wörter Portugiesisch beizubringen. Der Franzose ging auf das Angebot ein. „Paß auf“, sagte der Portugiese, „alle Wörter, die im Französischen auf -tion enden, sind im Portugiesischen ganz gleich, nur daß sie die Endung -ção haben, die du [-saoñ] aussprechen mußt. Es gibt mehr als tausend solche Wörter, und sie sind alle weiblich, genau wie im Französischen. Na, das hat doch keine Minute gedauert, oder? 100 Francs, bitte.“

Obwohl die deutsche Sprache nicht so stark wie das Englische vom Lateinischen und Französischen beeinflußt ist, enthält sie doch genügend Wörter lateinischer oder französischer Herkunft, um es einem Deutschsprachigen zu ermöglichen, eine große Zahl deutscher Wörter durch geringfügige Veränderungen in die romanischen Sprachen zu übertragen (einschließlich Englisch, dessen Wortschatz zu 55% romanischen Ursprungs ist).

Es gibt Hunderte deutsche Zeitwörter mit der Endung -ieren. Fast alle davon lassen sich ganz leicht in die entsprechenden Wörter der romanischen Sprachen und des Englischen umwandeln. Bei Wörtern wie exportieren, experimentieren, protestieren und informieren beispielsweise braucht man bloß die Infinitivendung -ieren in die französische Infinitivendung *-er,* die spanische und portugiesische *-ar* und die italienische *-are* zu verwandeln:

FRANZÖSISCH	**SPANISCH UND PORTUGIESISCH**	**ITALIENISCH**
exporter	*exportar*	*esportare*
experimenter	*experimentar*	*esperimentare*
protester	*protestar*	*protestare*
informer	*informar*	*informare*

Die Umwandlung ins Englische ist sogar noch einfacher. Man läßt einfach die Endung -ieren weg und hat das englische Wort: *export, experiment, protest, inform.*

Viele andere Verben, wie liquidieren, dominieren, illustrieren, kapitulieren, lassen sich nach demselben Prinzip in die romanischen Sprachen umsetzen, während für die Umwandlung ins Englische die Endung -ieren durch die Endung *-ate* zu ersetzen ist: *liquidate, dominate, illustrate, capitulate.* In den romanischen Sprachen heißen diese Wörter wie folgt:

FRANZÖSISCH	**SPANISCH UND PORTUGIESISCH**	**ITALIENISCH**
liquider	*liquidar*	*liquidare*
dominer	*dominar*	*dominare*
illustrer	*illustrar*	*illustrare*
capituler	*capitular*	*capitulare*

Andere deutsche Zeitwörter mit der Endung -ieren haben im Englischen die Endung *-e.* Aus reservieren, präparieren, ignorieren, disputieren wird: *reserve, prepare, ignore* und *dispute.* Für die romanischen Sprachen gilt immer noch dasselbe Prinzip:

FRANZÖSISCH	SPANISCH UND PORTUGIESISCH	ITALIENISCH
réserver	*reservar*	*reservare*
ignorer	*ignorar*	*ignorare*
disputer	*disputar*	*disputare*
préparer	*preparar*	*preparare*

Ist die deutsche Endung -zieren, wie z. B. bei modifizieren, notifizieren, identifizieren, multiplizieren, so enden die entsprechenden englischen Wörter auf *-y: modify, notify, identify, multiply.* Und nun wieder die romanischen Sprachen:

FRANZÖSISCH	SPANISCH UND PORTUGIESISCH	ITALIENISCH
modifier	*modificar*	*modificare*
notifier	*notificar*	*notificare*
identifier	*identificar*	*identificare*
multiplier	*multiplicar*	*molteplicare*

Auch viele deutsche Substantiva mit der Endung -tion haben ihre Entsprechungen in den romanischen Sprachen und im Englischen. Wörter wie Nation, Situation, Revolution, Reaktion sind trotz geringfügiger Unterschiede im Schriftbild in den anderen Sprachen leicht wiederzuerkennen:

ENGLISCH	FRANZÖSISCH	ITALIENISCH	SPANISCH
nation	*nation*	*nazione*	*natión*
situation	*situation*	*situazione*	*situación*
revolution	*révolution*	*rivoluzione*	*revolución*
reaction	*réaction*	*reazione*	*reacción*

Im Portugiesischen lautet die Endung, wie der portugiesische Soldat dem naiven *poilu* zu Beginn dieses Kapitels erklärte, *-ção: nação, situação, revolução, reação.*

Deutsche Substantiva mit der Endung -tät, wie Originalität, Personalität, Identität, Priorität, haben im Englischen die

Endung *-ty,* im Französischen *-té,* im Spanischen *-dad,* im Italienischen *-tà* und im Portugiesischen *-dade:*

ENGLISCH	FRANZÖSISCH	SPANISCH	ITALIENISCH	PORTUGIESISCH
originality	*originalité*	*originalidad*	*originalità*	*originalidade*
personality	*personalité*	*personalidad*	*personalità*	*personalidade*
identity	*identité*	*identidad*	*identità*	*identidade*
priority	*priorité*	*prioridad*	*priorità*	*prioridade*

Das Deutsche, das Englische, die skandinavischen Sprachen und das Holländische stammen alle von einer gemeinsamen germanischen Sprache ab, wobei das Deutsche die Grammatik der germanischen Grundsprache besser bewahrt hat als seine linguistischen Verwandten. Es ist daher für einen Deutschsprachigen relativ leicht, Tausende deutsche Wörter ins Englische, Dänische (und die verwandten Sprachen Norwegisch und Schwedisch) sowie ins Holländische (und die dem Holländischen verwandten Sprachen Flämisch und Afrikaans) zu übertragen. Bei einem Großteil des Grundwortschatzes in diesen Sprachen läßt sich die Verwandtschaft der Wörter mit ein wenig Mühe und gutem Willen ebenso leicht erkennen wie ähnliche Gesichtszüge auf Familienporträts.

Die folgende Vergleichsliste, die einige Beispiele für die zahllosen Wörter aus dem gemeinsamen Sprachbesitz des Deutschen, Englischen, Holländischen und Dänischen gibt, zeigt deren grundlegende Ähnlichkeit trotz mancher lautlicher Veränderungen, zu denen es kam, als die Sprachen sich vor vielen Jahrhunderten von ihrem gemeinsamen Ahnen zu entfernen und auseinanderzuentwickeln begannen.

Als Hilfe für die Übertragung vom Deutschen ins Englische beachte man die folgenden häufigen Unterschiede im Laut- und Schriftbild dieser beiden linguistischen Geschwister:

DEUTSCH		ENGLISCH	
ss	(Wasser)	t	(water)
t	(gut)	d	(good)
t	(Vater)	th	(father)
b	(Kalb)	f	(calf)
ch	(Nacht)	gh	(night)
k	(Kirche)	ch	(church)
d	(Bad)	th	(bath)
v	(Vater)	f	(father)

DEUTSCH	ENGLISCH	HOLLÄNDISCH	DÄNISCH
Apfel	apple	apple	aeble
Bad	bath	bad	bad
braun	brown	bruin	brun
brechen	break	breken	braekke
Brot	bread	brood	brød
Buch	book	boek	bog
denken	think	denken	taenke
Durst	thirst	durst	tørst
Eis	ice	ijs	is
falsch	false	vals	falsk
finden	find	vinden	finde
Finger	finger	vinger	finger
Fuß	foot	voet	fod
geben	give	geben	give
grün	green	groen	grøn
gut	good	goed	god
Haar	hair	haar	haar
Hand	hand	hand	haand
Hammer	hammer	hamer	hammer
hängen	hang	hangen	haenge
hart	hard	hard	haard
helfen	help	helpen	hjaelpe
hier	here	hier	her
jung	young	jong	ung
kalt	cold	koud	kold
kommen	come	komen	komme
Lampe	lamp	lamp	lampe
Mann	man	man	mand

Maus	mouse	muis	mus
Mittag	midday	middag	middag
Mitternacht	midnight	middernacht	midnat
Mutter	mother	moeder	moder
Ratte	rat	rat	rotte
Sand	sand	zand	sand
Schuh	shoe	schoen	sho
Schulter	shoulder	schouder	skulder
sehen	see	zien	se
senden	send	zend	sende
Silber	silver	zilver	søl
singen	sing	zingen	synge
sinken	sink	zinken	synke
so	so	zoo	saa
Sommer	summer	somer	sommer
Sturm	storm	storm	storm
tanzen	dance	danzen	danse
trinken	drink	drink	drikke
Tochter	daughter	dochter	datter
unter	under	onder	under
Vater	father	vader	fader
waschen	wash	wassen	vashe
Wasser	water	water	vand
Westen	west	west	vest
wild	wild	wild	vild
Wind	wind	wid	vind
Winter	winter	winter	vinter
Wolf	wolf	wolf	ulv
Wort	word	woord	ord

Ein Vergleich zwischen dem englischen Wort *bath* und dem deutschen Wort „Bad“ oder zwischen den beiden Wörtern *thanks* und „danke“ zeigt, daß das Englische, als einzige germanische neben dem Isländischen den th-Laut des angelsächsischen Buchstaben *thorn* þ bewahrt hat. In diesem Fall hinkt die englische Sprache hinter den anderen germanischen Sprachen nach, in denen der th-Laut sich zu einem d abgeschliffen hat.

Ein deutscher Dialekt – das Friesische, das in der holländischen Provinz Friesland und an der Nordseeküste in der Nähe Dänemarks gesprochen wird –, steht dem Englischen so nahe, daß das folgende englische Couplet in den beiden Sprachen fast völlig gleich klingt:

Good butter and good cheese
Is good English and good Fries.

Von allen nordgermanischen Sprachen steht heute nur noch das Isländische durch seine Isolation im Mittelatlantik den ursprünglichen nordgermanischen Wurzeln nahe. Es ist daher für Sprecher der skandinavischen Sprachen, ebenso wie für Deutsche, Holländer und Englischsprachige, fast unverständlich. Würde jedoch ein altes Wikingerschiff aus dem atlantischen Nebel heraus einen isländischen Hafen ansegeln, so hätte seine Besatzung keine Schwierigkeiten, sich mit den heutigen Isländern zu verständigen.

6

Sprache, grammatisches und natürliches Geschlecht

In den meisten europäischen Sprachen sind die Substantiva an ein grammatisches Geschlecht gebunden, das auch die Form der sie näher bestimmenden Adjektiva beeinflußt. In den romanischen Sprachen sind die Substantiva entweder Maskulina oder Feminina; das Deutsche, das Griechische und die slawischen Sprachen gehen noch einen Schritt weiter – sie unterscheiden drei grammatische Geschlechter: Maskulinum, Femininum und Neutrum.

Das Englische hat die grammatische Kategorie des Genus in seinen Substantivformen weitgehend verloren. Wörter für Personen und größere Tiere werden wohl einem Geschlecht zugeordnet, doch drückt sich dieses meist nicht am Substantiv selbst, sondern am Personal- und Possessivpronomen aus. Alle anderen Substantiva haben kein grammatisches Geschlecht, mit Ausnahme von Schiffen, Flugzeugen, Zügen, Autos und anderen großen Maschinen, denen das weibliche Personalpronomen *she* (sie) zugeordnet wird (aber auch dies immer seltener).

Von den indogermanischen Sprachen legt also das Englische den geringsten Nachdruck auf das grammatische Geschlecht der Hauptwörter. Die geschlechtsloseste Sprache aber dürfte wohl das Chinesische sein, denn es verzichtet auch bei den Pronomen auf die Unterscheidung zwischen männlich, weiblich und sächlich und hat nur ein einziges Wort für „er“, „sie“ und „es“.

Die Tatsache, daß es im Englischen nur einen Artikel gibt – *the* – und daß Artikel, Substantiv und Adjektiv keine Flexionsendungen haben, ist eine gewisse grammatische Erleichterung für das Erlernen der Sprache.

Die Unterscheidung von zwei – in manchen Sprachen, wie Deutsch, Russisch und Griechisch, sogar drei – Geschlechtern, erscheint Englischsprachigen oft recht verwunderlich, vor allem in jenen Fällen, wo grammatisches und natürliches Geschlecht der Substantiva im Widerspruch zueinander stehen.

So ist es zwar verständlich, daß zum Beispiel das Wort „Kind" im Deutschen ein Neutrum ist, daß aber auch die Wörter „Mädchen" und „Weib" Neutra sind, mutet eher paradox an. Mark Twain hat einmal gesagt: „Im Deutschen ist eine junge Dame, im Unterschied zu einer weißen Rübe, geschlechtslos."

Die romanischen Sprachen haben einen männlichen und einen weiblichen Artikel, der das grammatische Geschlecht des Substantivs angibt. Das Französische unterscheidet *le* (maskulin) und *la* (feminin) im Singular, für den Plural gibt es nur die gemeinsame Form *les.* Im Spanischen heißen die Artikel für den Singular *el* und *la,* für den Plural *los* und *las.* Auch das Portugiesische hat vier Artikelformen – *o* und *a* im Singular, *os* und *as* im Plural.

Das Italienische, das ebenfalls zwei grammatische Geschlechter unterscheidet, bietet elf Varianten des Artikels an, um neben der Differenzierung zwischen Maskulinum und Femininum auch einen möglichst fließenden Übergang zum nachfolgenden Substantiv zu erzielen.

Die deutsche Sprache kennt drei grammatische Geschlechter – Maskulinum, Femininum und Neutrum. Die Artikel für den Singular heißen „der", „die" und „das", für den Plural lautet die gemeinsame Form „die“. Außerdem wird der Artikel im Deutschen zusammen mit dem Substantiv dekliniert und verändert je nach Kasus seine Form.

Im Russischen gibt es drei grammatische Geschlechter, aber – entsprechend der Neigung der russischen Sprache zur Kürze – überhaupt keinen Artikel. Dasselbe gilt für alle anderen slawischen Sprachen.

Die russischen Substantiva sind männlich, weiblich oder sächlich. Der Kasus drückt sich ebenso wie bei den mit ihnen verbundenen Adjektiva in den Flexionsendungen aus. Das ist einer der Gründe, weshalb die russische Sprache als so schwierig gilt – ausgenommen natürlich für einen Russen.

Obwohl das Genus, das Geschlecht, in der Grammatik der europäischen Sprachen eine so große Rolle spielt, hat bisher noch niemand eine befriedigende Erklärung dafür gefunden, wie es eigentlich zu dieser Einteilung von Dingen und Begriffen in Geschlechtskategorien gekommen ist. Der Ausgangspunkt für dieses sprachliche Konzept dürfte wohl das biologische Geschlecht, also die Unterscheidung von Lebewesen in männlich und weiblich, gewesen sein, die dann später auch auf Gegenstände und Abstrakta übertragen wurde, mit denen man die Vorstellung „männlich“ oder „weiblich“ verband.

Die „Sonne“ ist in den meisten Sprachen männlich, während der „Mond“ und die „Erde“ weiblich sind. Die deutsche Sprache hält es bei Sonne und Mond genau umgekehrt. Der „Tag“ ist meistens männlich, die „Nacht“ weiblich; das „Licht“, im Deutschen ein Neutrum, ist ebenfalls in den meisten Sprachen weiblich.

Das weibliche Geschlechtsorgan ist in allen romanischen Sprachen weiblich, nur im Französischen ist es männlich *(le vagin)*.

Die romanischen Sprachen haben für die dritte Person Plural des Personalpronomens („sie“) eine männliche und eine weibliche Form – *ils* und *elles* im Französischen, *ellos* und *ellas* im Spanischen –, je nachdem ob männliche oder weibliche Personen oder Dinge bezeichnet werden. Handelt es sich um eine gemischte Gruppe, so steht das Pronomen in der männlichen Form, auch wenn Frauen – oder weibliche Substantiva – in der Überzahl sind.

Im Spanischen beispielsweise würde man bei einer Gruppe von Busfahrgästen, bestehend aus einem einzigen Mann und zwanzig Frauen, die maskuline Bezeichnung *pasajeros* wählen und die feminine Form *pasajeras* erst dann gebrauchen, wenn der männliche Fahrgast ausgestiegen ist. Auch substantivierte Adjektiva folgen dieser männlich orientierten grammatischen Regel. Würde beispielsweise in einer südamerikanischen Stadt ein Sitzstreik für Frauenrechte abgehalten werden, so hätte das Wort für die „Sitzstreikenden“ eine maskuline Pluralendung, wenn auch nur ein einziger Mann an der Demonstration teilnähme.

Das Spanische hat sogar eine weibliche und eine männliche Form für das Personalpronomen „wir“ – *nosotros* und *nosotras*. Frauen verwenden jedoch oft die männliche Form, selbst wenn sie von sich selbst als Gruppe sprechen – so stark ist im Spanischen der Einfluß des Machismo.

Das spanische Wort für „Mann“ – *hombre* – wird sowohl von Männern als auch von Frauen als Interjektion benutzt, und das schon seit Generationen, während das englische Wort *man* erst in jüngerer Zeit in der amerikanischen Umgangssprache diese Funktion übernommen hat. Dazu muß allerdings gesagt werden, daß der Mann sich – und nur sich allein – im Englischen und in den romanischen Sprachen mit schöner Selbstverständlichkeit zum Menschen ernannt hat und daß *man* und *hombre* nicht nur „Mann“, sondern auch „Mensch“

bedeuten. Und „Mensch!“ ist als Interjektion auch im Deutschen gebräuchlich.

Wenn ein Spanier oder Italiener seine Frau anruft, um ihr mitzuteilen, daß er bei einer „befreundeten Person“ ist, so würde die Endung des jeweiligen Wortes – *amigo* oder *amiga* im Spanischen und *amico* oder *amica* im Italienischen – ebenso eindeutig das Geschlecht der betreffenden Person verraten wie die deutschen Wörter „Freund“ und „Freundin“. Im Französischen wäre der Unterschied zwischen *ami* (männlich) und *amie* (weiblich) schon wesentlich schwerer herauszuhören, und im Englischen, dessen Substantivendungen das Geschlecht nur in Ausnahmefällen erkennen lassen, würde das Wort *friend* überhaupt nichts über das Geschlecht der betreffenden Person aussagen.

Im Französischen sind die meisten Bezeichnungen für Tiere, die kleiner sind als ein Hase, entweder männlichen oder weiblichen Geschlechts, während für größere Tiere jeweils *beide* Formen üblich sind. Das französische Wort für „Maus“ ist wie im Deutschen weiblich – *la souris.* Wenn man also eine männliche Maus bezeichnen wollte, müßte man sagen *la souris male* – „(die) männliche Maus“. „Ratte“ ist im Französischen männlich: *le rat.* Wenn man von einer weiblichen Ratte spricht, müßte man sagen *le rat femelle* – „(der) weibliche Ratte“.

Einige französische Wörter haben im Lauf der Jahre das Geschlecht gewechselt. Als das Auto erfunden wurde, ordnete man das Wort *automobile* dem männlichen Geschlecht zu, mittlerweile aber ist das Auto im Französischen weiblich geworden.

Eigentlich in allen Sprachen gibt es ganz harmlos klingende Wörter, mit denen man arg ins Fettnäpfchen treten kann. Im Französischen zum Beispiel muß man mit dem Wort *fille,*

„Mädchen“ oder „Tochter“, vorsichtig umgehen. In der Bedeutung „Tochter“ bietet es keine Schwierigkeiten, verwendet man es jedoch für „Mädchen“, muß man es genauer definieren; als *jeune fille* (junges Mädchen) oder *petite fille* (kleines Mädchen). Ohne diese Definition würde man andeuten, daß es sich bei besagtem Mädchen um ein sogenanntes „leichtes“ Mädchen handelt.

Ähnlich ist es dem deutschen Wort „Dirne“ ergangen, das heute in der Hochsprache nur noch die Bedeutung „Prostituierte“ hat. Nur im Dialekt hat es seine ursprüngliche Bedeutung, „Mädchen“, bewahrt.

In Spanien lebt man gefährlich, wenn man das ehrfurchtsgebietende Wort *madre,* „Mutter“, ohne nähere Definition gebraucht, wenn man von jemandes Mutter spricht. *La madre* („die Mutter“) oder *tu madre* („deine Mutter“) sind gebräuchliche Schimpfwörter, die auf ein fragwürdiges Sexualleben der betreffenden Mutter anspielen. Um dergleichen ungewollte Andeutungen zu vermeiden, sollte man sich immer des Ausdrucks *su señora madre* – „Ihre Frau Mutter“ – oder *su mamá* bedienen.

Seltsamerweise ist das englische Wort *mother* im amerikanischen Slang neueren Datums ebenfalls zu einem Schimpfwort geworden, wenn es ein Mann zu einem anderen sagt.

In Spanien ist es üblich, daß eine Frau nach der Heirat ihren Familiennamen beibehält. Wenn beispielsweise eine Frau namens María Fernández einen Mann namens Antonio Rodríguez heiratet, so heißt sie nach der Hochzeit Señora María Fernández de Rodríguez – wobei das *de,* zumindest linguistisch, bedeutet, daß sie der Besitz ihres Mannes ist. Ihre Kinder führen den Familiennamen Rodríguez-Fernández. Sofern der Name der Mutter nicht sehr berühmt ist, wird er in der nächsten Generation meistens fallengelassen.

Einige Überraschungen haben die in den verschiedenen Sprachen gebräuchlichen Trauungsformeln zu bieten. Im Deutschen wird dem Bräutigam aufgetragen, seine Braut „zu lieben und zu ehren". Im Hebräischen wird der Braut eingeschärft, ihren Ehemann zu „lieben, zu umsorgen und ihm zu gehorchen". Der englische Text hatte ursprünglich denselben Wortlaut, bis das Wort „gehorchen" gestrichen wurde. Die griechische Heiratsformel läßt keinerlei Zweifel über die Rolle der Frau offen: „Diese Frau wird sich diesem Mann unterwerfen." Die spanische Version steht gegen alle Erwartungen ganz im Einklang mit den Idealen der Frauenbewegungen: „Ich gebe dir eine Frau, aber keine Sklavin."

Die französische Eheformel legt die Betonung auf Treue: „Die Ehepartner schulden einander Treue und gegenseitigen Beistand." Daß die Treue den Galliern so besonders ans Herz gelegt wird, erinnert an die kuriose Tatsache, daß das französische Wort für „Liebe", *amour,* im Singular männlich, im Plural aber weiblich ist.

Der Prophet Mohammed gestattete den gläubigen Moslems bis zu vier Ehefrauen zur selben Zeit, und nach islamischem Recht kann ein Mann sich von jeder seiner vier Frauen trennen, indem er eine einfache Scheidungsformel ausspricht. Diese Formel, die dreimal wiederholt werden muß, lautet: *Taaleka wallahi wa billahi wa tallahi* – „Bei Allah, die Bande sind gelöst". Umgekehrt kann diese Scheidungsformel zwar nicht angewandt werden, doch sorgt das islamische Gesetz wenigstens für das finanzielle Wohl der geschiedenen Frauen.

In den anglophonen Ländern haben die Verfechterinnen der Frauenrechte in den letzten Jahren heftigen Druck gegen die Verwendung von Bezeichnungen ausgeübt, die das Wort *man* („Mann") enthalten, wie z. B. *chairman* (Vorsitzender), *spokesman* (Wortführer), *anchorman* (Moderator), *layman* (Laie), *mailman* (Briefträger) und *workman* ([Fach-]Arbeiter), und unter anderem vorgeschlagen, dieses Wort in solchen Verbindungen durch *person* zu ersetzen. Dieser linguistische Kompromiß, der sich zum Teil durchgesetzt hat, stellt eine Bevorzugung der lateinischen Sprachwurzel (frz. *personne*) gegenüber der germanisch-angelsächsischen dar.

In den romanischen Sprachen hat das Wort „Frau" genau wie im Deutschen auch die Bedeutung „Ehefrau, Gattin, Gemahlin". Im Französischen, Spanischen, Italienischen oder Portugiesischen lautet „Frau" oder „Ehefrau" *ma femme, mi mujer, mia moglie* bzw. *minha mulier,* während man in korrektem Englisch immer *my wife* sagen muß. „Weib", das entsprechende deutsche Wort, wird im Sinn von Ehefrau höchstens scherzhaft oder in dichterischer Sprache gebraucht.

Die Wortwahl und Ausdrucksweise einer Frau unterscheidet sich in allen Sprachen von der eines Mannes. Das Japanische ist ein gutes Beispiel dafür. Die japanischen Frauen drücken sich sehr höflich aus und wählen die respektvolleren Verbformen, während die japanischen Männer dazu neigen, Zeitwörter zu verkürzen und überhaupt einen sehr knappen und gedrängten Gesprächston bevorzugen, der an die energische und herrische Art der *Samurai* erinnert.

Die Japaner haben mehrere Wörter für das Personalpronomen „ich" – *watakushi,* dann das eher feminine *watashi* und schließlich das kurze, militärisch klingende *boku,* das früher nur von Männern verwendet wurde. Heute jedoch gebrauchen, vor allem in der jüngeren, freizügigeren Generation, auch manche Frauen das stolze Kriegerwort *boku*, wenn sie von sich selbst sprechen. In den semitisch-hamitischen Sprachen, deren wichtigste heute Arabisch und Hebräisch sind, spielt das Geschlecht eine noch größere Rolle als in den europäischen Sprachen. Nicht nur die Substantiva, Pronomina und Adjektiva werden in Maskulina und Feminina unterschieden, sondern selbst die Zeitwörter verändern ihr Geschlecht. Der einfache Satz „ich liebe dich/euch“ hat im Hebräischen sechs Varianten, je nachdem ob er von einem Mann oder einer Frau gesagt wird oder an einen Mann, eine Frau oder eine Gruppe von Männern bzw. Frauen gerichtet ist. Setzt sich die Gruppe aus Männern und Frauen zusammen, so hat das männliche Geschlecht wie in den romanischen Sprachen den Vorrang.

Die russischen Verba haben im Präteritum eine männliche, weibliche und sächliche Form, nicht aber im Präsens und im Futur.

In der Hopi-Sprache gibt es zwei Wörter für „danke“ – ein Mann sagt *kwakhwa,* eine Frau *askwali.* Eine gewisse Heiterkeit erregt es in Hopi-Kreisen, wenn sich Touristen an diesen Wörtern versuchen, denn sie verwechseln die beiden Wörter häufig.

Die Mazateken in Mexiko haben eine eigene Männersprache entwickelt, bestehend aus langen und kurzen Pfiffen, die den Silben bestimmter Wörter entsprechen. Mazatekenfrauen verstehen daher nicht, worüber sich die Männer unterhalten, und bisher hat offenbar keiner das Geheimnis verraten.

Bei primitiven Stämmen, die auch heute noch fern jeder Zivilisation in Gebieten wie den Dschungeln Südamerikas, Afrikas und Südostasiens oder im hohen Norden leben, haben Anthropologen spezialisierte Männer- und Frauensprachen für geschlechtsspezifische Tätigkeiten innerhalb des Stammes entdeckt, deren Verwendung für das andere Geschlecht tabu ist. So können Frauen nicht von Waffen, Krieg, Jagd oder ganz allgemein von männlichen Tätigkeiten sprechen, und die Männer des Stammes halten sich an das Tabu, wenn es ums Kochen, Weben, sonstige weibliche Tätigkeiten oder um Frauenkleidung geht. Wenn eine Frau eine Wort aus dem Vokabular des Kriegers und Jägers benutzt, so beschwört sie damit Unglück für den Stamm und eine Strafe für sich selbst herauf. Um dieses Tabu zu umgehen, haben die Frauen mancher Stämme ein spezielles Frauenvokabular für männliche Ausdrücke entwickelt, damit sie sich heimlich über die Tätigkeiten der Männer unterhalten können.

7
Sprachliche Begebenheiten, die den Lauf der Geschichte verändert haben

In Südamerika sprechen insgesamt mehr Menschen Portugiesisch als Spanisch. Der Hauptanteil der Portugiesisch Sprechenden lebt in Brasilien, der großen „Ausbuchtung" im Osten des südamerikanischen Kontinents. Daß dieses Volk Portugiesisch und nicht Spanisch spricht, geht auf die vor 500 Jahren getroffene Entscheidung eines Papstes zurück, der damit den Frieden zwischen Spanien und Portugal erhalten wollte. Im Jahr 1481, als spanische und portugiesische Seefahrer bereits den Atlantik zu erforschen begannen, gab der damalige Papst, in der Hoffnung, dadurch einen Krieg zwischen den beiden Großmächten zu verhindern, eine Bulle heraus, mit der Portugal alle unentdeckten Länder südlich und Spanien alle jene nördlich der Kanarischen Inseln zugesprochen wurden. 1493, ein Jahr nachdem Kolumbus unter spanischer Flagge die Neue Welt entdeckt hatte, verlagerte der Papst die Grenzlinie. Er wies die „neuen" Länder im Westen des 38. Grades westlicher Länge (ganz Südamerika) Spanien zu, die östlich davon gelegenen Portugal, was den französischen König Franz den Ersten zu der Bemerkung veranlaßte: „Ich würde gern die Stelle in Adams Testament sehen, derzufolge die Neue Welt zwischen meinen Brüdern Karl V. von Spanien und dem König von Portugal aufgeteilt werden soll." Durch eine neue und letzte Verordnung wurde die Grenzlinie im Jahr 1494 auf 46°37′ westliche Länge verlegt, wodurch Portugal Anspruch auf das ausgedehnte Gebiet des späteren Brasilien erheben konnte.

Es ist in diesem Zusammenhang erwähnenswert, daß

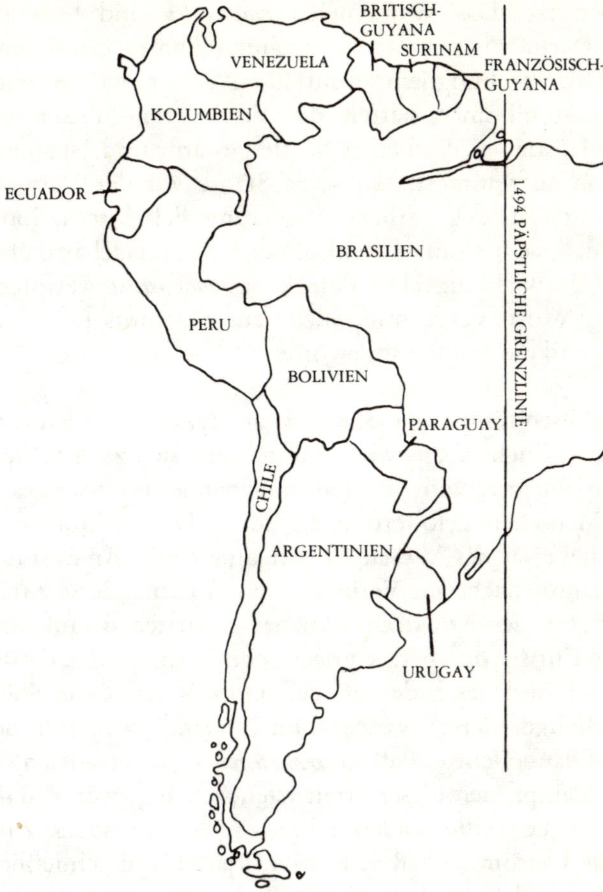

Argentinien sich, als es in den ersten Apriltagen des Jahres 1982 die Falkland-Inseln besetzte, zum Beweis dafür, daß die Argentinier als Erben und Nachfolger der Spanier berechtigten Anspruch auf diese Inseln hätten, auf die zweite päpstliche Bulle berief.

Hiroshima und Nagasaki wären vielleicht die Atombombe erspart geblieben, hätte man ein einziges japanisches Wort anders übersetzt. Das Wort heißt *mokusatsu* und bedeutet „nicht zur Kenntnis nehmen“, „Stellungnahme verweigern“ oder „sich der Stellungnahme enthalten“. Vor dem Abwurf der ersten Atombombe hatten die Vereinigten Staaten die Regierung Japans vor der neuen Waffe gewarnt und Japan zur Kapitulation aufgefordert, um seine Städte vor der Vernichtung zu retten. Die kaiserliche Regierung ließ international verlauten, daß sie bis zum Abschluß der Kabinettsdebatte über diese neue Entwicklung eine Politik des *mokusatsu* verfolgen würde. Das Wort wurde mit „nicht zur Kenntnis nehmen“ übersetzt – und die Bombe abgeworfen.

Im griechisch-römischen Kaiserreich Byzanz wurden um eines einzigen Buchstabens willen, durch den sich zwei Schlüsselwörter in einem religiösen Streit voneinander unterschieden, Tausende Menschen gefoltert und getötet. Die Meinungsverschiedenheit betraf das Wesen Christi und wird „Arianismus-Streit“ genannt, nach den Verlierern der Auseinandersetzung, den Anhängern des Arius. Die Arianer beharrten darauf, daß das Wesen Christi durch das griechische Wort *homoiusios* zu definieren sei, welches bedeutet, daß Gott Vater, Gott Sohn und der Heilige Geist „wesensähnlich“ sind, während der orthodoxe Glaube lehrte, daß sie *homousios* – „wesensgleich“ – seien. Der Kampf, den dieser Streit nach sich zog, war charakteristisch für die verheerenden religiösen Auseinandersetzungen, die das Oströmische Reich erschütterten und schließlich so schwächten, daß es dem Vordringen mohammedanischer Araber nicht mehr standhalten konnte und Konstantinopel schließlich im Jahr 1453 von den mohammedanischen Türken erobert wurde, was das Ende des Byzantinischen Reiches bedeutete.

Im Zweiten Weltkrieg war es vor allem die Sprachgewalt Churchills, die den Briten so starken moralischen Rückhalt gab, daß sie Nazi-Deutschland, auch als Großbritannien nach dem Fall Frankreichs allein dastand, noch ihren Widerstand entgegensetzten. Der wohl eindrucksvollste seiner Aussprüche – einer, der seine Zuhörer mit Stolz und trotziger Entschlossenheit erfüllte – war jener berühmt gewordene Satz, er habe nichts zu bieten als „Blut, Plagen, Tränen und Schweiß". Zufällig hatte 399 Jahre früher John Donne ganz ähnliche Worte geschrieben: „*That 'tis in vain to do or mollify it with thy tears or sweat or blood.*"

Deutsch wäre beinahe die Landessprache der Vereinigten Staaten von Amerika geworden. Der während der Revolutionszeit in Philadelphia zusammengetretene Kontinentalkongreß erwog die Einführung einer neuen Sprache für die künftigen Vereinigten Staaten, vielleicht in der Absicht, alle Brücken zu England zu brechen. Zur Diskussion standen unter anderem Deutsch, Hebräisch und Französisch. Deutsch wurde aus mehreren Gründen an erster Stelle erwogen: In Pennsylvania und anderen amerikanischen Staaten gab es viele deutschsprachige Amerikaner; die holländischen Siedler in New York und anderen Gebieten hätten Deutsch leicht erlernen können, und auch für die meisten anderen Siedler hätte die deutsche Sprache kein großes Problem dargestellt, da sie als germanische Sprache dem Englischen grundlegend ähnlich ist; die Hessen, von den Briten „gemietete" deutsche Truppen, liefen schwarenweise zu den Amerikanern über, und viele wollten in Amerika bleiben. Dennoch wurde, als es schließlich zur Abstimmung kam, Englisch zur Sprache der neuen Republik gewählt – mit einer einzigen Stimme Mehrheit!

Georg III., der fließend Deutsch sprach, war der erste englische König aus dem Haus Hannover, der auch fließend Englisch sprach.

Die Eroberung des Aztekenreiches wurde Cortez durch ein von zwei Dolmetschern geschaffenes Kommunikationssystem wesentlich erleichtert. Nachdem die Spanier gelandet waren und an der Küste Mexikos in ein Gefecht verwickelt wurden, schrie plötzlich ein braunhäutiger Maya-Krieger einem spanischen Soldaten, der ihn töten wollte, auf spanisch zu: „Erschlagt mich nicht, *caballero.* Ich bin Kastilianer wie Ihr.“ Wie sich herausstellte, war der Mann ein schiffbrüchiger, sehr braun gebrannter Spanier, der sich den Mayas angeschlossen hatte. Später wurde Cortez eine Indianerin namens Malintzín zum Geschenk gemacht, die die Sprache der Mayas und der Azteken beherrschte, so daß Cortez und seine Männer sich mit Hilfe der beiden Dolmetscher und aller drei Sprachen mit den Azteken verständigen konnten: Spanisch wurde in die Maya-Sprache übersetzt, von dieser ins Aztekische und vice versa. Malintzín

Aztekische Darstellung von Malintzín (ganz links) beim Dolmetschen für Cortez.

lernte bald Spanisch sprechen, legte sich einen neuen Namen zu – Marina – und nahm sich einen Liebhaber – Cortez persönlich. (Die Beziehung fand ein Ende, als Cortez sie mit einem seiner Untergebenen vermählte.) Marina konnte sich mit den aztekischen Herrschern direkt unterhalten und verstand auch, worüber sie miteinander sprachen, während die Azteken die Gespräche oder Befehle der spanischen Eindringlinge nicht verstehen konnten – und daher keine Ahnung hatten, welches Unheil auf sie zukam.

Malintzín-Marina gilt bei den Mexikanern, obwohl oder gerade weil sie den Spaniern half, als Verräterin ihres Volkes, und sogar der Name Malinche – eine lokale Form von Malintzín – ist ein Wort, das Verachtung ausdrückt. Im heutigen Mexiko bezeichnet das Wort *malinchero* einen Mexikaner, der Fremden beinahe hörig ist.

Die vier Wörter, die beim Gastmahl des babylonischen Königs Belsazar plötzlich an der Wand erschienen und vom Propheten Daniel (Kap. 5) gedeutet wurden, waren für die ausgelassen feiernden Babylonier vielleicht nicht nur eine Prophezeiung, sondern auch ein psychologischer Schock. Die vier Wörter – *Mene Mene Tekel Upharsin* (auf aramäisch: „gezählt, gezählt, gewogen, zerteilt") – wurden von dem Propheten folgendermaßen interpretiert: „Gott hat dein Königreich gezählt und sein Ende bestimmt. Man hat dich auf der Waage gewogen und zu leicht befunden. Dein Reich ist zerteilt und den Medern und Persern gegeben." Diese Auslegung war für die Babylonier zweifellos keine Ermutigung, als sie sich in derselben Nacht den Medern und Persern zum Kampf stellen mußten, die noch während des Festgelages in die Stadt eingedrungen waren. Den Juden erging es unter den Persern besser als unter den Bayloniern, und sie kehrten schließlich nach Israel zurück.

Ein wichtiges Gefecht im Rahmen der Ardennenoffensive

des Zweiten Weltkrieges verdankt seinen Ausgang vielleicht einem einzigen Wort; zumindest hat es sich wegen dieses Wortes dem Gedächtnis eingeprägt. Das Wort lautete: *Nuts!* (Slangausdruck für „Hoden“) und war die Antwort General Anthony McAuliffes auf die Aufforderung der Deutschen, sich zu ergeben, um seine Einheit vor der Vernichtung zu retten. Die Dreistigkeit dieser Antwort hob den Kampfgeist seiner zahlenmäßig unterlegenen Truppen, die die Front mit Erfolg hielten und damit zum Sieg der Alliierten in der Ardennenoffensive beitrugen. Der deutsche Befehlshaber, der diese Ein-Wort-Botschaft erhielt, verstand zuerst nicht den ganzen Hohn, der in diesem Wort lag, und interpretierte es in seiner anderen Bedeutung „verrückt“. Erst später ging ihm der volle Sinn dieser grandiosen Unverschämtheit auf.

Es wurde oft mehr oder weniger ernsthaft behauptet, der Erste Weltkrieg sei durch Straßenschilder ausgelöst worden. All die unterjochten Völker im Vorkriegseuropa – die Serben, Kroaten, Slowenen, Tschechen, Slowaken, Polen, Rumänen, Letten, Litauer, Esten und die Franzosen in Elsaß-Lothringen – wurden durch die Straßenschilder in ihren eigenen Städten ständig an ihre Unterdrückung erinnert, denn die Schilder trugen Aufschriften in den Amtssprachen ihrer Herren: Österreich-Ungarn, Deutschland und Rußland. Dennoch muß gesagt werden, daß die allgemeine Lage nach zwei Weltkriegen und trotz der gegenwärtigen Sprachenfreiheit in Mittel- und Osteuropa durch die nationale Zersplitterung im großen und ganzen nicht besser geworden ist, als sie unter dem Aspekt der „Wirtschaftsgemeinschaft“ der alten österreichisch-ungarischen Monarchie war. Heute, nach zwei Weltkriegen, ist es de facto so, daß sich der von der UdSSR kontrollierte Ostblock weit über die alten Grenzen des russischen Zarenreiches hinweg nach Mitteleuropa hinein erstreckt.

In einem verspäteten Versuch, die Deutschen zu noch größeren Bemühungen um den Endsieg im Zweiten Weltkrieg anzuspornen, warnte Joseph Goebbels, der Propagandaminister der Nazis, vor einer riesigen Menschenansammlung davor, daß das deutsche Volk, sollten die Alliierten den Krieg gewinnen, dazu gezwungen werden würde, Englisch zu lernen – eine unschön klingende und außerordentlich schwierige Sprache. Diese Drohung hatte, wie es scheint, keine Wirkung auf den Kampfgeist der Deutschen. Obwohl die Alliierten tatsächlich den Krieg gewonnen haben, blüht und gedeiht die deutsche Sprache immer noch als wichtigste Sprache Mitteleuropas. Die Anzahl der Deutschsprachigen wird in Europa nur noch von der Anzahl der Russischsprachigen übertroffen.

Alle französischen Kinder lernen in der Schule, daß der Kommandeur von Napoleons Kaiserlicher Garde in Waterloo eine britische Aufforderung zur Kapitulation mit folgenden unsterblichen Worten beantwortet habe: „Die Garde stirbt, doch sie ergibt sich nie." Diese noble Äußerung wird dem General Pierre Cambronne zugeschrieben, doch besteht begründeter Anlaß zu der Vermutung, daß seine tatsächlichen Worte mehr auf der Linie der Antwort lagen, die General McAuliffe 130 Jahre später den Deutschen gab. Nach der Aussage von Soldaten, die an der Schlacht teilnahmen, hat General Cambronne in Wirklichkeit folgendes gesagt:

Merde! La garde ne se rend jamais.
(Sch . . .! Die Garde ergibt sich nie!)

Durch das Knallen der Schüsse, Wiehern der Pferde und Geschrei der Menschen hindurch mag der Satz wohl so geklungen haben, daß sich die folgende, lehrbuchgeeignetere Version dafür anbot:

La garde meurt mais ne se rend jamais!
(Die Garde stirbt, doch sie ergibt sich nie!)

Trotzdem wird auch die zweite Version nach wie vor mit

Cambronnes Namen verknüpft. Wird das anstößige Wort bei einer gepflegten Konversation auf französisch (der gepflegtesten aller Sprachen) erwähnt, so wird es als *le mot de Cambronne,* „das Wort Cambronnes", bezeichnet, manchmal auch schlicht und einfach als *les cinq lettres,* „die fünf Buchstaben". Mit diesem Wort wünscht man auch einem Schauspieler vor seinem Bühnenauftritt oder jemandem, der vor einer schwierigen Situation steht, „Hals- und Beinbruch".

8

Schlachtrufe, Widerstandsparolen und religiöse Schlagworte

Es gab gewisse historische Augenblicke, in denen die ständige Wiederholung einiger simpler Worte genügte, um eine ganze Nation zu Handlungen anzustacheln, die die Welt verändert haben. Die Macht der Parolen oder Slogans (das Wort „Slogan" selbst kommt vom keltischen Wort für „Schlachtruf") war den Meinungsmachern aller Zeiten, von der Antike bis herauf in die Gegenwart, bewußt. Die wirksamsten nationalen Parolen richteten sich stets zu einer ganz bestimmten Zeit auf ganz spezifische Ziele. Parolen müssen kurz, einprägsam, leicht zu merken und auf ein wirkliches oder imaginäres Bedürfnis abgestimmt sein – genau wie die Reklamesprüche, die in den diversen Werbeagenturen ersonnen werden. Einige dieser erfolgreichen Parolen der Geschichte sind heute noch geflügelte Worte, andere haben ihren ursprünglichen Zweck erfüllt und sind im Dunkel der Vergangenheit versunken.

ORIGINAL-MOTTO	ÜBERSETZUNG	URSPRUNG UND WIRKUNG
Ceterum censeo Carthaginem esse delendam.	Im übrigen bin ich der Meinung, daß Karthago zerstört werden muß.	Mit diesem Satz beendete Cato, der große römische Orator, jede seiner Reden vor dem römischen Senat; und er hatte Erfolg – Karthago wurde zerstört, und Rom stieg zur ersten Weltmacht auf.

Neugriechisch: *i tán i epitás* Εἰ τάν εἰ ἐπιτάς! *e taúten e epi taútes* ἢ ταύτην ἢ ἐπὶ ταύτης	Mit ihm oder auf ihm!	Mit diesen Worten sollen sich die Frauen Spartas von ihren Söhnen und Männern verabschiedet haben, wenn diese mit ihren Schildern in den Krieg zogen. Fiel ein Krieger ehrenvoll in der Schlacht, wurde er auf seinem Schild heimgetragen, verlor er den Schild jedoch im Gefecht, wurde er mit Schimpf und Schande bedeckt. Dieses Gebot war für die alten Spartaner und später für alle griechischen Krieger – von der Schlacht an den Thermopylen bis herauf in die Gegenwart – eine wichtige moralische Triebfeder.
Le schanah ha ba'ah b'yeruschalim! לשנה הבאה בירושלים	Nächstes Jahr in Jerusalem!	Ein ritueller Ausspruch, mit dem die Juden seit der Eroberung Jerusalems durch die Römer ihr Passahfest beenden. Dieser durch die Jahrhunderte wiederholte Wunsch hat sich erfüllt – nach mehr als 2.000 Jahren gehört Jerusalem nun wieder den Juden.
La illaha illa Allah wa Mohammed er rasul Allahi! لا إله إلا الله ومحمد رسول الله	Es gibt keinen Gott außer Gott, und Mohammed ist sein Prophet!	Dieses islamische Glaubensbekenntnis beflügelte und inspirierte die Moslems bei ihrem Eroberungszug durch Asien, Europa und Afrika. Auch heute noch sprechen es die gläubigen Moslems auf der ganzen Welt fünfmal täglich bei ihren Gebeten.
Dieu le veult!	Gott will es!	Diese altfranzösischen Worte stammen aus dem Mund des Mönches Peter von Amiens und haben die Kreuzzüge in Gang ge-

setzt, mit denen die abendländische Christenheit das Heilige Land und Jerusalem aus den Händen der mohammedanischen Sarazenen befreien wollte. Nach mehreren Kreuzzügen und endlosem Blutvergießen wurde das Heilige Land zwar tatsächlich erobert, doch mußten es die Kreuzritter unter dem Druck der Mohammedaner bald wieder aufgeben.

Liberté, Egalité, Fraternité!

Freiheit, Gleichheit, Brüderlichkeit!

Das war das Motto des revolutionären Frankreich und ist heute das Motto der 5. französischen Republik. Bei den ersten Feldzügen Napoleons erwies es sich als sehr erfolgreich, da die von den feindlichen Monarchien gegen Napoleon aufgestellten Truppen den Gefühlen, die die Franzosen anscheinend motivierten, durchaus Sympathien entgegenbrachten. Diese kühlten jedoch zusehends ab, als Napoleons imperialistische Absichten zutage traten.

Proletarier aller Länder vereinigt euch!

Diese Worte stehen auf der ersten Seite des kommunistischen Manifests von 1848 von Karl Marx und Friedrich Engels, den beiden Deutschen, die in England lebten, ihre Schriften aber in deutscher Sprache verfaßten und veröffentlichten. Diese Botschaft, die durch die Übersetzung in fast alle Weltsprachen internationale Verbreitung erlangte, hat auf der halben Welt ihre Wirksamkeit er-

		wiesen. Über ihren endgültigen Erfolg oder Mißerfolg wird allerdings erst zu entscheiden sein.
¡No pasarán!	Sie werden nicht durchkommen!	Dieses Motto der Republikaner im Spanischen Bürgerkrieg ist die spanische Version des französischen Schlachtrufs „*Ils ne passeront pas!*" aus der Schlacht um Verdun im Ersten Weltkrieg. Das Motto beflügelte zwar die Verteidiger der Republik, muß aber doch als erfolglos eingestuft werden – die Anhänger Francos „kamen durch" und überrannten die Linien der Verteidiger.
Remeber the Alamo! *Remember the Maine!* *Remember Pearl Harbor!*	Denkt an Alamo! Denkt an die Maine! Denkt an Pearl Harbor!	Jede dieser amerikanischen Parolen bezieht sich auf einen speziellen Angriff gegen die Amerikaner, der eine offizielle Kriegserklärung auslöste (und zwar jeweils gegen Mexiko, Spanien bzw. Japan). Die Vereinigten Staaten haben in allen drei Kriegen den Sieg davongetragen.
Banzai! 万歳*!*	Zehntausend Jahre!	Diesen Wahlspruch gab es zwar in Japan schon lange vor dem Zweiten Weltkrieg, aber erst in diesem wurde er Teil des Schlachtrufs der Japaner bei ihren tollkühnen Verzweiflungsangriffen. Er bekam mit der Zeit die Bedeutung „zehntausend Jahre für den Kaiser" oder „für Japan" oder für beide zugleich im Sinne einer untrennbaren Einheit.

$E = mc^2$

Obwohl an sich weder ein Schlachtruf noch ein Aufruf zum Widerstand, noch ein religiöser Leitspruch, gehört diese Formel hierher, denn sie ist eine einfache Feststellung, deren Auswirkungen auf die Menschheit und die Welt bereits größer sind als die aller anderen Slogans zusammengenommen. Die Formel ist Einsteins Gleichung Energie = Masse × Lichtgeschwindigkeit zum Quadrat, und ihre Anwendung hat uns das Atomzeitalter gebracht, mit all seinen Vorteilen wie auch bedrückenden Anzeichen für eine globale Katastrophe. Ganz einfach ausgedrückt, könnte man von dieser Gleichung sagen: „Mit drei Buchstaben und einer Zahl erklärt sie uns die Vorgänge im Universum."

9
Ausdrücke der Liebe und Bewunderung

Das Wort „Liebe“ hat nicht in allen Sprachen, die die Substantiva in Maskulina und Feminina (oder Maskulina, Feminina und Neutra) einteilen, dasselbe Geschlecht. In den romanischen Sprachen ist das Wort für „Liebe“ männlich, im Deutschen wie auch im Russischen und den damit verwandten Sprachen hingegen weiblich.

Das Griechische hat ebenso wie das Chinesische und seine linguistischen Verwandten eine ganze Reihe von Ausdrücken für das Wort „Liebe“ anzubieten, je nachdem ob Freundschaft, familiäre Zuneigung, Liebe zum Vaterland, romantische Liebe oder Leidenschaft gemeint ist.

Das Wort für „Liebe“ klingt in fast allen Sprachen weich und angenehm, nur das chinesische Wort *ai* bildet hier – zumindest für das Ohr mancher Europäer – eine Ausnahme, denn in den romanischen Sprachen bedeutet *ai* „au“ oder „autsch“.

Zum linguistischen Vergleich werden in der nachstehenden Liste einige Wendungen für „Ich liebe dich“ angeführt. Die Phrasen aus Sprachen mit nichtlateinischem Alphabet wurden in lateinischer Transkription wiedergegeben. Die meisten Ausdrücke können sowohl von Mann zu Frau als auch von Frau zu Mann verwendet werden; wo es verschiedene Formen gibt, wurde die von der Frau an den Mann gerichtete in Klammer angeführt. Es wird empfohlen, vor Verwendung einer dieser Phrasen die Aussprache von jemandem überprüfen zu lassen, der die jeweilige Sprache beherrscht.

Amharisch:
Afekrischalehou
Arabisch:
Ana b'hibbik
(Ana b'hibbak)
Chinesisch:
Wo ai ni
Dänisch:
Jeg elsker Dig
Englisch:
I love you
Farsi (Neupersisch):
Tora dust midaram
Finnisch:
Minä rakistan sinua
Französisch:
Je t'aime
Gälisch:
Tá grá agam ort
Griechisch:
S'agapó
Haussa:
Ina sonki
Hebräisch:
Ani ohev otakh
(Ani ohevet otkhah)
Hindi:
Maiñ tumheñ piyar karta huñ
Holländisch:
Ik houd van je
Hopi:
Nu'umi unangwa'ta
Indonesisch:
Saja kasih saudari
(Saja kasih saudara)
Italienisch:
Ti voglio bene
Japanisch:
Watakushi-wa anata-wo aishimasu
Kambodschanisch:
Bon sro lanh oon
Koreanisch:
Tangsinũl sarang hä yo
Laotisch:
Khoi huk chau
Lingala:
Nalingi yo
Mohawk:
Konoronhkwa
Navajo:
Ayór ánósh'ní
Norwegisch:
Jeg elsker Dem
Polnisch:
Ja cię kocham
Rumänisch:
Te inbesc
Russisch:
Ya tebya liubliu
Schwedisch:
Jag älska Dig
Sioux:
Techíhhila
Spanisch:
Te quiero
Suaheli:
Ninikupenda
Thai:
Chăn râte khun

Türkisch: *Ben sevi seviyorum*	Vietnamesisch: *Tôi yêu em*
Ungarisch: *Szeretlek*	Walisisch: *Yr wyf yn du garu*
Urdu: *Mujge tumae mahabbat hai*	Zuñi: *Tom ho' ichema*

Die in dieser Liste angeführten spanischen und italienischen Wendungen für „Ich liebe dich" heißen wörtlich übersetzt: „Ich will dich." Im Spanischen und Italienischen werden die Wörter *querer* bzw. *volere* – „wollen, wünschen, verlangen, lieben" – den Wörtern *amar* bzw. *amare,* deren einzige Bedeutung „lieben" ist, vorgezogen.

Kosenamen lassen sich im allgemeinen auf Frauen und Männer gleichermaßen anwenden.

ENGLISCH	DEUTSCH
my dear	mein Liebling
my darling	mein Liebling
my love	meine Liebe
my sweetheart	mein süßes Herz

FRANZÖSISCH	DEUTSCH
mon petit chou	mein kleiner Kohlkopf; oder auch: mein Püppchen
mon trésor	mein Schatz
mon chéri	mein Liebling

ITALIENISCH	DEUTSCH
tesoro mio	mein Schatz
amore mio	meine Liebe
gioia mia	meine Freude

SPANISCH	DEUTSCH
amorcito	kleine Liebe
mi amor	meine Liebe
mi vida	mein Leben

mi corazón .... mein Herz
mi sangre .... mein Blut

Das Wort für „Liebling" verändert in den romanischen Sprachen das grammatische Geschlecht in Übereinstimmung mit dem Geschlecht der angesprochenen Person. Spanisch: *querido, querida;* italienisch: *carino, carina;* französisch: *chéri, chérie.* (Das erste Wort ist jeweils das männliche, das zweite das weibliche.)

Ein hübsches russisches Kosewort für eine Frau ist *miloschka* – „Süßeste". *Golubtschik* – „Taube" – kann man sowohl zu einem Mann als auch zu einer Frau sagen.

Eine schöne Frau wird im Russischen als *krasiwaja* oder *krasnaja* bezeichnet. Beide Adjektiva kommen von *krasny,* „rot", und haben absolut nichts mit Politik zu tun. Rot ist schon seit Jahrhunderten eine der Lieblingsfarben der Russen.

Will man in Japan einer Frau ein Kompliment wegen ihrer Schönheit machen, so vergleicht man ihr Gesicht mit einem „Ei mit Augen" – *tamago kato no kao.* Nach dem klassischen Schönheitsideal soll die Japanerin ein ovales, flaches Gesicht mit auffallend schwarzen, mandelförmigen Augen haben.

In arabischsprechenden Ländern wird ein Mann immer gut bei einer Frau ankommen, wenn er ihre Augen als *yoon al ghrazaali,* als „Gazellenaugen", bezeichnet und damit das Bild der großen, klaren, flehenden Augen der Wüstengazelle heraufbeschwört. Vielleicht stammt dieses Kompliment aus der Zeit, in der die arabischen Männer von den Frauen außerhalb ihres eigenen Harems nur die Augen zu sehen bekamen. Heute zeigen die Frauen in den meisten arabischen Ländern mehr von ihren Reizen, und das gepriesene Bild der Gazelle kann in den westlich orientierten Ländern auch auf die Fesseln, die Beine, die Haltung und das ganze Auftreten einer Frau angewandt werden, so daß sie überhaupt als *ghrazaali* bezeichnet werden kann – als „gazellengleich" in toto.

In China sagte vor Tausenden von Jahren ein Dichter von der großen Schönheit Hsi Chi, daß, wenn sie spazierenging, die Fische tiefer tauchten, die Gänse durcheinanderschwirrten und das Wild vor ihrer Schönheit in den Wald floh. Wenn man daher auf chinesisch sagen will, daß eine Frau schön ist wie Hsi Chi, so sagt man einfach die vier Wörter *ch'en yü, le yen,* „tauchender Fisch, schwirrende Gänse".

In romanischen Regionen wie z. B. Spanien, Lateinamerika und Italien gibt es einen Brauch, der von weiblichen Besuchern aus nördlichen Gegenden oft mißverstanden wird. Wenn ein Mann auf der Straße an einer hübschen Frau vorübergeht, so macht er ihr ein Kompliment über ihr Aussehen, das im allgemeinen nicht als Annäherungsversuch, sondern bloß als Ausdruck seiner Bewunderung aufzufassen ist und keiner Erwiderung bedarf. Die Spanier haben dafür sogar einen Namen – *el piropo.*

Ein solcher *piropo* kann oft sehr originell sein und ist in den meisten Fällen nicht bloß eine simple Bemerkung über die Schönheit einer jungen Frau, sondern ein phantasievolles und höchst indirektes Kompliment, wie z. B.: „Es muß einsam sein im Himmel, nachdem einer der schönsten Engel auf die Erde herabgestiegen ist." Auch ist es durchaus nicht so, daß nur jungen Frauen solche Komplimente gemacht werden. Eine etwas reifere Frau kann von einem Italiener zu hören bekommen: *„Vecchia ma ancora buona!"* – „Alt, aber noch gut!"

10

Schimpfwörter und Flüche rund um die Welt

Die Namen einer ganzen Reihe bekannter Tiere haben gewöhnlich eine abfällige oder verletzende Bedeutung, wenn sie auf Menschen angewendet werden. Im Englischen müssen dafür die Ratte (rat), *die Laus* (louse), *das Schwein* (pig), *das Stinktier* (skunk), *der Hund* (dog), *die Hündin* (bitch) *und – vor allem in britischen Ländern – die Kuh* (cow) *herhalten. Auch in anderen Sprachen umfaßt die Palette von Schimpfwörtern für unliebsame Zeitgenossen etliche Ausdrücke aus der Tierwelt. Im Französischen beispielsweise nennt man einen unangenehmen Mitmenschen* chameau *(Kamel) oder* vache *(Kuh). Letzteres ist nicht mit dem deutschen Ausdruck „blöde Kuh" gleichzusetzen, sondern ist ein sehr arges Schimpfwort. Im französischen Slang bedeutet dieses Wort auch „Polizei".* Cochon *(Schwein) ist ebenfalls ein ziemlich grober Ausdruck, mit dem ein ordinärer oder unsympathischer Mensch bezeichnet wird. Eine Prostituierte wird im französischen Slang* poule *(Henne) genannt, und ein Zuhälter heißt* maqueraud *(Makrele).*

Ein merkwürdiges Schimpfwort ist der französische Ausdruck *fumier,* der eigentlich „Misthaufen" bedeutet. Der Misthaufen kam zu diesem Namen über das Zeitwort *fumer,* das im Französischen „rauchen" heißt, und da die Dunghaufen am Morgen, wenn der Dampf in die kalte Luft aufsteigt, aussehen als würden sie „rauchen", nannten die französischen Dorfbewohner sie *fumier.* Als Schimpfwort verwendet man diesen Ausdruck für einen Menschen, dem alles zuzutrauen ist.

Wie schon erwähnt, kann der französische Ausdruck *les*

vaches („die Kühe") auch die Bedeutung „Polizei" haben (genau wie im Englischen der Ausdruck *pigs* – „Schweine"). Franzosen machen sich daher gern den Spaß, Touristen, die sich nach einem billigen Quartier erkundigen, das *„Hôtel Morovache"* zu empfehlen und darauf hinzuweisen, daß ihnen jeder Polizist den Weg zu diesem Hotel zeigen kann. Wenn der ahnungslose Tourist dann den Namen dieses nichtvorhandenen Hotels ausspricht, klingt das wie *mort aux vaches!* – „Tod der Polizei!" –, ein sehr populärer Ausruf, den die französischen *agents de police* natürlich nicht gerne hören.

Im Arabischen ist das Wort „Hund" ein Schimpfwort, seit vor rund 1.350 Jahren ein Hund die Feinde Mohammeds durch sein Bellen alarmierte, während der Gründer des Islam sich vor ihnen in einer Höhle versteckte. *Ya, ibn kalb* – „O Sohn des Hundes" – hingegen ist im Arabischen ein Schlachtruf.

Schimpfwörter, die mit dem Tiernamen „Hund" zusammenhängen, sind sowohl im Englischen als auch in allen anderen germanischen Sprachen sehr gebräuchlich. Der deutsche Ausdruck „verdammter Schweinehund" und das etwas weniger kräftige holländische Schimpfwort *stommehond* drücken so ziemlich dasselbe aus wie die englische Invektive *son of a bitch* („Hundesohn"), die sogar noch etwas derber ist. Im Vietnamesischen bedeutet das Schimpfwort *do cho de* wörtlich „du Hundegeburt".

Das russische Schimpfwort *sukin syn* („Hundesohn") hat so ziemlich dieselbe Bedeutungsphäre wie sein englisches Äquivalent, aber die temperamentvollen Russen können sogar noch weiter gehen: da gibt es das Schimpfwort *chuj sobaki* („Hundepenis"), und auch das kann noch gesteigert werden durch *chuj morschewy* („Walroßpenis").

Auf etwas höherem Niveau bewegt sich der russische

Ausdruck *nekulturny* („unkultiviert"), der in gehobeneren Schichten durchaus bereits als Beleidigung empfunden wird. Das Schimpfwort *durak* läßt sich am besten durch den auch im Deutschen gebräuchlichen „Dorftrottel" wiedergeben.

„Esel" ist in allen Gebieten, wo dieses Tier heimisch ist, ein Schimpfwort, das auf die Dummheit eines Menschen anspielt. In anderen Gegenden werden andere heimische Tiere dafür herangezogen. In Suaheli ist das Schimpfwort für einen dummen Menschen *punda* – „Zebra" –, und auch an die Stelle des Hundes tritt ein anderes einheimisches Tier – *fisti,* die Hyäne.

Im Spanischen gibt es ein besonderes, der Tierwelt entlehntes Schimpfwort: das Wort *cabrón* („Ziegenbock"), mit dem ein impotenter Mann oder ein betrogener Ehemann oder ganz allgemein ein Dummkopf bezeichnet wird. Für ein Volk, bei dem der *machismo,* der „Männlichkeitswahn", eine so große Rolle spielt, ist es wirklich eine sehr grobe Beleidigung, *cabrón* genannt zu werden; manchmal wird der Ausdruck mit überwältigender Unlogik auch auf eine Frau angewandt – *cabrona.*

Der italienische Ausdruck für den betrogenen Ehemann heißt *cornuto,* „der Gehörnte". Meist wird dieses Schimpfwort noch von einem paralinguistischen Extrahieb begleitet – den erhobenen, leicht gekrümmten Zeige- und Mittelfingern als Symbol für die Hörner, die dem betreffenden Ehemann „aufgesetzt" werden. Dieselbe Geste gegenüber einem Feind – mit vorgestreckten oder abwärts weisenden Fingern – bedeutet hingegen, daß diesen der „böse Blick" treffen soll.

Das Bild vom gehörnten Ehemann, das schon die alten Griechen kannten, ist auch im Deutschen geläufig. Der betrogene Ehemann wird im Deutschen „Hahnrei" genannt, das ist die niederdeutsche Bezeichnung für den Kapaun (die Endsilbe „rei" bedeutet kastriert). Das Bild von den Hörnern stammt daher, daß dem Kapaun die abgeschnittenen Sporen in den Kamm eingepflanzt wurden, wo sie wie Hörner festwuchsen.

Die typisch höflichen Japaner verwenden kaum Schimpfwörter, und von den wenigen, die sie haben, sind die meisten ziemlich indirekt. *Baka* („Dummkopf") setzt sich aus den chinesischen Schriftzeichen für „Pferd" und „Hirsch" zusammen und will ausdrücken, daß jemand, der ein Pferd nicht von einem Hirschen unterscheiden kann, offensichtlich ein Dummkopf ist. Ein anderes Schimpfwort heißt *kono ya ro* und besagt etwa das gleiche wie der deutsche Ausdruck „Bauerntölpel".

Im Chinesischen ist es eine der gröbsten Beleidigungen, jemanden „Schildkröte", *too-tze,* zu nennen, da diesem Tier diverse sexuelle Abartigkeiten nachgesagt werden. Als die ersten stromlinienförmigen Autos nach China importiert wurden, stießen sie zunächst bei den Konsumenten auf heftigen Widerstand, da sie die Chinesen an Schildkröten erinnerten.

Bei vielen Völkern ist die ärgste aller Beleidigungen die Schmähung der Mutter, vom chinesischen *tien ni deh ma,* „... deine Mutter", bis zum spanischen *¡itu madre!* und dem englischen *you mother!* (siehe Seite 53). In jedem dieser Fälle impliziert die bloße Erwähnung der Mutter den Rest des Satzes und ist eine Anspielung auf unmoralische und unaussprechliche Aktivitäten der betreffenden Dame.

Die vollständige Form der spanischen Beschimpfung *¡itu madre!* besteht nur aus fünf Silben und wird oft gepfiffen: ein langer Pfiff – zwei kurze – ein langer – und ein kurzer. Diese Taktfolge läßt sich sogar mit einer Autohupe hervorbringen, und diese „gehupte" Beleidigung hat oft zu Schießereien geführt, die manchmal tödlich ausgingen.

Eine besondere Gruppe von Kraftausdrücken sind jene Flüche und Schimpfwörter, die auf der Profanierung sakraler Begriffe beruhen und im Englischen daher auch *profanities* genannt werden. Das Wort leitet sich vom lateinischen *profanus* (aus *pro fano* – „vor dem heiligen Bezirk“) her, dessen Bedeutung von „ungeweiht“, „unheilig“, „weltlich“ bis zu „ruchlos“ und „gottlos“ reicht. *Profane language* („lästerliche Ausdrucksweise“) bedeutet im Englischen den respektlosen oder leichtfertigen Umgang mit religiösen Ausdrücken und umfaßt alle Wendungen dieser Art, vom Fluch bis zur harmlosen Interjektion.

Wer in britischen Ländern den Ausdruck *bloody* gebraucht, (der „verdammt“ bedeutet), muß auch heute noch damit rechnen, daß sein Gesprächspartner indigniert die Augenbrauen hochzieht; fast könnte man von einer ererbten linguistischen Reaktion sprechen. Der Ausdruck wird allgemein als Kurzform oder Verballhornung des Fluches *by our Lady* („bei der heiligen Jungfrau“) angesehen, weshalb seine Verwendung in der Umgangssprache als respektlos gilt.

Das italienische Wort für die Jungfrau Maria, *la Madonna,* wird als Fluchwort ebenfalls als ungehörig empfunden und beim Sprechen daher oft zu dem Wort *marronn!* abgeschliffen.

Man kann in den vornehmsten französischen Kreisen *Mon Dieu!* – „mein Gott!“ – sagen, nicht aber *Bon Dieu!* – „guter Gott!“.

Spanier sind sehr verschwenderisch mit Hinweisen auf Gott, die Dreieinigkeit, die Jungfrau Maria und die Heiligen. *¡Jesús!* ist eine sehr gebräuchliche, durchaus salonfähige Interjektion, die man beispielsweise dann gebraucht, wenn jemand niest. In Österreich sagt man in der Umgangssprache „Helf dir Gott“, und auch im Englischen wird Gott in der Phrase *God bless you* („Gott segne dich“) bemüht.

Wenn ein Spanier von Zukunftsplänen spricht, so fügt er oft hinzu: *si Dios quiere,* „so Gott will" – eine Einschränkung, die genau dem arabischen *Inschallah* entspricht.

Im modernen Russisch ist das Wort für den Teufel, *chort,* immer noch ein sehr kräftiger Fluch, obwohl der religiöse Einfluß in Rußland offiziell auf ein Minimum eingeschränkt wird. Aber mit sprachlichen Gewohnheiten läßt sich schwer brechen. Chruschtschow selbst streute im Gespräch oft das Füllwort *slava Bogu,* „Ruhm sei Gott", ein – eine in den Tagen des „Heiligen Rußland" sehr gebräuchliche Phrase.

„Der Teufel!" – *Fanden!* – ist ein sehr geläufiges Fluchwort in den skandinavischen Sprachen, vor allem in der klangvoll erweiterten Wendung *svarte kockte fanden,* die in der wörtlichen Übersetzung einen relativ harmlosen „schwarzgekochten Teufel" ergibt.

Das erste Wort, das einem bei unverhofftem Schmerz – wenn man sich etwa mit dem Hammer auf den Daumen schlägt – auf die Lippen kommt, ist in den meisten Sprachen ein – oft recht unflätiger – Fluch. Eine ungewöhnliche Ausnahme bildet hier die Zulu-Sprache: *dade wetu,* „bei unserer Schwester".

Ein derber Kraftausdruck, der in einer gepflegten Unterhaltung absolut unangebracht ist, ist der spanische Ausruf *¡carajo!* – das Wort bezeichnet den Penis eines Stieres, aus dem früher oft Peitschen gemacht wurden, um damit Feld- und Galeerensklaven oder andere Gefangene zu züchtigen.

11

Abwertende Bezeichnungen für Angehörige anderer Völker oder ethnischer Minderheiten und ihr verhältnismäßig harmloser Ursprung

Viele Bezeichnungen für Angehörige anderer Völker oder ethnischer Gruppen haben im Lauf der Zeit durch den Tonfall, in dem sie gesagt, oder den sozialen Kontext, in dem sie gebraucht werden, den Charakter von Schimpfnamen angenommen, obwohl sie meist recht harmlosen Ursprungs sind. Eine ganze Reihe davon beruhen auf Klangbildern oder auf der falschen Aussprache fremder Wörter.

Der Ursprung des Wortes *Gringo,* der abwertenden Bezeichnung des Lateinamerikaners für den Nordamerikaner, wird auf ein Lied zurückgeführt, das die amerikanischen Truppen bei der Invasion Mexikos im amerikanisch-mexikanischen Krieg des Jahres 1848 häufig gesungen haben: *Green grow the Lilacs* („Es grünt der spanische Flieder"). Die Zivilbevölkerung und die Soldaten Mexikos hörten die Amerikaner beim Marschieren oder Aufschlagen ihrer Lager dieses Lied singen und zogen die beiden Anfangsworte zu *gringo* zusammen. Das Wort wurde immer mehr mit den ständig weiter vordringenden Amerikanern assoziiert und nahm schließlich den Charakter eines Schimpfnamens an. Im Laufe der Zeit wurde es in der gesamten lateinamerikanischen Welt bekannt und wird manchmal nicht nur für Nordamerikaner, sondern auch für andere Ausländer gebraucht.

Die im amerikanischen Slang gebräuchliche abfällige Bezeichnung *spik* für jemanden, der Spanisch spricht, leitet sich davon her, daß die Spanier, denen die Aussprache des englischen Diphtongs *ea* schwerfällt, den Satz *I don't speak English* („Ich spreche nicht Englisch") zu *No ess-pik English* verstümmelten. Sowohl *spik* als auch *gringo* sind somit Ausdrücke, die aus der Lautnachahmung durch „Fremdsprachler" entstanden sind. Diese Neigung, Fremde mit den Lauten ihrer Sprache zu bezeichnen, ist mindestens so alt wie das griechische Wort Barbar für Menschen, deren Sprache in den Ohren der Griechen wie das Bäh-Bäh von Schafen klang.

Der amerikanische Slangausdruck *Chink* für einen Chinesen entstand aus der falschen Aussprache des chinesischen Wortes für „China" – *chung-kuo* („Reich der Mitte"). Das englische Wort *Chinaman,* das heute ebenfalls als abfällige Bezeichnung für einen Chinesen empfunden wird, ist seltsamerweise nichts anderes als die wörtliche Übersetzung des Wortes, mit dem die Chinesen sich selbst bezeichnen: *chung-kuo-ren,* „Mann (oder Mensch) aus dem Reich der Mitte".

Ein Schimpfname aus dem amerikanischen Militärjargon ist das Wort *gook* für einen Ostasiaten, das auf koreanisch nichts anderes als „Land" bedeutet. Das Wort für Korea ist *han-gook,* Amerika heißt *mei-gook.* Der harmlose Ursprung dieses heutigen Schimpfwortes lag wahrscheinlich in dem Versuch, sich über Sprachbarrieren hinweg verständlich zu machen und die eigene Nationalität zu betonen.

Der Ausdruck *wop,* heute eine im amerikanischen Slang gebräuchliche abwertende Bezeichnung für einen Italiener, war zum Zeitpunkt seiner Entstehung, als die ersten italienischen Einwanderer nach Amerika kamen, eigentlich ein Kompliment. *Guappo* (Plural *guappi*) bedeutet im neapolitanischen Dialekt „stark", „robust" oder auch „gut aussehend" und wurde auf manche der jungen Männer angewandt, die nach Amerika kamen, um dort zu arbeiten. Etwas mysteriöser ist die

Herkunft des Ausdrucks *Guinea,* eines alten Wortes für die afrikanische Küste, das auch in den Formen *Ginney* oder *Ginnee* steckt und ebenfalls als mehr oder minder abfällige Bezeichnung für einen Italiener gebraucht wird.

Die Ausdrücke *Polak* (deutsch „Polack") für einen Polen und *Hunyak* oder *Hunkie* für einen Ungarn gelten in Amerika (und ersteres auch im deutschen Sprachraum) ebenfalls als ironische oder hämische Spitznamen, obwohl beide ganz harmlose Ableitungen von Substantiven oder Ajdektiven sind, die die polnische bzw. ungarische Nationalität bezeichnen. Seltsamerweise kommt das Wort *honky,* ein abfälliger Ausdruck schwarzer Amerikaner für weiße Ameriker, wahrscheinlich von *Hunyak* und ist vermutlich in einer Atmosphäre beruflicher Rivalität zwischen schwarzen und mitteleuropäischen Einwanderern in amerikanischen Industriezentren entstanden.

Das englische Wort *Negro* („Neger"), das in den letzten Jahren in Ungnade gefallen ist, bedeutet im Grunde genau dasselbe wie sein Nachfolger *Black* („Schwarzer"). *Negro* heißt im Spanischen und Portugiesischen, den Sprachen der Völker, die die ersten afrikanischen Sklaven in die Neue Welt brachten, „schwarz". Die Neger selbst bezeichnen ihre Hautfarbe in den einheimischen afrikanischen Sprachen nicht als schwarz, sondern als – natürliche und gesunde – „Menschenfarbe". Weiße sehen vom afrikanischen Standpunkt aus eher ungesund, wenn nicht gar wie Schwerkranke oder Leichen aus.

Auch im Deutschen ist das Wort „Neger" unbeliebt geworden und – zumindest in der Presse – den Ausdrücken „Farbige" oder „Schwarzafrikaner" gewichen. Vor kurzem stand in deutschen Zeitungsberichten sogar zu lesen, daß schwarze Einwohner Deutschlands gegen die Verwendung des Ausdrucks „Negerküsse" für eine beliebte Süßspeise protestiert haben.

Das Wort *coon,* das früher in Teilen der Vereinigten Staaten gebräuchlich war, ist ein Echo aus der Zeit der Sklaverei. *Coon* leitet sich von der letzten Silbe des Wortes *barracões* ab (die Endung ist nasal [õn] auszusprechen), dem portugiesischen Wort für die Gebäude, in denen man die Sklaven hielt, bevor sie verkauft wurden. Der Ausdruck wird, vielleicht recht passenderweise, auch mit dem Wort *barracks* („Kaserne") in Verbindung gebracht.

Drei abfällige Namen, mit denen im Englischen die amerikanischen Juden bezeichnet werden, sind *kike, sheeny* und *yid.* Alle drei sind harmlosen Ursprungs, haben aber im Lauf der Jahre den Charakter von Schimpfnamen angenommen. *Kike* tauchte zum ersten Mal im neunzehnten und frühen zwanzigsten Jahrhundert auf, in der Zeit, als die erste große Immigrationswelle mitteleuropäischer und russischer Juden Amerika überflutete. Als die Juden bei ihrer Ankunft diverse Dokumente unterzeichnen mußten, wurden jene, die nicht schreiben konnten, dazu aufgefordert, anstelle der Unterschrift ein Kreuz zu machen – ein Zeichen, das sie aus religiösen Gründen ablehnten. Als Kompromiß unterzeichneten sie mit einem Kreis, der auf jiddisch *kikel* heißt, und bald wurde die Kurzform dieses Wortes zu einer Bezeichnung für jüdische Immigranten. *Sheeny* kommt von dem jiddischen Wort *shaine,* das mit dem deutschen Wort „schön" verwandt ist und auch dasselbe bedeutet. Dennoch wurde es durch Veränderung von Klangfarbe, Akzent und Tonfall zu einem geringschätzigen Ausdruck. *Yid,* eine Kurzform von *Yiddish,* kommt von *zhid,* das wiederum eine russische Verkürzung des Wortes Judah ist – ein Beispiel dafür, wie die vornehme historische Bedeutung eines Wortes in einer Kontraktion verlorengehen kann. Ein ähnliches Schicksal ist dem hebräischen Namen Isaak widerfahren, aus dem der im Deutschen für die Juden gebräuchliche Spitzname *Itzig* wurde.

Die jiddische Bezeichnung für einen Nichtjuden heißt *goi*

und ist das hebräische Wort für „Volk“, „Nation“ im Sinne von nichtjüdischem Volk.

Der Anblick der ersten Europäer und Amerikaner zu Beginn der wirtschaftlichen und militärischen Invasion des Fernen Ostens löste bei den Asiaten oft großes Erstaunen aus. Vor allem wunderten sie sich über deren verschiedene Haarfarben und scharfgeschnittenen Gesichtszüge, die sich so sehr von der glatteren und für sie normaleren orientalischen Physiognomie unterschieden. In China wurden die Weißen aus dem Westen oft als *fan-kuei,* als „Meeresgeister“ oder „Teufel“, bezeichnet. Weiß ist in China die Farbe des Todes und rotes Haar ohne jeden Zweifel etwas Teuflisches. Eine andere Bezeichnung für die Abendländer war *ta-bee-tsu* („die Großnasigen“), ein Epitheton, das von Angehörigen der in China stationierten US-Marine in die USA zurückgebracht wurde und als *beezer* ins Englische kam – heute ein etwas archaischer Slangausdruck für „Nase“.

Im Frankreich des Mittelalters wurden die Engländer seit den Tagen der Jungfrau von Orleans immer wieder als *les godons (the God damns* – „die Gottverdammten“) bezeichnet, da die englischen Soldaten anscheinend die Gewohnheit hatten, in fast jeder Situation *God damn* („verdammt noch mal“) zu sagen.

Der Ausdruck „Tschusch“, eine in Österreich gebräuchliche abschätzige Bezeichnung für Gastarbeiter, besonders aus den südslawischen Ländern, leitet sich angeblich von dem tschechischen Zuruf *čuje* („hör zu“) her.

In islamischen Ländern werden abendländische Christen heute noch als „Franken“ bezeichnet. Der Ausdruck geht auf die europäischen Invasionen im Heiligen Land zur Zeit der Kreuzzüge zurück – ein geschichtliches Ereignis, das in der Erinnerung der islamischen Welt tief verankert ist.

Der Ausdruck *Yankee* ist ein interessantes Beispiel für eine geringschätzige Bezeichnung, die sich später zu einem Ehrentitel mauserte und dann durch die Launen der Geschichte wiederum eine abwertende Bedeutung erhielt. Das Wort kommt ursprünglich aus dem Holländischen und ist eine Verkleinerungsform von *Jan* (Johannes). *Janke* („Hänschen"), später *Yankee,* war in den ehemaligen amerikanischen Kolonien der Spitzname für die einfachen Bauern holländischer Abstammung im Hudson-Tal und bedeutete soviel wie „Bauerntölpel". Während der amerikanischen Revolution begannen boshafte britische Soldaten diesen Ausdruck auf die für ihre Begriffe etwas verlottert wirkenden amerikanischen Truppen anzuwenden, die sich tatsächlich oft aus einfachen Bauern zusammensetzten. Als sich aber der Sieg der Amerikaner abzuzeichnen begann, wurde *Yankee* ein respektables Wort und nahm im Lauf der Zeit sogar die Bedeutung „heldenhaft" an. Heute ist dieses Wort auf der ganzen Welt geläufig. Im Amerikanischen Bürgerkrieg verwandelten es die Südstaatler zu *damn Yankees* („verdammte Yankees") und meinten damit die Nordstaatler. Und als dann Amerika seit dem Zweiten Weltkrieg zur Weltmacht aufstieg, wurde der Ausdruck in manchen Teilen der Welt zum Bestandteil der Parole *„Yankees go home!"*

Die Spitznamen für einige Völker hängen ausschließlich mit deren Eßgewohnheiten zusammen – den tatsächlichen wie auch den ihnen bloß zugeschriebenen. Die Deutschen werden von den Amerikanern wegen ihrer Vorliebe für Sauerkraut schon seit langem *krauts* genannt, die Franzosen tragen wegen eines ihrer Lieblingsgerichte, der köstlichen Froschschenkel *(cuisses de grenouille),* seit Generationen den Spitznamen *frogs* („Frösche").

Limey ist eine in den USA und etlichen anderen Ländern gebräuchliche geringschätzige Bezeichnung für einen Engländer. Der Ausdruck stammt aus der Zeit der Seefahrt und geht auf den damals noch ziemlich unüblichen Brauch zurück, aus Gesundheitsgründen Zitrusfrüchte *(limes)* zu essen oder deren Saft zu trinken – eine Maßnahme, die auf den Schiffen Seiner oder Ihrer Königlichen Majestät zur Verhütung von Skorbut eingeführt worden war.

Das Wort „Eskimo“ kommt aus der Sprache der Algonkin-Indianer und bedeutet „Fleischesser“ (wörtlich: „er ißt es roh“), eine Anspielung auf den bei den Jägern des hohen Nordens üblichen großen Konsum an tierischem Eiweiß. Die Eskimos selbst verwenden diesen Ausdruck nicht, sondern nennen sich einfach „das Volk“ *(Inuit)*.

In Teilen des früheren Britischen Weltreichs gab es einige abfällige Bezeichnungen für die Briten aus dem Mutterland. Die südafrikanischen Buren nannten sie *rooinek* („Rotnackige“), weil ihre helle Haut dazu neigte, sich in der afrikanischen Sonne stark zu röten. Die Australier nennen sie *pommies* – von *pomegranates* („Granatäpfel“), was so ähnlich klingt wie *immigrants* („Einwanderer“). Und die Inder nannten sie insgeheim *vilayeti chuha* („ausländische Mäuse“).

Die Briten ihrerseits nannten den Großteil der weißen Bevölkerung des Empires einfach *colonials* (Kolonisten) und so gut wie alle anderen *natives* (Eingeborene). Aber sie hatten auch einige Spezialausdrücke, wie zum Beispiel jenen, der Araber, Inder und Asiaten als *wogs* (*wily Oriental gentlemen* – „gerissene orientalische Herren“) zusammenfaßt.

Deutschland, das eine große Auswahl an Schimpfnamen für seine Nachbarn und andere Völker anzubieten hat, besitzt auch eine sehr populäre Redewendung, in der sich Anerkennung für den Lebensstil seines langjährigen Nachbarn und Feindes Frankreich ausdrückt. Auf die Frage, ob sich jemand wirklich rundherum wohl und zufrieden fühlt, wird oft geantwortet: „Ja . . . wie Gott in Frankreich.“

12

Gleicher Klang – verschiedene Bedeutung

Wenn Sie lachen – „ha-ha“ –, dann sagen Sie damit „Mutter“ auf japanisch. Die englischen Wörter Hi! *(„Hallo“) oder* high *(„hoch“) bedeuten auf japanisch „ja“* (hai), *und das umgangssprachliche englische* yeah *(„ja“) heißt für den Japaner „nein“* (iye). *Weitere englische Wörter, die lautlich mit japanischen übereinstimmen, im Japanischen aber eine ganz andere Bedeutung haben, sind* auto *(japanisch* otoh, *„Vater“) und* Ohio *(japanisch* ohayo, *„guten Morgen“). Der schöne alte irische Familienname O'Hara bedeutet für den Japaner „ehrenwerter Magen“* (o-hara).

Die ersten fünf Zahlen auf japanisch *(ichi, ni, san, shi, go)* stellen für jemanden, der Englisch kann, hinsichtlich der Aussprache kein Problem dar – für vier davon gibt es im Englischen Homophone, die eine ganz exakte Bedeutung haben: *itchy* (juckend, krätzig), *knee* (Knie), *she* (sie), *go* (gehen).

1	2	3	4	5
一	二	三	四	五

Manchmal klingt ein ganzer englischer Satz wie ein einziger Ausdruck aus einer anderen Sprache. Ausländischen Besuchern Japans bereitet es normalerweise gewisse Schwierigkeiten, sich die japanische Redewendung für „gern geschehen“ *(doo itashimashité)* zu merken. Amerikaner haben das Problem einfach gelöst, indem sie ein japanisches „danke" *(arigato)* einfach mit *„Don't touch my mustache!"* („Greifen Sie meinen Schnurrbart nicht an!") erwidern. Schnell gesprochen, klingt dieser Satz dem japanischen Ausdruck so ähnlich, daß er als Antwort durchaus brauchbar ist.

Um einen Schweden zu fragen, wie es ihm geht, muß man als Englischsprachiger nicht Schwedisch können. *Who stole the till?* („Wer hat die Ladenkasse gestohlen?") klingt der schwedischen Phrase *Hur star det till?* so ähnlich, daß jeder Schwede darunter eine höfliche Erkundigung nach seinem Befinden verstehen würde. Ein weiterer linguistischer Zufall würde es sogar erlauben, die Frage mittels des etwas moralistisch klingeden englischen Satzes *Who stole the till may err* (frei übersetzt: „Der Ladenkassendieb ist ein Sünder") noch etwas zu erweitern *(Hur star det till med Er?).*

Obwohl viele englische und deutsche Wörter mehr oder weniger gleich klingen, die gleiche Bedeutung haben und leicht erkenntlich sind, gibt es immer noch eine Reihe von Wörtern, die *vollkommen* gleich ausgesprochen werden, aber in den beiden „verschwisterten" Sprachen eine ganz verschiedene Bedeutung haben.

Zum Beispiel:

DEUTSCHES WORT	**ENGLISCHES, GLEICH KLINGENDES WORT**	**BEDEUTUNG IN ENGLISCH**
Gift	gift	Geschenk
Mist	mist	Nebel
nein	nine	neun
vier	fear	Furcht
Ruf	roof	Dach
Herr	hair	Haar
Ei	eye; I	Auge; ich

Die recht bedrohlich klingende englische Äußerung *I meant to kill you* („Ich wollte Sie umbringen") wird einem spanischen Kellner keinen Schrecken einjagen, denn er wird darunter eine ganz alltägliche Bitte um ein Stück Butter verstehen *(¿Hay mantequilla?).* Und die Bemerkung *I, yellow* („Ich, gelb") wird er semantisch zu *¿Hay hielo?* („Gibt es Eis[würfel]?") umdeuten und das Gewünschte bringen.

In Suaheli, einer wichtigen Handelssprache Afrikas, bedeutet das englische Wort *simile* („Gleichnis, Vergleich") „geh weg!" oder – etwas rauher formuliert – „hau ab!".

Im Indonesischen und Malaiischen bedeutet die Kurzform von *bicycle* („Fahrrad") – *bike* – „fein" oder „in Ordnung".

Für einige russische Wörter gibt es interessante Homophone mit etwas unerwarteter Bedeutung im Englischen:

ENGLISCH	BEDEUTUNG DES RUSSISCHEN HOMOPHONS
sin (Sünde)	Sohn
look (schau)	Zwiebel
sock (Socke)	Saft
mere (bloß)	Friede, Gemeinderat, Welt
horror show	gut

Auf tschechisch bedeutet *Rus* (mit großem Anfangsbuchstaben) „russisch", wird es jedoch klein geschrieben heißt es „Küchenschabe".

Auch in einigen afrikanischen Sprachen gibt es Ausdrücke, für die sich Homophone in anderen Sprachen finden lassen. Wenn man zum Beispiel einem äthiopischen Chauffeur, der Amharisch spricht, zu verstehen geben will, daß er schneller fahren soll, so könnte man auf englisch zu ihm sagen: *What a fit* („Das paßt – oder sitzt – aber gut!"), und schon würde er *woda fit* assoziieren und Gas geben. Die in Hippiekreisen beliebte Parole *be cool* bedeutet auf amharisch „Richtung" *(bicool)*. Das englische Wort *sow* („Sau") bedeutet „Mann"; *lamb* („Lamm") ist das Wort für „Kuh", und *kill* („töten") heißt „Schädel".

Der spanische Ausdruck *¡Eso sí que es!* („Genau so ist es!" oder „Ganz richtig!") kann von jedem Anglophonen ganz korrekt ausgesprochen werden, wenn er einfach schnell das Wort *socks* („Socken") buchstabiert und [es-ou-si:-kei-es] ausruft.

Jedermann namens Sam Cohen wird mit Interesse und vielleicht auch mit einer gewissen Befriedigung hören, daß im Laotischen, der Sprache Laos', Sam Cohen „drei Männer" bedeutet *(sam kohn)*. Der Eigenname Kaplan hat im Türkischen die Bedeutung „Tiger".

Nur wenige würden vermuten, daß es selbst in zwei so unterschiedlichen Sprachen wie dem Englischen und Chinesischen Homophone gibt. Der englische Kinderausdruck für „auf Wiedersehen", *ta-ta,* bedeutet im Chinesischen, je nach Tonfall, entweder „sprechen-sprechen" oder „kämpfen-kämpfen". Der Ausdruck *Not so!* oder *It isn't true!* („O nein!" oder „Das stimmt nicht!") heißt auf chinesisch *boo shih!* – ein merkwürdiger Anklang an einen umgangssprachlichen und sehr emphatischen amerikanischen Ausdruck, der absolute Ungläubigkeit bekundet (*bullshit* – „Quatsch"!).

Jedermann mit dem Vornamen *Bill* hat in einigen Fremdsprachen einen kleinen „Vorsprung" im Wortschatz. Wenn man diesen Namen ausspricht, sagt man in den nachstehenden Sprachen folgendes:

Russisch	„war"	*(bil)*
oder	„waren"	*(bili)*
Norwegisch	„Motor"	*(bil)*

Holländisch	„Hinterteil"	*(bil)*
Zulu	„zwei"	*('mbili)*
Fidschi	„stoßen"	
oder	„aufteilen"	
oder	„außerhalb der Stadt"	*(billy)*

Da die menschliche Stimme nur eine beschränkte Anzahl von Lauten hervorbringen kann, ist es nicht verwunderlich, daß dieselben Lautbilder in den verschiedenen Sprachen mit unterschiedlicher Bedeutung auftauchen. Das Lautbild des kurzen deutschen und englischen Wortes „so" hat in mehr als einem Dutzend verschiedener Sprachen eine Vielzahl von Bedeutungen:

Französisch	„Eimer"	*(sceau)*
Spanisch	„Brr! Halt!"	*(¡So!)*
Ungarisch	„Wort"	*(szó)*
Italienisch	„Ich weiß"	*(so)*
Portugiesisch	„Ich bin"	*(sou)*
	oder „allein"	*(so)*
Chinesisch	„Platz", „Seil", „Forderung" oder „Schloß"	*(so)* je nach Tonfall
Vietnamesisch ...	„Angst haben"	*(so)*
Zulu	„Gesicht" oder „der nächste Morgen"	*(so)*
Fidschi	„jemandem in einer schwierigen Lage helfen" oder „Yamswurzeln schälen"	*(so)*

Im Japanischen hat das Wort „so" durch einen der seltenen linguistischen Zufälle dieselbe Bedeutung wie im Deutschen oder Englischen: *Is that so?* – „Ach so? Wirklich?" – *So desuka?*

Auch der Klang des deutschen Wortes „hau!" (Befehlsform des Verbes „hauen") hat auf der ganzen Welt eine Vielzahl von Bedeutungen:

Chinesisch	„gut“ „Signal“ „Titel“ „rufen“	*(hao)*
Hawaianisch	„rauchen“	*(hao)*
Japanisch	„Autokrat“	*(hao)*
Algonkin	„Grüße“	*(how)*
Spanisch	„Wau-wau“	*(¡jau-jau!)*
Englisch	„wie“	*(how)*

Schriftliche Ankündigungen in englischer Sprache erwecken bei Ausländern oft falsche Assoziationen. Französische Besucher wundern sich über die Ankündigung *Sale* („Ausverkauf“) in Schaufenstern, denn *sale* bedeutet auf französisch „schmutzig“.

Einige sehr geläufige und äußerst respektable Wörter in den Sprachen des Fernen Ostens haben eine sehr starke Ähnlichkeit mit den gebräuchlichsten Vulgärausdrücken des Englischen. Amerikanische Soldaten, die im Zweiten Weltkrieg nach China kamen, waren überrascht und fasziniert, als sie feststellten, daß es dort eine Stadt names Fuking in der Provinz Fukien gibt. In der Sprache Südchinas bedeutet Fuking frei übersetzt etwa „Freudenstadt“. (Was die amerikanischen Soldaten daran so „faszinierte“, war die Ähnlichkeit mit dem englischen Wort *fucking,* das vom Slangausdruck *fuck,* einer vulgären Bezeichnung für den Geschlechtsverkehr, hergeleitet ist.)

Auch einige japanische Wörter klingen für englische Ohren höchst verblüffend. Das japanische Wort für „Restitution“ heißt *fukkyu* (das vulgäre englische „Homophon“ dazu lautet *fuck you!* und ist etwa dem Götz-Zitat gleichzusetzen).

Fuku bedeutet „viel Glück“, *fukin* heißt „Handtuch“ und *ifuku* bedeutet entweder „Kleidung“ oder „Unterwerfung unter die Autorität“.

Fuku ist auch der Name eines köstlichen Fisches, der allerdings von einem Experten gereinigt und zubereitet werden muß, damit der Genuß ungefährlich ist! Dieser giftige Fisch ist schon seit langem ein beliebtes Gericht bei Banketten, an denen nur Herren teilnehmen, und es ist schon vorgekommen, daß Küchenchefs, obwohl sie für das Ausnehmen des Fisches eine besondere Ausbildung haben müssen, das starke Gift nicht richtig entfernten. Trotz dieser allgemein bekannten Gefahr essen die japanischen Männer weiterhin mit einer Art Todesmut den giftigen Fisch, und jedes Jahr sterben einige an den Folgen dieser Bankette, bei denen der *fuku* gewissermaßen das letzte Wort behielt.

Shakespeare benutzte den Gleichklang von englischen und fremdsprachigen Wörtern, um damit sein Publikum zum Lachen zu bringen. In *Heinrich V.*, dritter Akt, vierte Szene, erhält Katharina, die französische Prinzessin, die mit Heinrich vermählt werden soll, von ihrer Hofdame Alice Englischunterricht. Im Verlauf der Unterrichtsstunde zeigt Alice auf verschiedene Körperteile und Kleidungsstücke und sagt der Prinzessin, wie diese auf englisch heißen. Katharina gibt dazu laufend in französischer Sprache – deren Kenntnis beim Publikum vorausgesetzt wurde – ihre Kommentare ab. Nachdem sie einige englische Wörter geübt hat, fragt sie, wie man *pied* („Fuß") und *robe* („Kleid") auf englisch sagt. Alice antwortet ihr: *the foot* und *the gown.* Katharina wiederholt diese Wörter mit französischem Akzent – *de fout* und *de coun* –, und so ausgesprochen, klingen sie wie die französischen Vulgärausdrücke für den Geschlechtsverkehr bzw. das weibliche Geschlechtsorgan. Katharina ist bestürzt und ruft auf französisch aus, daß diese Wörter „unanständig, verderbt, obszön und schamlos" klingen, daß „eine Dame so etwas nicht sagt" und daß sie diese Ausdrücke „vor den adeligen Herren Frankreichs" nie in den Mund nehmen würde. Dann aber zögert sie und meint, daß sie „letztlich eben doch notwendig" sind – und entfesselt mit dieser Bemerkung tosendes Gelächter.

Amerikaner, die nicht Hebräisch können, haben bei Besuchen in Israel die Erfahrung gemacht, daß sie den israelischen Ausdruck für *so long* („bis dann") – *lehit ra-ot* – mit dem Satz *let's hit the road* („machen wir uns auf den Weg") annähernd wiedergeben können.

Zwei chinesische Wörter klingen ganz gleich wie das einsilbige englische Wort *my* („mein"). In fragendem Ton gesprochen, bedeutet das chinesische Wort „verkaufen", in der affirmativen Form hingegen „kaufen". Die beiden Wörter in Verbindung miteinander ergeben – recht passenderweise – das Wort für „Geschäft".

Das alte englische Wort *nay* („nein") und das umgangssprachliche deutsche „nee" bedeuten für einen Griechen genau das Gegenteil, nämlich „ja". Der sehr gebräuchliche, aber etwas saloppe englische Ausdruck *yeah* („ja") hat für einen Japaner die Bedeutung „nein".

13

Das Überleben von Sprachen – durch Sprache überleben

Indien mit seinen Hunderten von Sprachen, darunter mehr als einem Dutzend offiziell anerkannten, wurde wiederholt von Sprachkämpfen erschüttert, die seit der Unabhängigkeit Indiens schon Tausende Menschenleben gekostet haben. Die indische Regierung hat bereits mehrmals einen Zeitpunkt festgelegt, zu dem Hindi, die Hauptsprache Nord- und Mittelindiens, zur Staatssprache ernannt werden sollte. Aber die Millionen Angehörigen anderer Sprachgemeinschaften im Süden, Nordwesten und Nordosten des Landes haben diesem Projekt stets heftigen Widerstand entgegengesetzt und sich oft auch in blutigen Aufständen dagegen gewehrt, so daß es immer wieder verschoben werden mußte. Und so ist die gemeinsame Sprache aller indischen Staaten vorläufig immer noch Englisch, das von allen gebildeten Indern im ganzen Land gesprochen wird. Für den Teil der Bevölkerung, der nicht Hindi spricht, ist das Englische heute kein Symbol der Fremdherrschaft mehr – weder der britischen noch irgendeiner anderen –, und so bleibt die Sprache der alten Kolonialmacht weiterhin das allgemeine Verständigungsmittel Indiens.

Die indischen Rupienscheine sind mit Rücksicht auf einige der größeren Sprachgruppen Indiens in den indischen Hauptsprachen bedruckt, das sind unter anderem Hindi, Englisch, Urdu, Bengali, Tamil, Gudscharati, Marathi, Telegu, Bihari, Pandschabi, Radschasthani, Kanaresisch und Malayalam.

Konstantinopel („Stadt des Konstantin") war die Hauptstadt des griechisch-römischen Kaiserreichs Byzanz, das mehr als tausend Jahre bestand, ehe es im Jahr 1453 von den Türken erobert wurde – Fakten, die in der Erinnerung der Griechen stets gegenwärtig sind. Der türkische Name für die Stadt – Istanbul – ist die Verballhornung einer griechischen Kontraktion von *is tin polin* („in der Stadt"). Insgeheim betrachten die Griechen Konstantinopel immer noch als ihre Stadt; oft nennen sie sie einfach nur *polis* („die Stadt") und träumen seit Jahren davon, sie irgendwann zurückzuerobern. Selbst heute sagen griechische Offiziere, wenn sie einem Kollegen zur Beförderung gratulieren: *„Ke'stin polí, stratigós!"* – „Wenn (wir erst) in der Stadt (drinnen sind), (wirst du) General (sein)!"

Anspielungen auf die Eroberungen der kriegerischen Türken sind sogar in etlichen anderen Sprachen Bestandteil der Umgangssprache geworden. Der alliterierende englische Ausdruck *the terrible Turk* („der schreckliche Türke") war während des Ersten Weltkrieges sehr gebräuchlich. Und in Italien ruft man in unverhofften und unangenehmen Situationen häufig aus: *„Ai mamma, i turchi!"* („O Mama, die Türken!") Auch der deutsche Ausdruck „Kruzitürken" („verflucht!") geht wahrscheinlich auf die Schrecken der Türkenkriege zurück.

Belgien ist ein in Sprachgebiete geteiltes Land. Die eine Hälfte der Einwohner, die Wallonen *(Wallons),* leben im Westen und sprechen Französisch. Die andere Hälfte, die Flamen *(Flamands),* leben im Osten und sprechen Flämisch *(Vlamsk),* einen holländischen Dialekt. Alle Staatsgeschäfte müssen in beiden Sprachen abgewickelt werden, und König und Regierung müssen sehr darauf bedacht sein, keine der beiden zu bevorzugen. Im Prinzip wird von allen belgischen Staatsbürgern erwartet, daß sie beide Sprachen beherrschen, obwohl natürlich jede Sprachgruppe ihre eigene Sprache vorzieht, weshalb es oft zu Unruhen kommt und manchmal sogar mit der Sezession gedroht wird.

Die Einheit Spaniens war in den letzten Jahren wiederholt durch sprachliche Streitigkeiten und damit verbundene Unabhängigkeitsbewegungen gefährdet, eine davon in den baskischen Provinzen *(Vascongadas)* des Nordens, eine zweite in Katalanien *(Cataluña)*, an der Nordostküste des Mittelmeeres, wo Katalanisch gesprochen wird. Unter dem Franco-Regime waren in beiden genannten Gebieten sprachliche Einschränkungen zugunsten des Spanischen in Kraft. Die Wiedereinführung der Monarchie brachte die offizielle Anerkennung des Baskischen und Katalanischen. Beide Sprachen unterscheiden sich sehr stark vom Spanischen. Die Ursprünge des Baskischen (das trotz seiner romanischen Überlagerung ein geheimnisvoller Fremdkörper in den Sprachen des Westens ist) liegen im Nebel der Vorgeschichte verborgen. Möglicherweise ist es eine der ältesten Sprachen, die immer noch – vielleicht mit Erfolg – ums Überleben kämpft. Das Katalanische, das sich stärker ans Französische anlehnt als ans Spanische, ist eine wichtige romanische Sprache, die mit dem in Südfrankreich gesprochenen Provenzalisch eng verwandt ist. In Barcelona, der Hauptstadt Katalaniens, spricht der Großteil der gebürtigen Einwohner dieser Weltstadt sowohl Spanisch als auch Katalanisch.

Das Hebräische ist ein bemerkenswertes Beispiel für die erfolgreiche Wiederbelebung einer alten Sprache. Diese Sprache des alten Israel wurde bereits zu der Zeit, als die Juden aus der babylonischen Gefangenschaft zurückkehrten, von dem ihm verwandten Amharisch, der allgemeinen Sprache des Nahen Ostens, verdrängt. Als Kirchen- und Literatursprache wurde es jedoch in den Jahrhunderten der jüdischen Diaspora weiterhin gepflegt. Mit der Errichtung des Staates Israel wurde das Althebräische als Nationalsprache eingeführt und so zu einer einigenden Kraft für die nach Israel heimkehrenden

Juden, die fast alle entweder in der Schule oder während ihrer Militärdienstzeit Hebräisch lernen mußten. Doch erst in der zweiten Generation von Israelis, den in Israel geborenen „Sabras" (der Name kommt von einer Kaktusfrucht mit süßem Fleisch), wurde das Hebräische wirklich zu einer lebendigen, im ganzen Land gesprochenen Sprache. Dieses Neuhebräisch (Iwrit) steht dem Althebräischen noch sehr nahe. Könnten die Propheten, die die Bücher des Alten Testaments verfaßt haben, in das heutige Israel zurückkehren, so wären sie durchaus in der Lage, die Tagespresse zu lesen – nicht ohne sich über deren Inhalt sehr zu wundern.

סברא Sabra 

Einer der ersten Menschen unserer Zeit, der Althebräisch sprach, war Ehud Benyehuda, der zweite Sohn des berühmten jüdischen Sprachforschers Eliezar Benyehuda, der sich sehr um die Wiederbelebung der hebräischen Sprache verdient gemacht hat. Ehuds Eltern sprachen nur Hebräisch mit ihm, aber dennoch lernte er es nur langsam, vielleicht weil er sich mit keinem seiner Altersgenossen in dieser Sprache unterhalten konnte. Als er schließlich seinen ersten korrekten hebräischen Satz zustande brachte, bemerkte sein Vater zu seiner Mutter: „Nun ist das Hebräische zum ersten Mal seit mehr als zweitausend Jahren wieder zu einer lebendigen Sprache geworden." Ehud, der im damaligen Palästina aufwuchs, konnte sich zuerst mit den arabischen Kindern, die eine verwandte Sprache sprachen, leichter verständigen als mit den jiddischsprechenden jüdischen Kindern. Einer seiner Spielgefährten aus der Kindheit wurde später der Großmufti von Jerusalem, ein berüchtigter Anti-Zionist. Als die beiden einander nach der Gründung des Staates Israel wieder trafen, bemerkte der Mufti: „Wenn ich gewußt hätte, was einmal aus dir wird, hätte ich dich umgebracht, als wir noch Kinder waren."

Die Namen „Israel“ und „Palästina“ sind für die kämpfenden Israelis und Araber zu Schlachtrufen geworden. Der Name Israel stammt aus der biblischen Geschichte von Jakob, der mit dem Engel rang, und wird meist als „Gottes Streiter“ übersetzt. Die wörtliche Bedeutung der hebräischen Worte, von denen sich der Name herleitet, ist umstritten. Eine Interpretation lautet: „Der mit Gott rang“ (gemeint ist Jakob), eine andere wieder: „Gott möge sich als Herrscher erweisen.“ Palästina, arabisch *Filastin,* hat seinen Namen von den alten Philistern, einem Seevolk aus dem ägäischen Raum, das später in den Phönikern aufging, deren Nachkommen heute noch im kampferschütterten Libanon leben.

an Gaeḋilig	Éireannaċ
Irische Sprache	Irländer

Beispiele für die irisch-gälische Schrift

Die keltischen Sprachen, die einst in fast ganz Europa gesprochen wurden, sind heute nur noch an der französischen Küste und in Teilen Großbritanniens lebendig. Das Bretonische wird in der Bretagne (Frankreich) gesprochen; das Schottisch-Gälische auf den Hebriden, in Schottland und Neuschottland; Kymrisch (oder Walisisch) in Wales, und Irisch-Gälisch oder Erse ist erste Amtssprache der Republik Irland. Alle diese keltischen Sprachen sind zwar miteinander verwandt, doch können die Sprecher der einzelnen Gruppen einander im allgemeinen nicht verstehen.

Das Bretonische, das an der Küste Nordwestfrankreichs gesprochen wird, hat in den letzten Jahren eine Wiederbelebung erfahren; bei Demonstrationen für die sprachliche und politische Autonomie kam es allerdings oft zu Ausschreitungen, bei denen Touristenautos beschädigt und auch gewaltsamere Maßnahmen angedroht wurden.

Das Irische (Erse), das eigentlich in den westlichen Counties von Irland heimisch ist und von den antibritischen irischen Revolutionären lange Zeit in den Brennpunkt ihrer Forderungen gestellt wurde, hat einen bedeutenden linguistischen Aufschwung erfahren, als es zur Amtssprache der Republik Irland ernannt und damit zu einer Voraussetzung für eine Stelle im öffentlichen Dienst wurde – und zu einem Problem für die vielen Beamten, die nicht Irisch konnten. Seine Vormachtstellung ist jedoch schwer zu halten, denn das Englische läßt sich aus dem irischen Alltag nicht verbannen: durch Filme, Bücher und Zeitschriften, als Sprache der Geschäftswelt und durch den Kontakt mit den Iren in Übersee, die fast alle Englisch sprechen, ist es immer noch allgegenwärtig.

Bei einer Kampagne für die Verwendung der irischen Sprache verkündeten Tafeln in der gesamten Republik Irland: „Brecht die letzte Verbindung zu England – die Sprache! Sprecht Irisch!“ (Aber die Aufforderung war in englischer Sprache abgefaßt.)

Bevor die Spanier nach Südamerika kamen, umfaßte das mächtige und dichtbesiedelte Inkareich den Großteil der vier Länder an der Westküste und Teile Boliviens. Um ihre Herrschaft im ganzen Reich zu festigen, machten die Inkas ihre Sprache, das Ketschua, zur allgemeinen Landessprache. Obwohl die spanischen *conquistadores* das Reich zerstörten und den Inkas die spanische Kultur aufzwangen, hat die Sprache Ketschua in der Andenregion überlebt und wird noch heute von sechs Millionen Indianern in Peru, Bolivien und Ecuador gesprochen. Von Radio Moskau werden sogar Propagandasendungen in Ketschua, der alten Sprache des Inkareiches, in die Andengebiete ausgestrahlt.

Der Großteil der Indianersprachen Nordamerikas weicht immer mehr dem Druck des Englischen, doch einige haben sich bis heute behauptet. In den Vereinigten Staaten ist derzeit

Navajo die Indianersprache mit der größten Sprecherzahl (gut über 100.000), die sogar im Steigen begriffen ist. Ein Radiosender in Gallup, New Mexico, bringt regelmäßig Nachrichten und andere Rundfunksendungen in Navajo.

In den Missionsschulen auf den Reservationen war es früher üblich, die Schüler zu bestrafen, wenn sie während des Unterrichts eine Indianersprache benutzten. Dieser Trend hat sich nun ins Gegenteil verkehrt: das Studium der Indianersprachen Amerikas wird gefördert, da diese Sprachen im Aussterben begriffen sind.

Kanada, einem der größten modernen Staaten, droht eine Spaltung in Sprachgebiete. Seit Generationen bemüht sich die frankophone Bevölkerung Quebecs, ihre Insel französischer Sprache und Kultur vor der sie umgebenden Flutwelle englischer Einflüsse zu schützen, eine Bemühung, die in Agitationen zur völligen Trennung Quebecs vom restlichen Kanada gipfelte. In den letzten Jahren haben Bombenanschläge seitens der Separatisten (vor allem Bombenlegungen in Briefkästen und dergleichen) zahlreiche Verletzte und sogar Todesopfer gefordert. Ein Ergebnis dieses erbitterten Kampfes für die französische Sprache war die Einsetzung des Französischen als einer Amtssprache der Provinz Quebec – und ein Ansturm der Beamten im öffentlichen Dienst auf französische Sprachkurse. Die französische Bewegung in Quebec hat sogar einen gewissen Ausschließlichkeitscharakter angenommen und die Forderung „nur noch Französisch" laut werden lassen. Höhepunkt dieser Kampagne war ein amtlicher Erlaß, demzufolge sich die Fluglotsen auf dem Flughafen von Montreal nur noch der französischen Sprache bedienen sollten. Als jedoch sowohl die US-Piloten als auch die anglophonen kanadischen Piloten erklärten, daß sie diese Direktive nicht zur Kenntnis nehmen und akezptieren würden, wurde Englisch wieder als einzige Sprache für den Flugverkehr eingesetzt.

Der Unterricht für die Eskimobevölkerung Kanadas wurde im allgemeinen in englischer Sprache abgehalten. Seit kurzem aber drängen frankophone Aktivisten in Quebec darauf, daß die Eskimos auch Französisch lernen sollen, da Kanada schließlich zwei Amtssprachen hat – Englisch und Französisch.

Frankokanadische Aktivisten fallen des Nachts über alle möglichen Straßenschilder her und übermalen sie in französischer Sprache. Auf Stop-Tafeln zum Beispiel wird das Wort *STOP* durch das französische *ARRÊT* ersetzt – obwohl *stop* in den offiziellen französischen Wörterbüchern steht, ist es den Schilderbeschmierern offenkundig zu englisch.

Ethnologen haben die Beobachtung gemacht, daß unterworfene Volksgruppen oder ethnische Minderheiten am hartnäckigsten an drei kulturellen Hauptfaktoren festhalten: an ihrer Sprache, ihren Nationalgerichten und ihrer Religion.

Somalia ist das einzige afrikanische Land, dessen Bewohner alle dieselbe Sprache sprechen. Das Gebiet, in dem heute Somali gesprochen wird, war früher in Britisch-, Italienisch- und Französisch-Somaliland (Dschibuti) sowie einen somalisprachigen Sektor (Ogaden) in Äthiopien unterteilt. Alle ehemals zersplitterten Teile des heutigen Somalia bemühen sich in letzter Zeit gemeinsam um völkische und nationale Einheit, und das ist auch notwendig, um wiedergutzumachen, was die einstigen Kolonialmächte anrichteten, als sie Afrika ohne Rücksicht auf Stammesgebiete oder regionale Grenzen untereinander aufteilten.

Die Herrscher des russischen Zarenreiches haben alle erdenklichen Anstrengungen zur Etablierung einer russischen Staatsreligion unternommen (von der nur islamische, buddhistische und animistische Gruppen ausgenommen wurden) und haben außerdem den unterworfenen Nationen die russische Sprache aufgezwungen. Die politischen Machthaber der heutigen

UdSSR haben – genau wie ihre Vorgänger – seit der bolschewistischen Revolution religiösen Zwang ausgeübt – in ihrem Fall durch eine deklariert antireligiöse Politik (wenn auch mit einigen Einschränkungen seit dem Zweiten Weltkrieg). Doch in ihrem Entschluß, allen Völkern dieses Vielvölkerstaates ihre eigenen Sprachen zu lassen, haben sie Weitblick und Scharfsinn bewiesen: die nationalen Sprachen werden nicht nur toleriert, sondern sogar gefördert.

Um sich einen Begriff von der Vielfalt der Sprachen in der Sowjetunion zu machen, muß man sich vergegenwärtigen, daß die UdSSR aus fünfzehn sozialistischen Sowjetrepubliken

besteht (Rußland selbst, der Ukrainischen, der Weißrussischen, der Moldauischen, der Armenischen, der Georgischen, der Aserbeidschanischen sowie den Baltischen und den Zentralasiatischen Republiken), von denen jede als Zeichen ihrer Nationalität ihre eigene Sprache hat. Innerhalb dieser großen Unionsrepubliken gibt es auf den Grundlagen von Sprache und Nationalität wiederum autonome Republiken, und auch diese sind oft noch in kleinere Gebiete gegliedert, deren Volksgruppen ebenfalls ihre eigenen Sprachen sprechen.

Die Aufgliederung des sowjetischen Staates nach Nationalitäten gewährt den diversen Volksgruppen zugegebenermaßen völlige Sprachenfreiheit, wie sie unter dem zaristischen Regime undenkbar gewesen ist. In der Schule lernen die Kinder ein oder zwei National- oder Regionalsprachen und dazu noch die Amtssprache Russisch und beherrschen auf diese Weise bereits zwei oder drei Sprachen, noch ehe sie überhaupt mit dem Erlernen von Fremdsprachen wie Englisch, Französisch, Spanisch oder Deutsch beginnen. Dennoch ist der Grundtenor ziemlich offenkundig: Wer in der UdSSR, wo die russischsprachige Bevölkerung einen wichtigen und einflußreichen Prozentsatz der Gesamtbevölkerung ausmacht, Karriere machen will, sollte sich die Mühe nehmen, perfekt Russisch zu lernen, wie sehr er auch die Sprache seines eigenen Volkes vorziehen mag.

In den USA scheinen die fremden Sprachgemeinschaften immer stärker assimiliert zu werden. Je perfekter die zweite und dritte Generation Englisch spricht, desto größer ist die Tendenz, die Muttersprache ganz zugunsten des Englischen aufzugeben. Manche Sprachen haben in den Vereinigten Staaten auch eine starke Diskriminierung erlitten. Während des Ersten Weltkrieges führte die antideutsche Haltung dazu, daß das *sauerkraut* in *liberty cabbage* und der *hamburger* in *Salisbury steak* umgetauft wurden. In deutscher Sprache gesungene Opern wurden von den Spielplänen gestrichen, der

Deutschunterricht aus dem Schulprogramm genommen, und sogar die liebenswerten Dackel wurden attackiert, wenn ihre Besitzer sie spazierenführten. Im Zweiten Weltkrieg hingegen war die deutsche Sprache nicht verboten; im Gegenteil, es wurde – besonders beim Militär – sogar mehr Deutsch gelehrt und gelernt als je zuvor.

Die Vereinigten Staaten, die lange Zeit als Schmelztiegel für ethnische Gruppen galten, haben nun, was die Spracherziehung für spanische Kinder anlangt, mit gewissen „Schmelzpunktschwierigkeiten" zu kämpfen. Die älteren Einwanderergruppen stellen für das amerikanische Unterrichts- und Bildungssystem längst kein Problem mehr dar. Die deutschen und mitteleuropäischen Einwanderer sprechen heute zum Großteil Englisch, die Iren taten es schon immer, die frankophonen Gebiete älterer Zeit wurden absorbiert, die Italiener der dritten Generation sprechen ebenfalls Englisch, und die asiatischen Einwanderer sind gewöhnlich glücklich, wenn ihre Kinder in der Schule Englisch lernen.

Unter den Ländern mit dem größten Anteil an spanischsprechender Bevölkerung stehen die Vereinigten Staaten an fünfter Stelle. Nur in Spanien, Mexiko, Argentinien und Kolumbien liegt die Sprecherzahl höher.

Einige der spanischsprachigen Gebiete in den Vereinigten Staaten – wie zum Beispiel Kalifornien, der Südwesten, Texas und Puerto Rico – waren bereits spanisch kolonisiert, als sie von den Staaten erobert wurden, und können daher nicht als Einwanderungsgebiete im üblichen Sinn betrachtet werden. In allen diesen Gebieten hat sich die spanische Sprache eisern behauptet und manchmal sehr energisch durchgesetzt. Die Tatsache, daß das Spanische gewissermaßen eine „einheimische" amerikanische Sprache ist, hat in Verbindung mit dem Zustrom von Lateinamerikanern in die Vereinigten Staaten dazu geführt, daß die spanische Sprache in Amerika immer mehr an Boden gewinnt und sich keinerlei rückläufige Tendenzen abzeichnen.

In Florida, wo auf Grund einer Verordnung der städtischen Behörde von Miami die Verwendung öffentlicher Gelder für Publikationen „in einer anderen Sprache als Englisch" oder zur „Förderung einer anderen Kultur als der der Vereinigten Staaten" untersagt ist, wurden in letzter Zeit Proteste gegen die Beschriftung von Schildern und anderen öffentlichen Ankündigungen in spanischer Sprache laut. Eine der kuriosen Nebenerscheinungen dieser Verordnung war der von der Direktion des Zoos von Miami gefaßte Entschluß, nur englisch beschriftete Schilder mit der Beschreibung der einzelnen Tiere anzubringen, obwohl die Zahl der spanischen Zoobesucher höher liegt als die der angloamerikanischen. Ein Gegner dieser Maßnahme wies darauf hin, daß die wissenschaftlichen Bezeichnungen für die Tiere ja in lateinischer Sprache angegeben wären und daß daher auch diese Schilder entfernt werden müßten, da Latein ebenfalls eine Fremdsprache sei.

Manchmal wird der Spieß auch umgedreht, und ein lateinamerikanisches Land versucht die Verwendung der englischen Sprache – sogar auf Schildern – zu unterbinden. In Panama zum Beispiel verordnete im Jahre 1945 ein ultranationalistisches Regime, daß selbst die Namen von Nachtklubs und Bars, die doch in erster Linie um amerikanische Kundschaft werben, ins Spanische übersetzt werden müßten. Aus dem *Happy Land* wurde auf diese Weise eine *Tierra Feliz* und *Sloppy Joe's* wurde zu *José el abandonado.*

Die Schweiz hat das Sprachenproblem durch die Anerkennung von drei Amtssprachen – Deutsch, Französisch und Italienisch – gelöst, und als wäre das für ein doch eher kleines Land noch nicht genug, spricht die Mehrheit der Bevölkerung noch einen Dialekt – Schweizerdeutsch –, der sich vom eigentlichen Hochdeutsch ziemlich stark unterscheidet. Daneben gibt es noch eine vierte anerkannte Landessprache, die im Südosten dieses gebirgigen Landes gesprochen wird – Rätoromanisch (oder Romaun[t]sch), ein sprachlicher Überrest des alten Rom. Doch das Ergebnis dieser Sprachenvielfalt ist keineswegs eine Sprachverwirrung, sondern eher sprachliche Aufgeschlossenheit und nationale Harmonie, die die Schweiz zum Bankzentrum der Welt und zu einer friedlichen, einträchtigen Nation von großem Wohlstand gemacht haben. Die mehrsprachigen Schweizer sind berühmte Hoteliers, Restaurantchefs und natürlich ausgezeichnete Dolmetscher.

14
Schnalzlaute, Pfiffe, Gesten und Tonsprache

Nach Ansicht des Weltlautschriftvereins, der Association Phonétique Internationale (API), einer von Linguisten gegründeten Organisation, lassen sich sämtliche in den verschiedenen Sprachen zur Bildung von Wörtern verwendeten Laute auf etwa neunzig Buchstaben und Symbole reduzieren. Diesen Symbolen wurden unveränderliche Lautwerte zugeordnet, so daß ein Linguist, der das internationale phonetische Alphabet (IPA) beherrscht, theoretisch dazu fähig sein müßte, die Wörter jeder beliebigen Sprache mit Hilfe dieser Lautschrift korrekt auszusprechen.

In der Öffentlichkeit allerdings findet diese von der API empfohlene Lautschrift keinen allzugroßen Anklang. Einige Sprachführer benützen sie zwar zur Angabe der Aussprache, doch wäre sie beispielsweise einem Ausländer, der nicht Englisch kann, sich aber in dieser Sprache verständigen möchte, ganz gewiß keine allzugroße Hilfe, wenn er sich nicht vorher eingehend mit dem Schlüssel dazu befaßt hat. Er könnte allenfalls herausfinden, wie man *good night* („gute Nacht“) ausspricht – [gud 'nait] –, aber die Aussprache von *thank you* („danke“) – ['θæŋk ju] – würde ihm schon mehr Schwierigkeiten bereiten. Noch verwirrter wäre er vermutlich über die phonetische Transkription von Ausdrücken, die man notfalls schnell zur Hand haben muß, wie beispielsweise *what's the matter?* [wɔtz ðe 'mætə] – „Was ist los?“ – oder *call the police, I've been robbed* [kɔ:l ðə pə'li:s, aiv bi:n 'rɔbd] – „Rufen Sie die Polizei, ich bin überfallen worden.“.

Das internationale phonetische Alphabet wurde auch zur Niederschrift von Sprachen herangezogen, die kein Alphabet besitzen, wie zum Beispiel die Indianersprachen Amerikas und einige afrikanische Sprachen. Doch obwohl es ein gutes System zur Vermittlung der korrekten Aussprache ist, wurde es von den Stämmen, die ihre Sprachen lieber so haben wollen, wie sie sind, nicht sehr positiv aufgenommen. Wie dem auch sei, die Amerikanische Bibelgesellschaft hat das Neue Testament bereits in 1.100 Sprachen übersetzt und sich dabei zur Niederschrift jener Sprachen, die keine eigenen Schriftzeichen besitzen, des lateinischen Alphabets bedient.

Unbrauchbar ist das IPA für jene afrikanischen und asiatischen Sprachen, in denen sich die Bedeutung eines Wortes durch ein begleitendes Schnalzen sowie durch Intonation oder Tonhöhe ändert. Und diese Sprachen spielen im Weltgeschehen eine immer bedeutendere Rolle.

Bei den Sprachen mit Schnalzlauten sind diese integrierte Bestandteile des Wortes. Bei den Sprechern klingt das so, als würden sie die Schnalzlaute zugleich mit anderen Lauten hervorbringen – eine sprachliche Glanzleistung, die kaum einer zustande bringt, der nicht schon als Kind mit dem Erlernen einer solchen Sprache begonnen hat.

Schnalzlaute sind charakteristisch für die Khoisan-, die Xosa- und die Zulu-Sprachen Südafrikas. Khoisan, die Sprache der Hottentotten und Buschmänner, hat vier Schnalzlaute, die Zulu-Sprachen besitzen deren drei. In Zulu wird einer dieser Schnalzlaute durch das Zurückziehen der Zunge von den Vorderzähnen gebildet (etwa so, als würde man „tz-tz“ sagen), ein anderer entspricht ungefähr dem Laut, mit dem man ein Pferd in schnellere Gangart versetzt, und ein dritter wird durch rasches Zurückziehen der Zunge vom Gaumen gebildet.

In Südafrika werden die Schnalzlaute *„Kaffir-clicks“* genannt

– eine falsche Bezeichnung, denn *kaffir* ist kein afrikanisches, sondern ein arabisches Wort und bedeutet „Ungläubiger", und die afrikanischen Völker sollten mit ihren Stammesnamen oder mit dem Kollektivausdruck Bantu (was ganz einfach „Mensch" heißt) bezeichnet werden.

Der Name Hottentotten für die Buschmänner Südafrikas, die sich selbst *Khoi,* „das Volk", nennen, stammt von den Holländern, die die Sprache der Stammesangehörigen als *hateren en tateren* („Stammeln und Stottern") bezeichneten, was im Lauf der Zeit zu dem Wort Hottentotten verschliffen wurde.

Kuo-yü, die im Norden Chinas gesprochene Variante des Chinesischen (auch Mandarin genannt) – heute die offizielle Sprache der Volksrepublik China –, verwendet, zum Unterschied von anderen chinesischen Dialekten, nur vier Töne, die in chinesischen Lehrbüchern für Ausländer oft mit den Zahlen 1, 2, 3, 4 bezeichnet werden. Die Chinesen selbst lernen gewöhnlich den Ton zusammen mit dem Ideogramm (dem chinesischen Symbol für ein Wort). Der erste dieser vier Töne ist hoch und kurz, der zweite ist steigend (wie bei einer Frage), der dritte fallend-steigend wie bei einer sehr ungläubigen Frage („Waaas?"), und der vierte entspricht ungefähr der Intonation eines Befehles („Vorwärts!", „Halt!").

Im Chinesischen kann ein einziges Wort mehrere Dutzend verschiedene Bedeutungen haben, und der Ton, in dem es gesprochen wird, ist daher von phonemischer Wirksamkeit und gibt, ebenso wie der Kontext, in dem es gebraucht wird, Aufschluß über seine Bedeutung.

Während in der gesprochenen Sprache die Tonhöhe die Bedeutung eines Wortes bestimmt, wird diese im Schriftsystem durch die Schreibweise der einzelnen Wortsilben festgelegt. Es gibt also nicht *ein* Zeichen für eine Lautverbindung, sondern für jede Bedeutung ein *besonderes.* Das Wort *tschiang* zum Beispiel kann, je nachdem wie es geschrieben und in welchem Ton es gesagt wird, entweder „sollen“, „befehlen“, „General“, „Fluß“, „Sojasauce“, „mechanisch“, „fallen“, „hinuntergehen“ oder „sich ergeben“ bedeuten. Es kann aber auch der Familienname Tschiang sein, wie zum Beispiel in Tschiang Kai-schek. Das Wort *mao* hat sogar noch mehr Bedeutungen: „Haar“, „Feder“, „rauh“, „riskieren“, „vorgeben“, „fälschen“, „Hut“, „Tasse“, „Anker“, „Katze“ oder „Kätzchen“. (Der Familienname von Mao Tse-tung wird mit dem Symbol für Haar 毛 geschrieben).

Wenn man das chinesische Wort *ma* viermal hintereinander mit unterschiedlicher Tonhöhe wiederholt, so bedeutet das „Mutter schimpft mit dem Pferd“ (*ma*^{1}-*ma*^{1}-*ma*^{4}-*ma*^{3}). Setzt man das interrogative Element *ma* ans Ende, so hat man fünf *ma* hintereinander: *ma*^{1}-*ma*^{1}-*ma*^{4}-*ma*^{3}-*ma*^{1}, und das heißt: „Schimpft Mutter mit dem Pferd?“

Es gibt unzählige Anekdoten über die frappierenden Ergebnisse einer falschen Aussprache chinesischer Wörter. Ein berühmt-berüchtigter Zwischenfall soll sich während des Zweiten Weltkrieges anläßlich einer Party für das Personal der amerikanischen Luftwaffe und andere Gäste ereignet haben. Ein ortsansässiger Missionar, der bei den Vorbereitungsarbeiten auf chinesisch seine Instruktionen erteilte, ersuchte die chinesischen *compradores,* zur Dekoration des Saales nationale und internationale Fahnen zu besorgen. Doch infolge von Aussprachefehlern und falscher Tongebung bekam die Party keine Fahnen, sondern junge Tänzerinnen aus verschiedenen Hafenstädten – Chinesinnen, Russinnen, Französinnen, Mitteleuropäerinnen, Koreanerinnen und so weiter. Zwar ohne Zweifel eine recht internationale Auswahl, aber nicht eben „dekorative Fahnen“.

So wie das Deutsche, das Holländische und eine ganze

Reihe anderer Sprachen, besaß auch das Angelsächsische einen gutturalen h-Laut (z. B. in den Wörtern *night, right, sight,* die etwa wie [nicht], [richt], [sicht] ausgesprochen wurden). Geschrieben werden die englischen Wörter auch heute noch mit *gh,* obwohl es den entsprechenden Laut im Englischen nicht mehr gibt. Hebräische Wörter mit diesem gutturalen h-Laut werden in der englischen Transkription manchmal mit *ch,* manchmal mit *h* geschrieben, wie z. B. der Name des hebräischen Festes *Chanuka* oder *Hanukah* („Weihung"). Arabische Wörter werden oft auch mit *kh* transkribiert, wie zum Beispiel *Khamsin,* und diese Transkription wurde teilweise auch vom Deutschen übernommen, so daß es neben der Form *Chamsin,* die dem Deutschsprachigen die korrekte Aussprache viel klarer macht, auch die Form *Khamsin* gibt, die zur falschen Aussprache „Kamsin" verleitet.

Im Russischen und Griechischen entspricht das Zeichen für das gutturale H dem lateinischen Buchstaben *X.* Christus beispielsweise wird in diesen Sprachen *Xristôs* geschrieben (und „*Ch*ristos", nicht „Kristos", ausgesprochen). Der amerikanische Brauch, auf Weihnachtskarten für „fröhliche Weihnachten" einfach *Merry Xmas* zu schreiben, ist also im Grunde keine Formlosigkeit zum Zweck der Zeitersparnis, sondern eine durchaus respektvolle Verwendung des ersten Buchstabens des griechischen Wortes für Christus.

Ungewöhnlich ist auch der im Arabischen und Hebräischen durch die Kontraktion der Rachenmuskeln hervorgebrachte Laut *'ain,* der für die semitischen Sprachen charakteristisch ist und ihnen diese besondere Ausdruckskraft verleiht, die sie von allen anderen Sprachen unterscheidet.

In Nord- und Mittelspanien werden die beiden Konsonanten *c* (wenn ihm ein *e* oder *i* folgt) und *z* mit einem deutlichen Lispeln gesprochen, in Südspanien hingegen im allgemeinen als *s.* Letzteres gilt auch für Lateinamerika, da sehr viele der ersten Kolonisatoren aus dem südspanischen Andalusien und der südlichen Provinz Estremadura nach Amerika kamen. Für den kastilischen Lispellaut gibt es die recht phantasievolle Erklärung, ein bestimmter kastilischer König habe gelispelt und sein Hof hätte diesen königlichen Sprachfehler durch Nachahmung in Mode gebracht. Es ist allerdings viel wahrscheinlicher, daß sich dieses Lispeln unter dem sprachlichen Einfluß der griechischen Kolonisatoren des Altertums entwikkelt hat oder in den siebenhundert Jahren arabischer Herrschaft auf der Iberischen Halbinsel aus dem klassischen Arabisch übernommen wurde. Im Neugriechischen ist dieser Lispellaut übrigens bei gewissen Konsonanten erhalten geblieben.

Cuskoy, eine Stadt in der Osttürkei, wird aus gutem Grund „Vogeldorf“ genannt. Seine Einwohner haben ein Sprachsystem entwickelt und perfektioniert, das sich aus Zirp-, Zwitscher- und Trillerlauten zusammensetzt, die kaum von echten Vogellauten zu unterscheiden sind. Die Bewohner von Cuskoy haben dieses einzigartige System erfunden, weil ihr Dorf von einer Schlucht und einem Fluß durchschnitten wird und die Verständigung von einer Seite zur anderen durch Handsignale wegen des fast täglich aufkommenden Nebels unmöglich ist. Die Dorfbewohner haben ihre Pfeiflaute so perfektioniert, daß sie den Nebel wie ein „natürliches“ Nebelhorn durchdringen.

Die Guanchen, die geheimnisvollen, großgewachsenen und weißhäutigen Ureinwohner der Kanarischen Inseln, auf die spanische und portugiesische Seefahrer im vierzehnten Jahrhundert stießen, bedienten sich einer Pfeifsprache und konnten sich auf ihren gebirgigen Inseln von Berg zu Berg durch eine Aufeinanderfolge von Pfiffen verständigen. Sie verwendeten dieses Kommunikationssystem auch in ihrem erbitterten, aber aussichtslosen Kampf gegen die Spanier. Sowohl die gepfiffene als auch die gesprochene Sprache (die manche Sprachexperten für eine protogriechische oder prähistorische Sprache, andere wieder für einen linguistischen Überrest der verlorenen Insel

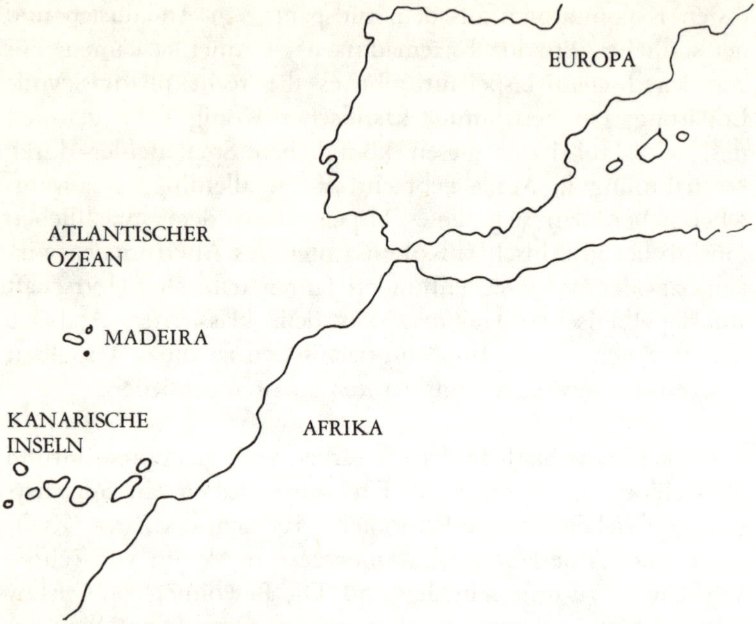

Atlantis halten) gingen kurz nach der Eroberung der Inseln zusammen mit den Guanchen unter, doch sollen kleine ethnische Überreste in den Bergen diese geheime Pfeifsprache angeblich noch immer beherrschen.

Das System der „sprechenden Trommeln" im Afrika südlich der Sahara basiert nicht auf einem Code, sondern auf der Nachahmung gesprochener Wörter und Ausdrücke, wobei Wortakzente und Silben durch Trommelschläge markiert werden. Bei einiger Übung können lauschende Trommler, wenn sie dieselbe Sprache sprechen, verstehen, was andere Trommler in weiter Ferne „sagen".

Gebärden zur Unterstützung des gesprochenen Wortes oder auch als Ersatz dafür sind auf der ganzen Welt üblich, wenn auch vielleicht in den warmen, südlichen Ländern gebräuchlicher als im kalten Norden. Abfällige Gesten werden, auch wenn man ihre meist ganz spezielle Bedeutung (siehe Kapitel 10) nicht kennt, in fast allen Ländern als Unhöflichkeit verstanden. Die Hand an die Nase zu setzen und dabei mit den Fingern in Richtung des anderen zu wackeln, sich mit der rechten Hand auf den linken Arm zu schlagen und die Linke dabei zur Faust zu ballen, mit dem Daumennagel auf die gefletschten Zähne zu klopfen und dabei mit dem kleinen Finger auf den Gegner zu zeigen – das alles sind ohne Zweifel unfreundliche Gesten, die im Interesse des Friedens und der Sicherheit in jedem Land unterlassen werden sollten.

In manchen Sprachräumen gibt es eine Reihe interessanter Gebärden zur Übermittlung von Botschaften oder zum Ausdruck von Empfindungen. In spanischsprachigen Ländern beispielsweise drückt es Erregtheit oder Anerkennung aus, wenn man Daumen und Zeigefinger aneinanderdrückt und dabei die Hand mehrmals aus dem Gelenk heraus hin und her schwingen läßt. Wenn man in Brasilien wie auch in einigen spanischsprachigen Ländern das Unterlid des rechten Auges herunterzieht und so das Auge vergrößert, bedeutet das entweder, daß ein unerwünschter Lauscher oder Beobachter in der Nähe ist, oder aber, daß man an den Worten seines Gesprächspartners zweifelt. Sich mit der rechten Hand auf den linken Ellbogen zu klopfen, bedeutet, daß die Person, von der gerade gesprochen wird, geizig ist. Will man zu verstehen geben, daß man eine Geschichte schon einmal gehört hat, legt man den rechten Arm hinter den Kopf und zupft sich mit der rechten Hand am linken Ohr.

Wie wir aus alten Texten wissen, war die Geste des abwärts gerichteten Daumens im alten Rom das Todesurteil für einen besiegten Gladiator. Oft wurde diese Geste von dem Ruf *habet!* („er hat es") begleitet, einem Ausdruck, der eine merkwürdige Ähnlichkeit mit der in vergleichbaren Situationen gebrauchten englischen Redewendung *he has had it* („den hat's erwischt") aufweist. Daß der aufwärts weisende Daumen die Begnadigung signalisieren sollte, ist hingegen nicht erwiesen. Sollte das Leben eines Gladiators, der geschickt gekämpft, aber dennoch verloren hatte, geschont werden, so wurde das wahrscheinlich durch das Winken mit Tüchern angezeigt, so wie bei den heutigen Stierkämpfen, die ja ein lebendiges Überbleibsel der alten römischen Spiele *(ludi romani)* sind, mit dieser Geste manchmal einem tapferen Stier das Leben geschenkt wird.

Viele Gesten der Zustimmung und Bekräftigung, wie zum Beispiel der aufwärts gerichtete Daumen, werden auf der ganzen Welt verstanden; dennoch sollte man einige völlig harmlos wirkende Gebärden besser vermeiden. Im Orient beispielsweise ist es äußerst unhöflich, mit dem Finger auf den Gesprächspartner zu deuten, und gänzlich unverzeihlich, sich so zu setzen, daß man ihm die Fußsohlen zeigt.

Bei den Griechen gilt es als grobe Beleidigung, jemandem die erhobene Hand mit nach außen gedrehter Handfläche und gespreizten Fingern entgegenzustrecken. Diese Geste, die *mountza* genannt wird, kann zu Schlägereien führen, oder sie wird mit einer „Doppel*mountza*" erwidert – das heißt, der erboste Beleidigte streckt seinem Herausforderer beide Handflächen entgegen oder klopft sich mit der Linken auf den Handrücken der Rechten, als wolle er die provozierende Geste noch näher an seinen Gegner heranbringen.

Ein fast unglaublicher Zufall oder Mangel an Kenntnis griechischer Sitten und Gebräuche brachte amerikanische Werbefachleute auf die Idee, für ein amerikanisches Auto namens Monza mit dem Foto eines aufreizenden Mannequins in einem langen, blau-weiß (den Farben Griechenlands) gestreiften Gewand zu werben, das dem Beschauer die erhobene Hand mit nach außen gedrehtem Handteller entgegenstreckte. Wie immer auch der Monza sich sonst verkauft haben mag, auf dem griechischen Markt jedenfalls war er kein großer Erfolg.

Die besonders hoch entwickelte Zeichensprache der Plains-Indianer Nordamerikas hängt vielleicht indirekt mit dem Pferd zusammen – einem unverhofften und unfreiwilligen Geschenk der frühen spanischen Entdecker. In anderen Teilen Nordamerikas sprachen die benachbarten Indianerstämme entweder verwandte Sprachen, oder einige Stammesmitglieder lernten – wo das nicht der Fall war – möglicherweise die Sprache ihrer Nachbarn. Doch mit den spanischen Pferden, die die Indianerstämme der nordamerikanischen Prärien einfingen oder erbeuteten, erwarben sie sich eine größere Beweglichkeit, legten auf ihren Jagd- oder Raubzügen immer weitere Strecken zurück und trafen auf eine Vielzahl verschiedener Stämme, deren Sprachen sie nicht verstanden. Aus dieser Situation heraus entwickelte sich aus zunächst einfachen Gesten eine komplexe Zeichensprache, die es den normalerweise weit voneinander entfernt lebenden Prärieindianern ermöglichte, sich bei ihren Begegnungen auf einfacher und sogar mittelbarer Ebene miteinander zu verständigen. Ein Zusammenschluß gegen die eindringenden Weißen scheiterte jedoch daran, daß die meisten Stämme einander als natürliche Gegner betrachteten. Gelegentlich aber gab es auch Ausnahmen von dieser Regel – wie General Custer später erfahren sollte.

15

Zählen – Finger, Zehen und Computer

Als unsere Ahnen in grauer Vorzeit die ersten Zahlensysteme erfanden, taten sie, ohne es zu wissen, einen gewaltigen Schritt nach vorne, hin zur Entwicklung der Kommunikation, der Schrift und der Informationsspeicherung, was schließlich zu unserer hochtechnisierten Zivilisation führte. Aber sogar heute noch gibt es Stammesgruppen, die nur begrenzt zählen können und alle Zahlen, die diese Grenze überschreiten, einfach als „viele“ bezeichnen.

Ein australischer Stamm nimmt als Zähleinheit die vier Beine eines Dingos (eines australischen Wildhundes). Acht ist „zwei Hunde“, sechzehn – die letzte bestimmte Zahl vor „viele“ – ist „vier Hunde“.

Ein anderer Stamm der australischen Ureinwohner zählt, indem er auf Teile des Gesichts zeigt – auf die Augen (eins und zwei), die Nase (drei), den Mund (vier), das Kinn (fünf), die Ohren (sechs und sieben) – und dann auf die Extremitäten und weitere Körperteile übergeht.

Die meisten Zahlensysteme haben sich aus der Tatsache ergeben, daß der Mensch zehn Finger besitzt. Wir tragen dieser Tatsache immer noch Rechnung, wenn wir uns auf das Digitalsystem beziehen und daran denken, daß „Finger“ im Lateinischen *digitus* heißt. In der Sprache der Zuñi-Indianer bedeutet das Wort für „zehn“ „alle Finger“.

In einigen Sprachen der afrikanischen Ostküste ist das Wort „Zeigefinger“ für die Zahl Sieben in Gebrauch – eine zutreffende Bezeichnung, wenn man mit dem Zählen seiner Finger beim linken Finger der linken Hand beginnt.

In der Sprache der melanesischen Treuhandgebiete ist das Wort für „menschliches Wesen“ oder „Person“ gleichzeitig das Wort für „zwanzig“. Das bedeutet eine Gesamtheit von zehn Fingern und zehn Zehen – mit anderen Worten, einen ganzen Menschen.

Prähistorische Inschriften, aufgefunden auf Kieselsteinen in Mas d'Azil, Frankreich.

Die Völker der Urzeit führten wahrscheinlich Zahlenregister, wobei sie Kieselsteine verwendeten oder Kreuze oder Kerben in Knochen einritzten. Einige Kieselsteine aus prähistorischer Zeit, die in Höhlen bei Mas d'Azil in Frankreich aufgefunden wurden, lassen schon Tausende von Jahren vor der vermutlichen Entstehung der Schrift eine Art systematischer Markierung oder vielleicht elementarer Schrift erkennen.

Manche Sprachen legen ihrem Zahlensystem die Vorstellung zugrunde, daß wir zwanzig Finger besitzen. Im Französischen, Spanischen und in einigen anderen Sprachen verwendet man ein und dasselbe Wort sowohl für Finger als auch für Zehen. Die französischen Wörter für „achtzig“, *quatre-vingts* („viermal zwanzig“), und für „neunzig“, *quatre-vingt-dix* („viermal zwanzig und zehn“), sind beides moderne Formen der alten gallischen Vorstellung von zwanzig als Zähleinheit.

Die alten Sumerer des Mittleren Ostens und – von ihnen beeinflußt – die Babylonier und Assyrer hatten als Zähleinheit nicht zehn, sondern zwölf. Tatsächlich war dieses Zahlensystem viel fortschrittlicher als das Dezimal- oder „Zehn-Finger"-System. Es beruhte auf den zwölf Konstellationen des Tierkreises und deutet somit darauf hin, daß die Völker des alten Mesopotamien vielleicht von einer älteren Methode des Zählens mit den Fingern zu einer anderen übergingen, die auf astronomischen Berechnungen basierte.

Die Verwendung der Zahl Zwölf als mathematische Einheit, wie bei den Babyloniern üblich, ist dem Zehner-System tatsächlich insofern überlegen, als zwölf in mehr Einheiten zerlegt werden kann als zehn und die Vielfachen von zwölf mathematisch besser verwendbar sind als die Vielfachen von zehn.

Das babylonische Zahlensystem übt heute noch Einfluß auf die Welt aus; unser Jahr besteht aus zwölf Monaten, das Dutzend aus zwölf Stück, der Tag aus zweimal zwölf Stunden, die Minute aus sechzig (fünfmal zwölf) Sekunden, die Stunde aus sechzig Minuten, das Längenmaß Fuß aus zwölf Zoll. Noch vor relativ kurzer Zeit, vor der Einführung der Dezimalwährung, hatte der englische Shilling zwölf Pence (das Pfund aber zwanzig Shilling), die indische Rupie zwölf Annas.

Die Null ist die für die höhere Mathematik und für kosmische Berechnungen vielleicht bedeutungsvollste Zahl, obwohl sie eigentlich gar keine Zahl ist. Sie war unter den alten Völkern nur den Hindus Indiens und den Mayas Mittelamerikas bekannt, die auf der Erdkugel einander entgegengesetzt sind. Es gibt Hinweise darauf, daß die Babylonier und die Chinesen die Null ebenfalls kannten, daß sie jedoch bei ihnen in Vergessenheit geriet.

Die Verwendung spezieller Symbole für Zahlen, einschließlich der Null, kam von den alten Hindus auf dem Wege über die arabische Welt im Mittelalter nach Europa. Es war dies ein wichtiger Meilenstein in der zukünftigen Entwicklung von Wissenschaft und Technik.

Anders als die Zahlen der Hindus und Araber hatte das Zahlensystem der Mayas – und ihr Gebrauch der Null – keinen Einfluß auf die angrenzenden altamerikanischen oder späteren Kulturen und stellt ein Rätsel in der Geschichte dar. Übernahmen es sowohl die Mayas als auch die Hindus von einer gemeinsamen, verschollenen Kultur, oder entwickelten sie es unabhängig? Wie dem auch sei, die Mayas vermochten unglaublich komplizierte kosmische Berechnungen anzustellen und kamen von allen Völkern des Altertums der exakten Berechnung der Dauer des Sonnenjahres am nächsten. Sie errechneten eine Dauer von 365,2420 Tagen; unsere Berechnung beläuft sich auf 365,2422 Tage.

Schon vor der Einführung der arabischen Ziffern in Europa konnten die Europäer zählen und rechnen, aber nicht mit der Leichtigkeit und Wendigkeit, die man späterhin durch die Verwendung eigener Zahlensymbole und vor allem durch die Einführung der Null erlangte.

Das römische Zahlensystem verwendet anstelle von Zahlen Buchstaben: M (1.000), D (500), C (100), L (50), X (10), V (5), I (1). Eine kleinere Zahl vor einer größeren wird abgezogen – CM ist 900 –, eine kleinere Zahl, die auf eine größere folgt, wird hinzugezählt. Diese Kombinationen waren so lang, daß sie die Entwicklung der römischen Wissenschaft möglicherweise hemmten, auf alle Fälle aber die Buchführung des Kaiserreichs erschwerten. Die römischen Zahlen finden rein formell für offizielle Gebäude und für Uhren immer noch Verwendung, aber wie eindrucksvoll sie auch aussehen mögen, für rasche arithmetische Berechnungen eignen sie sich nicht.

MCMLXXXII – 1982

Sowohl die alten Griechen als auch die alten Hebräer setzten für Zahlen Buchstaben ein, wobei sie mit dem ersten Buchstaben des Alphabets begannen: *aleph* oder *alpha* für „eins", *bet* oder *beta* für „zwei" usw. Diese Zahlzeichen werden immer noch häufig auf hebräischen oder griechischen Uhren verwendet.

Das Chinesische, das Japanische und andere asiatische Sprachen verwendeten ursprünglich spezielle Zahlzeichen. Die meisten Schriftsysteme beinhalten heute auch das arabische Zahlensystem für neuzeitliche Berechnungen. Im Arabischen selbst jedoch wird immer noch das ursprüngliche arabische Zehnersystem verwendet. Dieses System macht von Zahlen Gebrauch, die nicht wie die üblicherweise „arabisch" genannten Zahlen aussehen. Die international verwendete Eins sieht aus wie die arabische Eins; die anderen Zahlen sehen anders aus: die Fünf ist ein Kreis, die Null ein Punkt, die Sechs sieht wie eine Sieben und die übrigen Zahlen sehen völlig anders aus.

0 1 2 3 4 5 6 7 8 9

٠ ١ ٢ ٣ ٤ ٥ ٦ ٧ ٨ ٩

Manche Bezeichnungen für sehr große Zahlen unterscheiden sich, je nach der Sprache, die man spricht. „Eine Million" bedeutet auf der ganzen Welt 1,000.000. Aber der Ausdruck für 1.000,000.000 heißt im amerikanischen Englisch, im Französischen, im Spanischen und im Italienischen „eine Billion", während dieselbe Zahl im Britischen Commonwealth, in Deutschland und in der Sowjetunion „tausend Millionen" oder „eine Milliarde" genannt wird. Die Zahl, die im Deutschen und Englischen „Million" *(million)* heißt, wird im Amerikanischen als *trillion* bezeichnet. Daher ist es wichtig, diese großen Zahlen zum gegenseitigen Verständnis als Zahlzeichen und nicht als Wörter auszudrücken. In englischsprachigen Ländern besteht die Übereinkunft, jeweils drei Stellen durch einen Beistrich zu trennen (1,999). In anderen Ländern ist es gebräuchlich, einen Punkt oder eine Leerstelle zu setzen; bei Geldsummen wird ein Beistrich gesetzt, um Bruchteile abzuheben (DM 1.534,22).

Für extrem große Entfernungen im Weltraum ist das allgemein übliche Maß das Lichtjahr, das den Weg bezeichnet, den das Licht in einer Sekunde zurücklegt (300.000 km).

In vielen Sprachen werden die Namen der Wochentage, außer Samstag und Sonntag, durch Zahlen gekennzeichnet. Aber es herrscht keine Übereinstimmung darüber, mit welchem Tag die Woche beginnt. Sprecher des Russischen, Chinesischen, Deutschen und anderer Sprachen sehen den Montag als Anfang der Woche an; Sprecher des Griechischen, Portugiesischen, Malaiischen, Indischen und Arabischen betrachten den Sonntag als ersten Tag. Diese sprachliche Divergenz wirft ein theologisches Problem auf: An welchem Wochentag wurde die Erde erschaffen?

Abgesehen vom Portugiesischen werden in den romanischen Sprachen oder in den germanischen Sprachen (einschließlich des Englischen) keine Zahlen für die Wochentage verwendet. Diese Sprachen benutzen die Namen alter Götter für die Tage, und zwar sind dies in den romanischen Sprachen die Namen griechischer und römischer und in der germanischen Sprachgruppe hauptsächlich nordischer oder germanischer Gottheiten.

Im Deutschen gehen die Namen für die Wochentage – mit Ausnahme von „Mittwoch“ – direkt auf die alten heidnischen Götter zurück:

Sonntag, die Sonne
Montag, der Mond
Dienstag, Ziu, Kriegs- und Himmelsgott

Donnerstag, Thor, Gott des Donners
Freitag, Freya, Friedens- und Fruchtbarkeitsgöttin
Samstag, Saturn, römischer Gott der Zeit und der ausgelassenen Festlichkeiten

Neben dem Deutschen ehren auch die anderen nordgermanischen Sprachen mit der Bezeichnung „Sonntag" die Sonne. In den romanischen Sprachen jedoch ist der gleiche Tag nach dem Herrn benannt *(domingo, domenica, dimanche).*

In den romanischen Sprachen, im Griechischen und im Russischen leitet sich das Wort für „Samstag" vom hebräischen Wort für den heiligen Tag der Woche, *Sabbat,* her.

Die Japaner benennen die Wochentage nach Sonne, Mond, Feuer, Wasser, Holz, Silber und Kupfer.

In den meisten europäischen Sprachen haben vier Monate des Jahres Namen, die sich von lateinischen Zahlen herleiten, die nicht mit der Stellung des Monats in unserem Kalender übereinstimmen: September von „sieben", Oktober von „acht", November von „neun" und Dezember von „zehn". Diese Diskrepanz entstand, weil die Römer, die unseren Monaten den Namen gaben, den März als ersten Monat des Jahres ansahen.

Die deutschen Wörter „eins, zwei, drei" sind über die Grenzen hinaus bekannt, aber Deutschlandreisende sind oft erstaunt darüber, daß die Deutschen „zwei" oft als *zwo* aussprechen, wenn sie Telefonnummern oder Adressen angeben. Dieser Usus verhindert, daß „zwei" und „drei" verwechselt werden – Zahlen, die existierten, lange bevor irgend jemand auch nur einen Gedanken an Telefon oder moderne Kommunikation hegte.

Das Chinesische und die mit ihm verwandten Sprachen bieten den Vorteil, grammatisch einfacher als die westlichen Sprachen zu sein, da sie keine Fallendungen, keine Verbkonjugation und keine Pluralbildung haben. Die sinotibetischen Sprachen sind jedoch reich an Spezialausdrücken zur Aufzählung verschiedener Arten von Gegenständen, vergleichbar mit dem deutschen Gebrauch von Bogen, z. B. in: „ein Bogen Papier". Zu den besonderen „Zahlwörtern" im Chinesischen und im Japanischen gehören folgende:

VERWENDETES ZAHLWORT	ZUM ZÄHLEN VON
Stück	Personen oder Dinge
Quelle	Bücher und Dokumente
Artikel	Sachen und Kleidungsstücke
Kolonne	Tafeln und Papiere
Klumpen	Geld und Land
Kopf	Ochsen und Esel
ein Teil eines Paares	Schafe, Glieder, Pferde
Rohr	alles Röhrenförmige
Fächer	Türen, Fenster, Schirme
Mund	Schwerter, Glocken, Personen
Feder	Vögel

Das chinesische Pidgin-Englisch entstand zum Großteil aus englischen Wörtern, die an die chinesische Syntax angeglichen wurden, wobei Konstruktionen entstanden wie „zwei Stück Mann" für „zwei Mann". (Das Wort „Pidgin" ist eine lokale chinesische Verballhornung des englischen Wortes für „Geschäft", *business.*)

Die Malaien zählen Tiere nach Schwänzen und nicht nach Köpfen.

Sowohl im Chinesischen als auch im Japanischen klingt das Wort „vier", *shi,* wie das Wort „Tod". Die Japaner ersetzen es oft durch ein anderes Wort für „vier" – *yotsu* –, das einem anderen Zählsystem entnommen ist. Nummerntafeln, die die Zahl 4 in bestimmten Kombinationen aufweisen, werden von chinesischen Autobesitzern in Hongkong, Taiwan und Singapur gemieden. Sie vermeiden besonders die Zahl 1.414, die in der Aussprache den Wörtern „sicherer Tod, sicherer Tod" ähnelt.

In der westlichen Welt wird die Zahl 13 allgemein als Unglückszahl angesehen. Vielleicht leiten sich die mit ihr verbundenen ungünstigen Assoziationen von der Anzahl der Gäste beim Letzten Abendmahl her. So stark ist der Volksglaube, daß Glück oder Unglück mit Zahlen verbunden sei, daß die meisten Hotels, Bürogebäude und Apartmenthäuser in den Vereinigten Staaten kein 13. Stockwerk aufweisen. Der Lift geht direkt von 12 auf 14 – nicht unbedingt, weil die Baumeister und Besitzer abergläubisch sind, sondern weil sie überzeugt sind, daß Gäste oder Untermieter sich nicht den 13. Stock aussuchen würden.

Von jeher sind 7 und 11 Glückszahlen, und sie sind heutzutage für Würfelspieler noch genauso wichtig wie für die würfelnden römischen Legionäre vor zweitausend Jahren.

Manche Zahlen haben stark religiösen Bezug: Wegen der Dreifaltigkeit enthält die Zahl 3 in christlichen Ländern sakrale Beiklänge; in den islamischen Ländern beschwört die Zahl 5 die fünf Finger der Hand Fatimas, der Tochter des Propheten Mohammed, herauf, die sie der Legende nach einmal über die geschlossenen Augen ihres schlafenden Vaters legte, um ihn vor der Sonne zu schützen.

Bei der Entdeckung des Inkareiches durch die Spanier stand noch keine Schriftform in Gebrauch. Aufzeichnungen oder Berichte über dieses hochentwickelte Reich waren in Form von Quipus festgehalten, großen Quasten aus bunten Fäden, deren Kombinationen von Knoten und Webarten Informationen

Beispiel für Quipus,
Knotenschnüre, die im Inkareich
als Schriftersatz verwendet wurden.

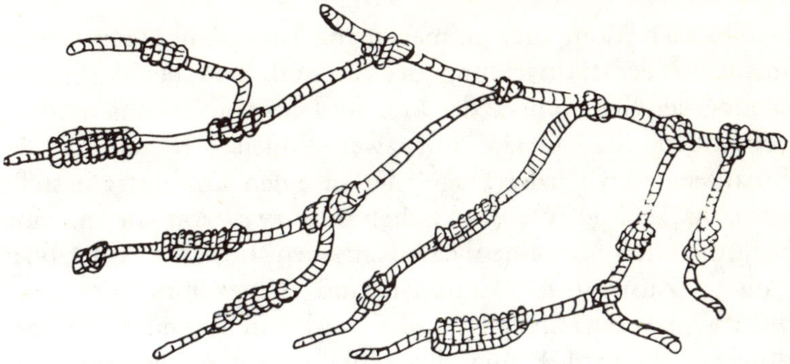

über Ernteerträge, Lagerbestände, Volkszählungen, Aushebungen von Arbeitern und Soldaten, Berichte über den Verlauf von öffentlichen Arbeiten und Tributzahlungen lieferten. Diese Quipus wurden von besonderen Stafettenläufern, die Chasquis genannt wurden, von Ort zu Ort befördert, die so schnell waren, daß sie frische Fische von der Küste bis zu den Inkas in den Bergen tragen konnten und sie zusammen mit den Quipus unverdorben ablieferten. Die Zählung aller Besitztümer des Reiches war so genau, daß man behauptete, das Verschwinden einer einzigen Sandale würde den Inkas nicht lange verborgen bleiben. Niemand weiß genau, wie die Quipus „gelesen" wurden, da die Quipu-Leser mit dem Untergang des Inkareiches verschwanden.

Die Farbkombinationen und Knoten der Quipus boten vielleicht eine Möglichkeit, auch andere Wörter oder Wortkombinationen wiederzugeben als die der offiziellen Berichte. Diese Theorie leitet sich von der Tatsache her, daß Dichtung, historische Aufzeichnungen und ganze Dramen aus der Vergangenheit aufgetaucht sind, an die sich Indianer, die in den Anden leben, seit der Inkazeit „erinnern". Vielleicht leben in den Bergdörfern heute noch einige Menschen, die die Kunst des „Lesens“ der Quipus ererbt haben.

Obgleich Computer immer mehr zu einem Hauptinstrument bei der Entwicklung der Technik und bei der Erforschung der Geheimnisse der Erde und des Universums werden, verwenden diese Geräte nur zwei Zahlen – 1 und 0, ein Binärsystem. Bei jeder Frage, die an einen Computer gestellt wird, hat er die Wahl zwischen nur zwei Antworten, eine Sofortreaktion auf einen elektronischen Impuls: „ein“ oder „aus“, „Zustand 1“ oder „Zustand 0“, „wahr“ oder „unwahr“, „ja“ oder „nein“ – alles wird durch 1 oder 0 ausgedrückt. Die Zahl 1 und die Ziffer 0 wurden gewählt, um Computern die Lösung von mathematischen Gleichungen zu ermöglichen.

16

Unser geheimnisvolles Alphabet

Jedesmal, wenn wir „Alphabet“ sagen, wiederholen wir die ersten zwei Buchstaben des alten griechischen Alphabets, welches wiederum von einem Alphabet herkommt, das erstmals von den Phöniziern verwendet wurde. Im Griechischen waren die ersten zwei Buchstaben alpha *und* beta; *im älteren Semitischen waren es* aleph *und* bet.

Als erstes echtes, nichtsilbisches Alphabet gilt allgemein das in Byblos in Phönizien aufgefundene, das um 1000 v. Chr. oder früher entstand. Byblos war ein Hafen, von dem Papyrus, der als Schreibmaterial verwendet wurde, nach Ägypten exportiert wurde, wo die hieroglyphische Bilderschrift (nicht-alphabetisch) bereits seit Tausenden von Jahren in Verwendung war. Der Name Byblos wurde durch *biblion,* das ursprüngliche griechische Wort für „gerolltes Papier“, unsterblich, aus dem die westlichen Sprachen die Wörter „Bibel“, „Bibliothek“, „Bibliographie“ bildeten.

Ein echtes Alphabet darf nur aus Buchstaben für einzelne grundlegende Laute – Konsonanten *und* Vokale – und nicht aus Silben bestehen. Dieses Alphabet wird für gewöhnlich als phönizisches oder nordsemitisches Alphabet bezeichnet und setzt sich aus 22 bis 30 Buchstaben zusammen, die sich zu anderen Silben oder Wörtern verbinden. Andere Schriftsysteme haben Buchstaben, die für Silben stehen, und sind daher nicht echte Alphabete, sondern eher Silbenalphabete, die viel mehr Zeichen als ein reines Alphabet enthalten.

Heute sind auf der ganzen Welt über 400 Schriftsysteme

bekannt. Darin sind Schriftarten, die in alten Schriften genannt werden, nicht inbegriffen.

Unbeschadet der Ehre, die Byblos als erstem bekanntem Ort, wo ein nahezu reines Alphabet in Verwendung stand, zuteil wird, sind durch Entdeckungen in Italien, Zentralfrankreich, Westspanien und Portugal, im westlichen Nordafrika und auf den Inseln des Mittelmeeres Zeugnisse zutage gefördert worden, die beweisen, daß alphabetische Symbole oder Buchstaben in vielen anderen Teilen der alten Mittelmeerwelt verwendet wurden. Diese Beweise legen die Vermutung nahe, daß irgendeine Form von alphabetischer Schrift weiter verbreitet war und früher verwendet wurde, als ursprünglich angenommen worden war. Ihre Verwendung fand zweifellos durch frühe kretische und phönizische Seefahrer Verbreitung, die sie entweder von einer noch älteren Kultur übernahmen oder ein fortlaufendes Zeichenalphabet entwickelten, um die Tage zu vermerken, die während langer Seefahrten verstrichen.

Einschließlich der verschiedenen Variationen bestimmter Buchstaben haben die Alphabete durchschnittlich 28 Zeichen. Schließt man sich der Theorie einiger Linguisten an, daß die Phönizier als Grundlage für ihre Buchstaben die Zahl der Tage des Mondzyklus nahmen, so stellt das vollständige Alphabet einen Mondmonat von 28 Tagen dar. Diese Mond-Hypothese betont die Bedeutung des Mondes für das Erdgeschehen und die Menschen, seinen Einfluß auf die äußeren und inneren Abläufe der Erde und auf die geistige, körperliche und gefühlsmäßige Verfassung der Menschen durch periodisch wiederkehrende geistige und physische Mondzyklen von 28 Tagen.

Dreht man ein großgeschriebenes A um, so hat man einen schematisierten Ochsenkopf mit Hörnern und mit einem schmal zulaufenden Unterkiefer vor sich. Auf aramäisch heißt *aleph* „Ochse“. *Bet,* der zweite Buchstabe, heißt „Haus“ und sieht auch so aus. *Gimel* (griech. *gamma*) bedeutet „Quadrat“

oder „Kamel“, je nach der sprachlichen Quelle, die man als die richtige annimmt. *Dalet,* der vierte Buchstabe, heißt auf aramäisch „Tür“. Auch noch andere aramäisch-hebräische Buchstaben haben Formen, die mit ihrer Bedeutung in Verbindung gebracht werden können: der Name des Buchstabens, der den *sch*-Laut wiedergibt, wird als *schien* ausgesprochen, was soviel heißt wie „Zahn“, und der Buchstabe ist auch wie ein Zahn oder wie mehrere Zähne geformt. Das hebräische oder aramäische Wort *kaph* bedeutet „Palme“, und seine endgültig ausgeprägte Form ähnelt einem schlanken Baum. Der Klang des Buchstabens *mem* ähnelt dem Klang des hebräischen Wortes für „Wasser“, *mayeem,* und seine geschriebene Form könnte den von einer Mauer umgebenen oberen Teil eines Brunnens darstellen. Andere Buchstaben stammen wahrscheinlich von Bildersymbolen, deren Ursprung nicht so offenkundig ist wie der der obengenannten Buchstaben. Das griechische Alphabet verwendet zwei Buchstaben, die angeblich die primären Geschlechtsmerkmale von Mann und Frau darstellen – *delta* und *phi.*

א ב ב ג ד ה ו ז ח ט י כ כ ל מ נ ס ע פ פ צ ק ר שׁ שׂ ת

Hebräisches Alphabet

Α Β Γ Δ Ε Ζ Η Θ Ι Κ Λ Μ Ν Ξ Ο Π Ρ Σ Τ Υ Φ Χ Ψ Ω

Griechisches Alphabet

Die Annahme ist berechtigt, daß das phönizische Alphabet auf eine schematische Bilderschrift zurückzuführen ist, die schließlich ihre unmittelbare Bildhaftigkeit verlor und zum Hilfsmittel wurde, mit dem Laute reproduziert werden konnten. Ob nun die Phönizier die ersten waren, die das Alphabet erfanden, indem sie Hieroglyphen (Bilder und Silben) oder die in Mesopotamien gebräuchliche Keilschrift (keilförmige Zeichen in nassem Lehm, eine Kombination von Bildern und Silben) vereinfachten – das Ergebnis war das gleiche. Die phönizischen Händler verbreiteten das Alphabet im ganzen Mittelmeeraum, womit sich schon früh ein Nutzen der freien Marktwirtschaft zeigt.

Eine alte hebräische Legende veranschaulicht die Bedeutung, die dem Alphabet in der Antike zukam. Dieser Legende zufolge wurden die Buchstaben des Alphabets von Gott geschaffen, bevor er noch die Welt erschuf. Die islamische Tradition kennt eine ähnliche Legende, die besagt, daß Allah selbst die Buchstaben des Alphabets erschuf und sie dann an Adam weitergab – nicht aber an die Engel.

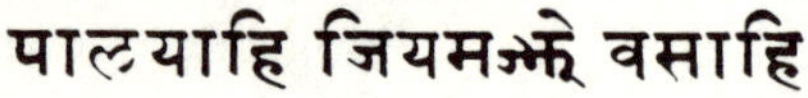

Beispiel der Devanagarischrift

Die ursprüngliche Sanskritschrift Indiens wird gleichfalls als Geschenk der Götter angesehen. Der Name der zierlichen Devanagarischrift bedeutet „die Schrift der Götter". Da ihre Vokale in der Kombination mit Konsonanten neue Buchstaben ergeben, weist sie nicht die Kennzeichen eines echten Alphabets auf. Sie wird jedoch in weiten Kreisen erfolgreich verwendet, um modernsten Ideen ebenso wie alten Philosophien Ausdruck zu verleihen.

ᚠ ᚢ ᚦ ᚨ ᚱ ᚲ ᚷ ᚹ ᚺ ᚾ ᛁ ᛃ ᛇ ᛈ ᛉ ᛊ ᛏ ᛒ ᛖ ᛗ ᛚ
ᛜ ᛟ ᛞ

Runenalphabet

Eine weitere alphabetische Schrift war die Runenschrift, die im dritten Jahrhundert von den nordgermanischen Völkern entwickelt wurde. Ihre ursprünglichen 24 Buchstaben (2 wurden später hinzugefügt) wurden durch gerade Linien gebildet, wahrscheinlich, damit man sie leichter in Holz einkerben oder einritzen konnte. Als sich das Christentum nach Norden ausbreitete, wurde das Runenalphabet durch das lateinische ersetzt.

Ye Old Tea Shoppe

Die falsche Aussprache eines angelsächsischen Buchstabens, nämlich *edh,* das wahrscheinlich als *th* wie in *thine* oder *the* ausgesprochen wurde, führte zur Entstehung eines neuen Wortes. Englischsprachige Touristen, die Schilder mit der Aufschrift *YE OLD TEA SHOPPE* („Der alte Tee-Laden") sahen, lasen das Wort *YE* falsch, das *the* („der", „die", „das") und nicht *ye* („du") heißt. Der Fehler ist verständlich, da das ỿ (der Thorn-Laut) dem modernen englischen *y* mit einem Schnörkel ähnelt.

А Б В Г Д Е Ж З И К Л М Н О П Р С Т У Ф Х Ц Ч Ш Щ Ъ
Ы Ь Э Ю Я

Russisches Alphabet

Um die verschiedenen Laute im Russischen wiederzugeben, verwendet das russische Alphabet 32 Buchstaben. Nach der Revolution von 1917 führte das bolschewistische Regime eine Reform des russischen Alphabets durch. Ein Buchstabe, der geändert wurde, sah ähnlich wie eine von einem Kreuz gekrönte Kirche aus [ѣ]. Die Form wurde zu einem ë umgeändert, die Aussprache hingegen beibehalten.

እግዚአብሔር : እንዲሁ : ዓለሙን : ወድዋልና:
አንድ : ልጁን : እስኪለዉጥ : ድረስ :: በርሱ :

Beispiel der amharischen Schrift

Die alte amharische Schrift Äthiopiens hat 33 Konsonanten, die man jeweils mit jedem einzelnen der 7 Vokale kombinieren kann, was eine Gesamtsumme von 231 Buchstaben oder Zeichen ergibt, die Schriftsetzer beim Setzen einer jeden Seite berücksichtigen müssen.

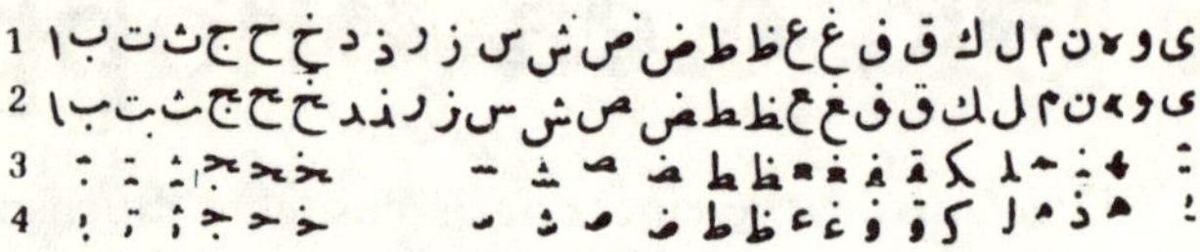

Obwohl das Arabische über ein echtes Alphabet verfügt, ist es um einiges schwieriger zu schreiben als Sprachen mit lateinischem Alphabet, weil die meisten arabischen Buchstaben vier verschiedene Formen haben, je nachdem ob der Buchstabe allein, am Beginn eines Wortes, in der Wortmitte oder am Wortende steht. Das gedruckte Arabisch, im wesentlichen dasselbe wie die handgeschriebene Schrift, benötigt mehr Platz auf einer bedruckten Seite als die lateinische Schrift, und zwar hauptsächlich wegen der zierlichen Bögen und Schleifen der arabischen Buchstaben.

Ein Reimpaar in türkischer Sprache von Sultan Suleiman dem Prächtigen in dekorativer arabischer Schrift (oben), und dasselbe Reimpaar auf türkisch im lateinischen Alphabet (unten).

```
Halk içinde muteber bir nesne yok devlet gibi
Olmaya devlet cihanda bir nefes sihhat gibi
```

Obgleich das Türkische mehr als tausend Jahre lang arabische Buchstaben verwendete, verfügte Mustafa Kemal Atatürk, der Diktator, der die Türkei nach dem Ersten Weltkrieg modernisierte und festigte, im Rahmen seines Modernisierungsprogramms, daß die Türken von nun an das lateinische Alphabet verwenden sollten. Obwohl man sich dieser Veränderung zunächst aus religiösen und ästhetischen Gründen widersetzte, wurde sie doch bald akzeptiert, weil Analphabeten viel schneller lesen lernten, wenn man sie das lateinische Alphabet lehrte.

Daß die arabischen Länder, der Iran und Pakistan die arabische Schrift aufgeben, ist unwahrscheinlich, besonders weil es die Sprache des Korans ist. Aber ein paar nichtarabische islamische Länder wie Indonesien und Malaysia sind zur Verwendung des lateinischen Alphabets übergegangen, und die türkischen Republiken der UdSSR, noch weitgehend islamisch, verwenden nun das russische kyrillische Alphabet.

Aztekische Bilderschrift

Ein Beispiel für das von Sequoia erfundene Tscherokesen-Alphabet

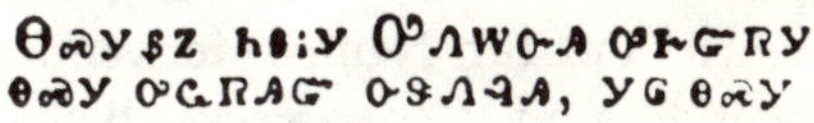

Soweit wir Kenntnis davon besitzen, hatten die Indianerstämme nördlich von Mexiko vor der Ankunft der Weißen außer Bildern kein Schriftsystem. Sequoia, im frühen neunzehnten Jahrhundert Häuptling der Tscherokesen, zog den Schluß, daß die Überlegenheit der Weißen von ihrer Verwendung von „Symbolen“ (Buchstaben) herrührte, und erfand ein tscherokesisches Schriftsystem, um alle Laute der Tscherokesensprache ausdrücken zu können. Diese Schriftsprache wurde verwendet, um die Schriftsprache der Tscherokesen und ihre Gesetzmäßigkeiten schriftlich niederzulegen und um eine Zeitung in Phoenix, Georgia, herauszugeben. Vielleicht kam die Zauberkraft der Symbole zu spät; der Stamm der Tscherokesen wurde von Präsident Jackson gewaltsam entlang des „Tränenpfades“ nach Westen deportiert. Die Silbenschrift der Tscherokesen jedoch wird noch immer in Tahlequah, Oklahoma, gelehrt, wo die Ölvorkommen des Stammes einen Ertrag abgeworfen haben, den Präsident Jackson sich nicht hätte träumen lassen.

Das Japanische wird zum Teil mit chinesischen Schriftzeichen geschrieben, die im Japanischen *kanji* genannt werden und üblicherweise wie das Chinesische in Spalten von oben nach unten geschrieben werden. Die chinesischen Schriftzeichen werden mit zwei silbischen Alphabeten vermischt, die ein spezielles Zeichen für jede Silbe haben. Diese zusätzlichen Alphabete sind eigentlich zwei Möglichkeiten, ein und dieselbe Folge von Lauten zu schreiben, mit deren Hilfe man jede rein japanische Silbe wiedergeben kann. Eines dieser Alphabete ist die verschnörkelte *hiragana*-Schrift, die für Verb-Endungen Gebrauch findet und üblicherweise in Fällen verwendet wird, wo die chinesischen Schriftzeichen nicht zur Anwendung kommen. Die andere Variante, das eckige *katakana*-Silbenalphabet, wird zur Schreibung von Fremdwörtern des Japanischen und für Namen verwendet und oft auch für einfache Schilder und Werbezwecke. Beim Lesen des Japanischen findet man häufig alle drei Schreibarten auf derselben Seite. Es wäre möglich, alle japanischen Wörter entweder im geschwungenen *hiragana*-Stil oder im geradlinigen *katakana*-Stil zu schreiben, aber die Japaner verwenden weiterhin etwa 2.000 chinesische Schriftzeichen, die durch lange Tradition und uralte Kultur ausgezeichnet sind.

Beispiele der beiden alten japanischen Silbenalphabete

	katakana	hiragana		katakana	hiragana
i	イ	い	ni	ニ	に
ro	ロ	ろ	ho	ホ	ほ
ha	ハ	は	he	ヘ	へ

Die Verwendung des *katakana*-Stils für Fremdwörter bringt eine beträchtliche Flexibilität mit sich und ermöglicht es den Japanern, Wörter aus dem Englischen und anderen Sprachen unübersetzt zu übernehmen, indem einfach der ursprüngliche Klang dem japanischen Ohr angepaßt wird. Im Japanischen gibt es Hunderte, wenn nicht Tausende Wörter fremden Ursprungs, von denen viele für Englisch Sprechende leicht zu erkennen sind, zum Beispiel *rasha-wa/rush hour* („Hauptverkehrszeit"), *ai-su-ku-ri-mu/ice cream* („Speiseeis"), *res-to-ran/restaurant* („Restaurant"), *fu-re-wa-sho/floor show* („Nachtklubvorstellung"), *shi-ga-ret-to/cigaret* („Zigarette"), *ta-ku-shi/taxi* („Taxi") und *mo-to-sai-ku/motorcycle* („Motorrad").

Genau wie Kinder aus den Ländern des Westens das Abc der Reihe nach lernen, lernten japanische Kinder früher das *katakana*- und das *hiragana*-Alphabet, indem sie ein Gedicht aufsagten, in welchem jede einzelne Silbe nur einmal vorkommt. Dieses Gedicht, für gewöhnlich *I-ro-ha* genannt und im folgenden übersetzt, führte vielen Generationen japanischer Kinder schon früh eine ziemlich fatalistische Lebenssicht vor Augen.

Obwohl ihre Farben bunt sind,
  Schweben die Blüten hinab.
Auch in unserer Welt ist es so:
  Wer könnte ewig leben?
Heute habe ich
  Den Berg des flüchtigen Lebens überschritten,
Und ich habe nur einen vorübereilenden Traum gesehen,
  Von dem ich nicht berauscht bin.

Das Chinesische ist nicht so anpassungsfähig wie das Japanische, was die Angleichung von Wörtern und Bezeichnungen aus fremden Sprachen betrifft, da die einzelnen chinesischen Schriftzeichen, die ja für einzelne Wörter stehen, nicht die Flexibilität des japanischen *katakana*-Silbenalphabets aufweisen. Die wörtlich aus der Originalsprache übersetzten chinesischen Entsprechungen für westliche Namen sind oft erstaunlich.

Nixon	尼克森	Schmutz, der sich über den Wald wälzt
Reagan	雷 根	Donnerwurzel
Carter	卡 特	besonderes Gefängnis
Kissinger	季辛吉	glückliches Arbeitshaus
Ford	福 特	besonderes Glück

Wie in anderen alten Nationen Ostasiens wurden auch in Korea lange Zeit chinesische Ideogramme verwendet, aber ohne ein vereinfachendes Silbenalphabet wie im Japanischen mit seinen beiden Hilfsschriften. Einem koreanischen König aus dem sechzehnten Jahrhundert wird die Einführung eines Silbenalphabets zur Vergrößerung der Anzahl der Schreibkundigen in seinem Volk zugeschrieben. Dieser Herrscher, König Sejong, wußte jedoch, daß sich der etablierte Priesterstand wahrscheinlich gegen eine solche Erneuerung wenden würde, weil sie gegen die alten Bücher verstieß, die samt und sonders in chinesischen Schriftzeichen geschrieben waren. Der Legende nach erfand er daher ein Silbensystem von 14 Konsonanten und 10 Vokalen und malte diese, anstatt sie auf Papier zu schreiben und den Priestern zu zeigen, mit Honig auf flache Pandamus-Blätter. In der Nacht fraßen sich Ameisen durch den Honig und hinterließen die genauen Umrisse der gemalten Buchstaben. König Sejong rief daraufhin die Priester und bat sie um eine Erklärung. Nach reiflicher Überlegung setzten die Priester den König davon in Kenntnis, daß die Zeichen ein Alphabet seien, das dem Volk von Korea von den Göttern geschenkt worden sei, eine Deutung, die König Sejong pflichtbewußt akzeptierte und öffentlich bekanntmachen ließ.

Koreanisch, in chinesischen Schriftzeichen geschrieben (links), und ausschließlich in König Sejongs vereinfachtem Silbenalphabetsystem geschrieben (rechts).

또한 놈들은 조국의 통일과 독립을 위하여 헌신적으로 싸우는 애국자들을 제불장을 못 보고 물덤벙 불덤벙 덤비는 어리석은 자들이라고 비웃는 한편 나라를 팔아 먹는 미제의 앞잡이들을 진정한 애국자인 것처럼 내세우면서 조선은 미국의 대포와 원자탄 없이는 통일될 수 없다는 사상을 선전하고 있다。

한마디로 말해서 미제와 리승만 역도들은 이와 같은 썩고 더러운 사상으로 인민들의 건전한 정신을 흐리게 함으로써 그들이 스스로 자기 힘을 믿지 않는 기력 없고 타락한 사람들로 만들려고 애쓰고 있다。

* * *

그리하여 塗炭의 구렁속에 떠러진 人民大衆의 生活不安과 飢餓狀態는 그들로하여금 必然的으로 民族意識의 昂揚과 함께 階級意識의 覺醒을 提唱하였다。 더욱 이것은 巴里講和會議에서의 列强의 角逐와 웰손의 民族自決論의 欺瞞性과 同時에 쏘베ㅣ트 로서아의 偉大한 本質을 把握하는데서 더한층 拍車를 加하였던 것이다。 그리하여 朝鮮人民은 쏘聯만이 世界被壓迫民族의 解放을 支持援助하는 眞正한 親友이라는 것을 알게되었으며 同時에 朝鮮民族解放運動은 國際的聯結아래에 있어서만 保證된 다는것을 깨닫게되었다。

17

Eine asiatische Schrift voll Feinsinn und Humor

Das Chinesische, ursprünglich – und immer noch in der Hauptsache – ein System von Bilderschriftzeichen (Ideogrammen), ist nach den indoeuropäischen Schriften das am weitesten verbreitete Schriftsystem der Welt. Auf dem chinesischen Festland allein leben über eine Milliarde Chinesen. Unter ihnen hat die Fähigkeit des Lesens und Schreibens in den letzten Jahren beträchtlich zugenommen, was durch eine Vereinfachung vieler alter und eleganter Bilderschriftzeichen unterstützt wurde. Darüber hinaus werden chinesische Schriftzeichen in Japan, Taiwan, Südostasien und Südkorea und in chinesischen Siedlungen auf der ganzen Welt verwendet.

Die chinesische Schrift entwickelte sich wie die alten ägyptischen oder mesopotamischen Systeme vor Tausenden von Jahren aus Bildern. Das Ideogramm für „Sonne", ursprünglich ein Kreis, ist ein Quadrat mit einem Strich durch die Mitte; das Ideogramm für „Mond" sieht aus wie ein gewölbter Halbmond. Verbindet man beide zu einem einzigen Schriftzeichen, so erhält man „strahlend".

日 = Sonne　　月 = Mond　　明 = strahlend (Sonne + Mond)

Das Ideogramm für „Baum" sieht einem Baum ähnlich und bedeutet, verschmolzen mit „Sonne", „Osten", indem es die aufgehende Sonne, die man durch die Bäume sieht, darstellt. Zwei Bäume bedeuten „Wald", und drei Bäume, miteinander verbunden, ergibt „dichter Wald" oder „üppig".

木=Baum 東=Osten (Sonne durch Baum)

林=Wald (zwei Bäume) 森=dichter Wald (drei Bäume)

Das Ideogramm für „Pferd", zwar im Laufe der Jahrtausende vereinfacht, wird noch immer durch ein Zeichen ausgedrückt, das vier Beine und einen Schwanz aufweist. Das Bildzeichen für „Wagen" oder „Karren" zeigt einen Wagen, von oben gesehen, mit zwei Rädern und einer Achse. Wenn „Feuer" und „Karren" zusammengeschrieben werden, dann bedeutet die Kombination „Lokomotive". Drei Karren zusammen bedeuten „rattender Verkehr". „Karren" mit einer geschlossenen oder geschwungenen Aktionslinie darüber ergibt das Wort für „Heer", was interessanterweise an die Bedeutung der Logistik erinnert, und zwar im Hinblick auf die Taktik, die im Laufe von Jahrtausenden der Kriegführung in der chinesischen Geschichte entwickelt wurde.

馬=Pferd 車=Wagen 火 車=Lokomotive (Feuer+Wagen)

轟=polternder Verkehrslärm (drei Wagen)

軍=Armee (Wagen + geschlossene Bewegung)

Das Ideogramm für „Tür" sieht aus wie die in der Mitte geteilten Türen in den herkömmlichen chinesischen Häusern. „Mund" in „Tür" bedeutet „fragen" oder „Frage". „Ohr" in „Tür" bedeutet „horchen". „Öffnen" und „schließen" werden durch die erweiterte oder reduzierte Form kleinerer Bildzeichen in der Tür angedeutet. „Mond", durch „Tür" gesehen, bedeutet „Muße" oder „Ruhe", und „Pferd", das durch „Tür" kommt, heißt verständlicherweise „plötzliche Unterbrechung".

門=Tür

問=fragen, Frage (Mund in Tür) 聞=horchen (Ohr in Tür)

開=öffnen (Tür wird weit) 閉=schließen (Tür verengt sich)

閒=Muße (Mond in Tür)

闖=plötzliche Unterbrechung (Pferd erscheint in Tür)

Das chinesische Ideogramm für „Frau" und seine Kombinationen spiegeln eine oftmals philosophische, wenn auch männlich orientierte Sicht der Beziehung zwischen den Geschlechtern wider. Das Zeichen für „Mann" oder „Person" ist zur Darstellung zweier Beine vereinfacht worden, das Zeichen für „Frau" zeigt eine Person, die etwas trägt. Miteinander verbunden, ergeben die Zeichen „Frau" und „Kind" das Wort für „gut". Eine „Frau" unter dem „Dach" heißt „Frieden"; zwei „Frauen" heißt „Streit", und drei „Frauen" bedeutet „Ausschweifung", „Unzucht" oder „Ehebruch". Eine „Frau" mit einem „Schwein" unter dem „Dach" bedeutet „verheiraten", wobei das Schwein nicht den Mann, sondern „das Haushaltsgut" darstellt. „Frau", mit „Sonne" und „großem Auge" kombiniert, heißt „Neid", und „Frau" an „Tür", stehend oder horchend, heißt „Eifersucht". „Frau", mit „tausend" kombiniert, bedeutet „treulos", und „Frau" mit „Mund" ist das Zeichen für „wenn".

人=Mann, Person 女=Person, die etwas trägt (Frau)

好=gut (Frau+Kind) 安=Frieden (Frau unter Dach)

姦=Ehebruch (drei Frauen)

嫁=verheiraten (Frau+Schwein unter Dach)

娼=Neid (Frau+Sonne+großes Auge)

妒=Eifersucht (Frau, die an Tür steht)

奸=treulos (Frau+1.000) 如=wenn (Frau+Mund)

„Mund" ist ein Viereck, und wenn ihm „Dunst" entströmt, dann heißt es „Wort" oder „sprechen". „Fester Gegenstand", der aus „Mund" kommt, heißt „Zunge", was, verbunden mit „sprechen", „Sprache" bedeutet. Drei „Münder" zusammen heißt „Kritik" oder „kritisieren", und „Mund", kombiniert mit „betteln", ergibt das Zeichen für „essen".

口=Mund 言=Wort (Dunst, der aus Mund strömt)

舌=Zunge (fester Gegenstand, der aus Mund dringt)

話=Sprache (Worte+Zunge) 品=kritisieren (drei Münder)

吃=essen (Mund+betteln)

Die chinesische Ansicht über China wird im Ideogramm für „China“ angemessen ausgedrückt, einem Rechteck mit einem Strich durch dessen Mitte. Dieses Wort, „Mitte“, ist herkömmlicherweise das Wort für „China“ – das „Reich der Mitte“ *(chung-kuo)*, die Mitte der Welt, der Mittelpunkt der Kultur. Diese Bezeichnung wird heute noch von Kommunisten, Nationalisten und Überseechinesen für China verwendet.

中=Mitte, China

Die weitverbreitete Verwendung der chinesischen Schrift in ganz Südostasien hat den Vorteil gebracht, daß viele Nationen die Ideogramme ihrer eigenen Sprachen verwenden konnten und von einer Reihe anderer Nationen innerhalb der chinesischen Einflußsphäre verstanden wurden. In Korea und in den Ländern Südostasiens geht die Verwendung der chinesischen Schrift zurück. Sie ist in Japan aber noch gebräuchlich, obwohl die Anzahl der Zeichen, die ein Schüler in der Schule lernen muß, 2.000 nicht überschreitet.

In den Zeiten der Dynastie belief sich die Anzahl der chinesischen Schriftzeichen auf vierzig- bis fünfzigtausend; viele andere Wörter wurden – so wie heute – aus mehreren verschiedenen Zeichen zusammengesetzt. Heute werden 6.000 Zeichen als ausreichend für das Lesen von Zeitungen oder Büchern angesehen, und unter dem gegenwärtigen Regime sind diese Zeichen im Interesse der Förderung von Lesen und Schreiben vereinfacht worden, trotz des daraus resultierenden Verlustes für die Kunst, die Tradition und die historische Kontinuität.

Vielleicht wird China letzten Endes das lateinische Alphabet übernehmen, obwohl das zum gegenwärtigen Zeitpunkt unwahrscheinlich ist, da die Sprecher mehrerer wichtiger chinesischer Sprachen sich nur durch die geschriebene Sprache verständigen können. Darüber hinaus wäre das Chinesische in der Schrift des lateinischen Alphabets schwer zu verstehen, und zwar wegen der vier Tonhöhenzeichen, die die Bedeutung jeder Silbe verändern. Manche Silben haben 50 verschiedene Bedeutungen.

Hân hạnh được gặp ông.

Beispiel der modernen vietnamesischen Schrift

Das Vietnamesische, gleichfalls eine Tonhöhensprache, hat um einiges mehr Tonhöhenzeichen als das offizielle Mandarin- oder Kuo-yü-Chinesisch. Das Vietnamesische wird heute in lateinischen Buchstaben geschrieben, ist jedoch kompliziert wegen der Akzente, Querstriche, Punkte, Zirkumflexe, Halbmonde und Beistriche, die den lateinischen Buchstaben als Hilfe zur Aussprache und Tonhöhenbestimmung beigefügt werden.

Durch die chinesische Schrift erhalten Malerei und Dichtung eine andere Dimension; beim Lesen eines Gedichts oder einer Inschrift auf einem Gemälde erhascht der Leser einen flüchtigen Eindruck von der angedeuteten Form vieler Gegenstände. Das Zeichen für „Berg“ deutet einen Berg an, das Wort für „Regen“ zeigt den Himmel und Regentropfen, das Zeichen für „Blume“ gleicht einer echten Blume, „Drache“ zeigt die Schwanzwindungen und Krallen eines Drachen, das Wort „Vogel“ läßt einen Vogel erkennen, der gerade am Wegfliegen ist, im Zeichen für „Fisch“ erkennt man die Form eines Fisches, wie von einer Brücke über einem Gartenteich aus.

Eines der elegantesten Komplimente wurde den suggestiven

Wirkungen der alten chinesischen Schriftzeichen von einem Dichter der T'ang-Dynastie vor dreizehn Jahrhunderten gemacht. Falls chinesische Zeichen je durch lateinische Buchstaben ersetzt werden (was im Augenblick in Betracht gezogen wird), könnte dieser Auszug als eine Erinnerung an die feinsinnige Schönheit dienen, die damit verlorenginge:

> . . . die Schönheit dieser Buchstaben, die aussehen
> Wie scharfe Dolche, die lebende Krokodile durchbohren,
> Wie Paare von tanzenden Phönixen,
> Wie herabsteigende Berggeister,
> Wie Bäume aus Jade und Koralle mit ineinandergreifenden Zweigen . . .

18

Verschollene und wiedergefundene Sprachen

In den Mas-d'Azil-Höhlen in Frankreich wurden Kiesel aus der Steinzeit mit Zeichen und Glossen gefunden. Scheinbar sind es Buchstaben, die in runde und flache Steine geritzt sind, deren Alter auf 12.000 bis 16.000 Jahre datiert wurde. Das hieße, daß es bereits in der Steinzeit schriftliche Aufzeichnungen gab. Deutliche Glossen auf Hirschhorn und anderen Knochen, die erst entdeckt wurden, nachdem diese prähistorischen Knochen schon lange in europäischen Museen ausgestellt waren, weisen darauf hin, daß primitive Aufzeichnungen und astronomische Beobachtungen Tausende von Jahren älter sind als die Schriftsysteme der alten Ägypter und Sumerer.

Die frühesten schriftlichen Aufzeichnungen waren vermutlich Zählstriche und entwickelten sich zu komplizierten Bilderschriften; später wurden sie zu einer Kombination von Bildern, vollständigen Silben und einigen Buchstaben. Ein solches System wurde im alten Ägypten verwendet, wo das von den Ägyptern entwickelte Hieroglyphensystem eine längere Lebensdauer hatte als jedes andere System auf der Erde.

Das Altägyptische und sein hieroglyphisches Schriftsystem verschwanden nach der Eroberung Ägyptens durch die Moslems und blieben mehr als tausend Jahre „verschollen". Die Hieroglyphen gerieten in Vergessenheit, und die Sprache selbst wurde zu einer Geheimsprache, die lediglich in den Riten der koptischen Kirche Verwendung fand, einer christlichen Religion, die heute noch von ihren Gläubigen ägyptischer Herkunft praktiziert wird, deren Vorfahren die Eroberung durch die Moslems überlebten.

Beispiel für die ägyptische Hieroglyphenschrift

Bis etwa 1800 fragten sich europäische Ägyptenreisende oft, ob die Hieroglyphen, die sie auf Obelisken, auf den Wänden von Tempeln und Grabmälern, auf Mumienschreinen und Papyrusblättern sahen, Schrift, Bilder oder nur Dekoration wären. Ein Altertumsforscher, der französische Abbé Tandeau de Saint-Nicholas, erklärte, sogar als die Ägyptologen bereits versuchten, die Hieroglyphen zu entziffern: „Es ist sonnenklar, daß die Hieroglyphen bloße Ornamente sind."

Als Napoleons Armee in Ägypten einmarschierte und es eroberte, brachte Napoleon eine ganze Anzahl von Wissenschaftlern und Archäologen mit. Ihre Tätigkeit führte zu einigen ungewöhnlichen Entdeckungen durch die Truppen – zum Beispiel, daß die Große Pyramide von Gizeh genau an dem Punkt stand, von dem aus das Delta in zwei Teile geteilt wurde, daß sie exakt nach den vier Windrichtungen ausgerichtet war und andere Hinweise auf fortgeschrittene astronomische Kenntnisse der alten Ägypter. Noch mehr waren Napoleons Archäologen an den Hieroglyphen interessiert, vermochten aber nicht, sie mit irgendeiner anderen Sprache in Zusammenhang zu bringen. Aber es gelang ein großer Schritt zur Erforschung der Kultur des alten Ägypten: Die Truppen entdeckten den Stein von Rosette, eine uralte öffentliche Bekanntmachung eines Königs, die in eine Steintafel eingemeißelt war. Diese Bekanntmachung stammte aus der Zeit der ptolemäischen Dynastie, die nach der griechischen Eroberung Ägyptens durch Alexander den Großen zur Herrschaft gelangte und aus diesem Grunde sowohl Griechisch als auch Ägyptisch bei ihren öffentlichen Verkündigungen verwendete.

Die Inschrift auf dem Stein von Rosette war in drei Schriften abgefaßt, in zwei Varianten der altägyptischen Schrift, der hieroglyphischen und der vereinfachten demotischen, und auf griechisch, das die französischen Wissenschaftler lesen konnten. Da der Stein von Rosette an beiden Enden abgesplittert war, wußte niemand, wo die drei Texte begannen oder wie sie miteinander in Einklang zu bringen waren. Champollion, ein junger französischer Linguist und Archäologe, der sein Leben der Entzifferung von Hieroglyphen widmete, verschaffte sich einen Reiberdruck des Steins und versuchte, die Bedeutung bestimmter, eingekreister Hieroglyphen zu bestimmen. Er nahm an, daß es sich dabei um wohlbekannte Namen handelte, eine Annahme, die sich in der Folge als richtig erwies. Der erste Name, den er entzifferte, war „Cleopatra", der zweite „Ptolemäus".

Kartusche des Namens der Cleopatra auf dem Stein von Rosette

Von dem Augenblick an, da der erste Schlüssel zu den unbekannten Sprachen, der Name der Cleopatra, entdeckt war, wurde die Entzifferung der Hieroglyphen möglich, obschon gewiß nicht einfach. Die Linguisten schlossen sich der Theorie an, daß das Kirchenkoptische Elemente des Altägyptischen enthält, und entzifferten auf diese Weise sowohl die vereinfachte als auch die hieroglyphische Schrift. Ägyptologen aus verschiedenen Teilen Europas machten unabhängig voneinander ihre Übersetzungen, verglichen sie anschließend in persönlichem oder brieflichem Kontakt und entdeckten, daß ihre Übersetzungen übereinstimmten.

Die Belastung, die diese intensive Arbeit für den menschlichen Geist bedeutet, zeigte sich deutlich im Leben Champollions. Nach seiner ersten erfolgreichen Übersetzung rief er:

„Ich habe es!“ und fiel in eine tiefe Ohnmacht. Obwohl er sich innerhalb der nächsten zehn Jahre buchstäblich zu Tode arbeitete und 1832 im Alter von 42 Jahren starb, so bleibt doch sein Vermächtnis die Wiederentdeckung einer verlorengeglaubten Sprache und einer tausendjährigen Geschichte.

Auge des Horus, heute noch für Ärzterezepte verwendet

Eine einzige der alten ägyptischen Hieroglyphen wird heute noch täglich auf der ganzen Welt verwendet. Es ist das Zeichen ℞ auf dem Arztrezept, ursprünglich das Bildzeichen für ein Auge – das Auge des Horus, des ägyptischen Gottes der Medizin, dessen Hieroglyph die Ärzte seit altägyptischer Zeit durch alle Zeitalter hindurch verwendet haben.

Die Übersetzung der alten Sprachen und Schriftsysteme Mesopotamiens (des heutigen Irak) gelang einer Anzahl von englischen und deutschen Linguisten, die mit einem Arbeitseifer an diese Aufgabe herangingen, die schon an Besessenheit grenzte. Die verfügbaren sprachlichen Aufzeichnungen, die in den verschollenen Sprachen des alten Sumer, Assyrien, Babylonien und Persien verfaßt waren, wurden in Form von keilförmigen Zeichen in weiche Tontafeln gedrückt und dann gebrannt. (Für Geschäftsabwicklungen verwendeten die alten Babylonier adressierte Tonkuverts, gleichfalls gebrannt, die vom Adressaten aufgebrochen werden mußten.) Seit Generationen schon hatte man große Mengen dieser Keilschriftzeichen auf Ziegeln und Tafeln in Ruinen gefunden. Weil niemand wußte, wie sie zu lesen waren, behaupteten viele Forscher, die keilförmigen Zeichen seien lediglich eine Form von Ornamenten – und ignorierten damit einfach die Welt, die ihnen durch die ägyptischen Hieroglyphen erschlossen wurde.

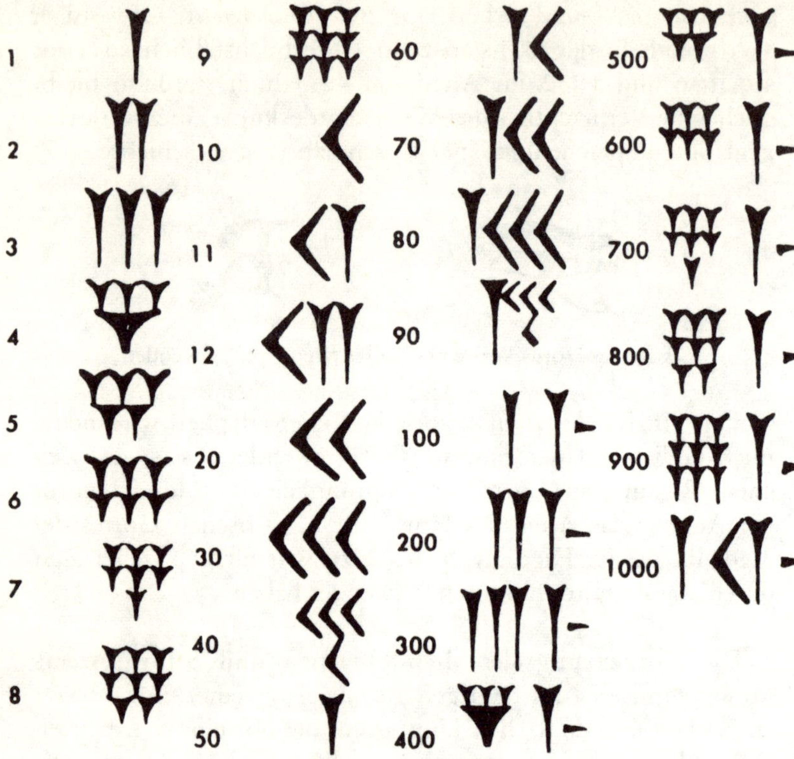

Keilschriftzahlensysteme

Da Mesopotamien im Laufe von 5.000 Jahren von so vielen Mächten besetzt und wiederbesetzt worden war, wußten die potentiellen Übersetzer nicht, in welcher Sprache die gefundenen Aufzeichnungen verfaßt waren, und vermochten daher nicht, sie mit irgendeiner noch lebenden Sprache zu vergleichen, so wie das Altägyptische mit dem Koptischen verglichen werden konnte.

Die Übersetzung dieser alten Schriften wurde durch das Verlangen der persischen Kaiser nach Selbstverherrlichung gefördert (eine Neigung der persischen Staatsoberhäupter, die bis heute nicht nachgelassen hat). Gewisse Kaiser hatten sich praktisch unzerstörbare Denkmäler mit Inschriften in vielen Sprachen ihres Kaiserreiches errichtet: Altpersisch, Babylonisch-Assyrisch, Elamitisch. Eine dieser mehrsprachigen Inschriften wurde in den Rand einer hundert Meter hohen Felswand in Behistun in Persien eingemeißelt, zu hoch, als daß irgend jemand sie hätte zerstören können – aber nicht zu hoch für Sir Henry Rawlinson, der sich in einem Bootsmannsstuhl vom oberen Rand der Felswand herabließ und Tausende von Inschriften abschrieb. (Das Abschreiben der babylonischen Fassung kostete ihn beinahe das Leben, weil er nur zur Inschrift gelangen konnte, indem er sich mit der Linken am Rand der Felswand festhielt und, über einem Abgrund von 70 Meter baumelnd, die komplizierten Keilschriftzeichen mit der Rechten abschrieb.)

Darstellung des Triumphs des Darius von Persien, eingemeißelt in die Felsen von Behistun

Als das Interesse an der Entzifferung der Schriften der Assyrer und Babylonier im frühen neunzehnten Jahrhundert die Wissenschaftlerkreise in ganz Europa erfaßte, sollte ein junger deutscher Linguist namens Georg Friedrich Grotefend eine wichtige Rolle spielen. Als Grotefend mit einigen Freunden in einer Frankfurter Bierstube über die assyrische Schrift diskutierte, ging er mit ihnen eine Wette ein, daß er das Rätsel der Übersetzung lösen werde. Die Grundlage seiner Forschung bildeten Reiberdrucke von Steindenkmälern in Persien, die, wie er später feststellte, in drei Sprachen geschrieben waren. Er isolierte am Anfang jeder Inschrift bestimmte Kombinationen, von denen er annahm, daß es die Namen des herrschenden Königs, seines Vaters und seines Großvaters waren. Grotefend kannte die griechischen Namen der persischen Könige, und mit Hilfe dieser Hypothese und seiner Kenntnis des gesprochenen Persisch konnte er nach Jahren harter Arbeit damit beginnen, das Babylonische, das Assyrische, das Altpersische und das Elamitische zu übersetzen. Ob Grotefend je seine Wette kassiert hat, wissen wir nicht, aber seine bemerkenswerten Forschungen und seine bemerkenswerte Ausdauer verdienen es, in einem Buch der Rekorde genannt zu werden.

Da eine Vielzahl von Sprachen in Keilschrift geschrieben war, wußten die Forscher anfänglich nicht, welche dieser Sprachen sie nun eigentlich übersetzten. Dieses Problem wurde durch die Entdeckung eines Depots von Tontafeln in der ehemaligen Palastbibliothek des assyrischen Königs Assurbanipal in den Ruinen von Ninive weitgehend gelöst. Durch einen erstaunlichen Glücksfall wurden zwei- und dreisprachige Wörterbücher gefunden, geradeso, als ob der literarisch gebildete König sie dort hinterlassen hätte, um zukünftigen Forschern bei der richtigen Einschätzung von Ruhm und Ehre seines Reiches behilflich zu sein.

George Smith, ein Experte für alte Sprachen im Britischen Museum, machte eine Entdeckung, die die viktorianische Welt erschütterte. Beim Übersetzen eines abgebrochenen Teils einer der Tontafeln aus Ninive merkte er plötzlich, daß er den Abschnitt einer Sintfluterzählung vor sich hatte, die *vor* der hebräischen Fassung geschrieben worden war und durch die Bruchstellen in der Tafel unterbrochen wurde. Seine Entdekkung verursachte derartiges Aufsehen, daß der *Daily Telegraph* ihn bei einer Expedition nach Mesopotamien unterstützte, wo er tatsächlich die fehlenden Teile in Ninive auffand. Die vollständige Sintfluterzählung war – außer den Namen der Gottheit und Noahs, der Utnapishtim hieß – fast das genaue Gegenstück zur biblischen Fassung. Aber Smiths Bemühungen zerrütteten seinen Geist und seine Gesundheit. Nachdem ihm eine besonders schwierige Originalübersetzung im Britischen Museum gelungen war, rief er aus: „Ich bin der erste, der diesen Text nach zweitausend Jahren der Vergessenheit liest!" Dann stieß er eine Reihe von unartikulierten Lauten aus und begann, sich in Gegenwart seiner verblüfften Kollegen seiner Kleidung zu entledigen. Er starb kurze Zeit später im Alter von 36 Jahren.

Einige der alten Sprachen gingen nie verloren. Obwohl das Griechische verschiedene Veränderungen mitgemacht hat, können die Griechen heute noch die alten Inschriften viel leichter lesen, als die Italiener oder andere Sprecher der romanischen Sprachen das Lateinische lesen können. Altgriechische Texte sind schwierig zu lesen, da es keine Zeichensetzung gab und die alte Schrift oft von links nach rechts verlief, dann umkehrte und von links nach rechts lief und auch in den folgenden Zeilen diese Bewegung beibehielt. Dieses System nennt man *boustrophedon,* „wie der Ochse pflügt", nämlich quer über das Feld und dann wieder zurück.

Das Lateinische hat durch seine Verwendung in der katholischen Kirche und in wissenschaftlichen und literarischen Kreisen fortbestanden. Im byzantinischen Kaiserreich verschwand es aus dem allgemeinen Gebrauch, als das Griechische seine Rolle übernahm. Die Griechen nennen sich in griechischer Sprache jedoch immer noch *Romiós,* „Römer", wobei sie zweifellos an das Oströmische Reich in Konstantinopel denken, das tausend Jahre länger bestand als Rom.

Die Aussprache des Lateinischen variiert in den nord- und südeuropäischen Sprachen leicht. Niemand weiß, wie die Römer das *c* aussprachen – ob als *s*, als *k* oder mit einem *tsch*-Laut. Dieses Ausspracheproblem könnte, zusammen mit anderen – z. B. ob *v* als *v* oder *w* ausgesprochen wurde –, geklärt werden, wenn wir die Zeit zurückdrehen und hören könnten, wie die Römer lateinisch sprachen, ein Traum, den jeder Lateinlehrer träumt.

Die Wiederbelebung des gesprochenen Hebräisch als einer einigenden Kraft in Israel ist ein außerordentliches Beispiel für die Macht der Sprache. Wie das Lateinische blieb das Hebräische viele Generationen hindurch als Sprache der Religion lebendig, und als es wiederaufgegriffen wurde, mußte eine Standardaussprache gefunden werden. Der Hauptunterschied lag zwischen der nord- und mitteleuropäischen – oder askenasischen – Aussprache und der sephardischen Aussprache, die von spanischen, portugiesischen, italienischen und anderen Sprechern des Hebräischen im Mittelmeerraum entwickelt worden war. Niemand kannte die ehemalige Aussprache. Man entschied sich für die sephardische Aussprache, vielleicht eine folgerichtige Wahl, da das Sephardische in einem Gebiet in der Nähe des ursprünglichen Klimas entstanden war, weit weg vom unwirtlichen Wetter des kalten Nordens.

Von einigen alten Sprachen sind Aufzeichnungen erhalten, die dazu verurteilt scheinen, ungelesen zu bleiben. Die Dschungelgebiete Südmexikos und Mittelamerikas sind voll von Maya-Inschriften. Man kennt etwa 2.500 verschiedene Zeichen, aber man weiß nicht, ob sie reine Hieroglyphen, Silben oder eine Kombination beider sind. Die Mayas hatten sogar gefalzte Bücher, die die spanischen Eroberer auf Drängen des Bischofs Landa von Yucatán verbrannten – bis auf vier oder fünf Exemplare, die sich nun im Vatikan und in anderen Museen befinden. (Zu spät begann sich Bischof Landa für die Maya-Schrift zu interessieren und rekonstruierte mit Hilfe

Beispiel für die Bildzeichen der Mayas

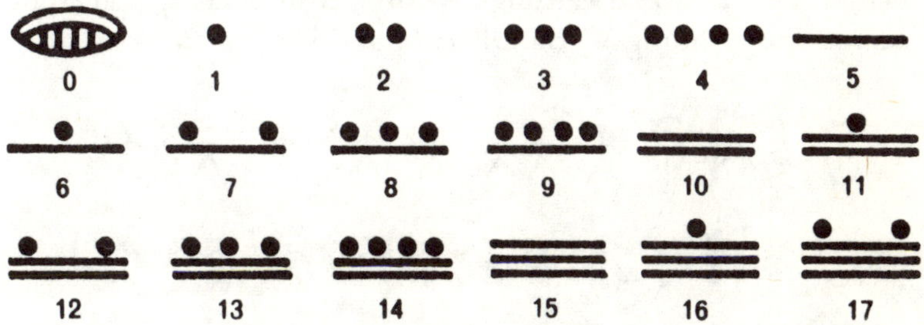

Beispiel für das Zahlensystem der Mayas

noch lebender Mayas ein Maya-„Alphabet“. Aber es stellte sich heraus, daß das Alphabet wegen irreführender Angaben von seiten der Mayas falsch war.)

Das Rätsel der Maya-Schrift bleibt weiterhin bis zu einem großen Teil ungelöst. Nur die Identifikation von Zahlen und Zeichen für Tage und Monate und – vor kurzem – einiger Herrschernamen ist gelungen. Russische Linguisten haben unter Anwendung von Computern umfangreiche Arbeiten über die verwendeten Techniken veröffentlicht, obwohl die Bedeutung der meisten Wörter ein Rätsel bleibt.

Mehrere Mittelmeersprachen sind nach wie vor „verschollen“. Das Etruskische, die Sprache des italienischen Kulturkreises, der vor den Römern bestand und von ihnen vernichtet wurde, ist bekannt durch Inschriften an Grabmälern und anderswo, aber bis zum heutigen Zeitpunkt gibt es keine gesprochene Sprache, mit der sie sich vergleichen ließe.

Zwei Schriftsysteme aus Kreta, Linear A und Linear B genannt, entzogen sich jahrhundertelang jeder Übersetzung. Man erhoffte sich durch die Entzifferung wichtige Informationen über die alte Seefahrerkultur Kretas. Als Michael Ventris schließlich nach dem Zweiten Weltkrieg Linear B tatsächlich entzifferte, beinhaltete das erste übersetzte Dokument Einzelheiten der Besitzverwaltung, Vermögensnachlässe, Lagerbestände und Zahlungen von Olivenöl und Parfum an Sklaven.

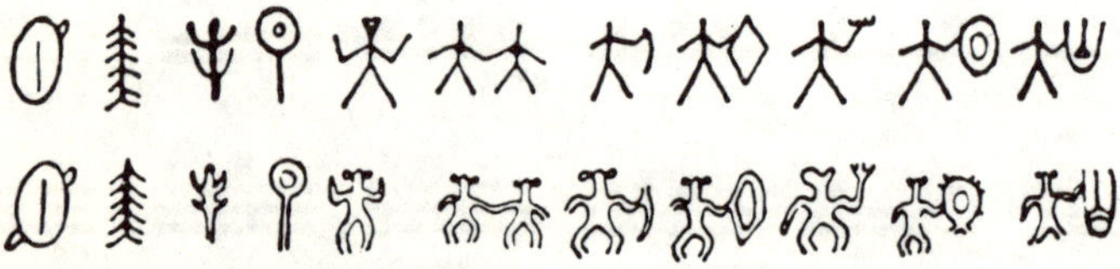

Vergleich von Inschriften aus den versunkenen Städten des Industals (oben) und von den Osterinseln (unten), Gebieten, die in einander entgegengesetzten Weltteilen liegen.

Ein Rätsel, nämlich eine verblüffende Ähnlichkeit zweier nicht entzifferbarer Schriftsysteme, wurde in einander entgegengesetzten Weltteilen aufgefunden, auf den Osterinseln im Südpazifik und in den ausgegrabenen Städten Harappa und Mohenjo-daro im Industal in Pakistan. Die Städte des Industals wurden vor Tausenden von Jahren verlassen. Man schätzt, daß sie einst von Hunderttausenden, wenn nicht Millionen Menschen bevölkert waren. Die Schriften der Städte des Industals wurden auf Siegeln gefunden, die Schriften der Osterinseln auf in Höhlen verwahrten Holzplatten. Da es keine lebenden Vertreter der Harappakultur mehr gibt und kein Bewohner der Osterinseln heute noch die alte Sprache sprechen oder lesen kann, gibt es keinen Schlüssel zu dieser ungewöhnlichen Schrift, und es sieht auch nicht so aus, als ob es in absehbarer Zeit einen geben wird. Manche der „Buchstaben" sind einander jedoch so ähnlich, daß es unmöglich scheint, daß ihre Ähnlichkeit zufällig ist, wie einige Linguisten behauptet haben.

19

Worthäufigkeit im Englischen und einige Überraschungen

Das Englische hat über eine Million Wörter, obwohl der durchschnittliche englisch Sprechende im täglichen Sprachgebrauch nicht mehr als 2.800 verwendet. Die Wortanzahl der King James-Fassung der Bibel beträgt nur 6.000, und Shakespeare schuf alle seine Werke mit 19.000 Wörtern in verschiedenen Kombinationen. Die umfangreiche Sonntagsausgabe der New York Times *verwendet mehr als beide, nämlich im Durchschnitt 25.000.*

Intelligente und belesene englisch Sprechende vermögen zwischen 25.000 und 30.000 Wörter zu gebrauchen und zu verstehen. Es gibt sogar noch wortgewandtere Menschen mit einem Gebrauchswortschatz bis zu 100.000 Wörtern – viermal so umfangreich wie der Wortschatz, den man zum Lesen der Sonntagsausgabe der *New York Times* benötigt.

In einer 1953 veröffentlichten Studie – *Verzeichnis allgemein gebräuchlicher englischer Wörter* – untersuchte Michael West die Häufigkeit bestimmter Wörter in Rede und Schrift, indem er eine Gesamtsumme von 5 Millionen in Gebrauch stehender Wörter auswählte und dann abzählte, wie oft jedes Wort verwendet wird. Dabei erzielte er einige unerwartete und interessante Ergebnisse. *And* („und“) stand an erster Stelle (106.064), gefolgt von Präpositionen und Adverbien wie *of* („von“) (100.511), *in* („in“) (48.337), *still* („noch“) (26.862), *for* („für“) (25.951), *as* („wie“) (23.646), *with* („mit“) (23.232) und *at* („in, bei“) (20. 264). Der unbestimmte Artikel *a* („ein, eine, ein“) wurde 8.972mal gezählt.

Die am häufigsten vorkommenden Verben waren *have* („haben“) (43.432), *shall/will* („sollen/wollen“) (23.466), *do* („tun“) (12.840), *can* („können“) (10.552). Wegen seiner vielen verschiedenen Formen wurde *be* („sein“) nicht mitgezählt. Die Negation *not* („nicht“) und seine Verkürzung „n't“ traten in einer Häufigkeit von 21.587 auf.

Vergleicht man die Worthäufigkeit in Gegensatzpaaren von Wests Studie, so gibt dies zu denken (obwohl irgendeine andere Sammlung von 5 Millionen in Verwendung stehender Wörter vielleicht ein etwas anderes Ergebnis erzielt hätte). *Peace* („Frieden“) (1.544) wurde weniger häufig verwendet als *war* („Krieg“) (2.468), und *battle* („Schlacht“) erzielte für sich allein eine beträchtlich hohe Anzahl (1.068). *Man* („Mann, Mensch“) kam auf 10.388 und ließ somit *woman* („Frau“) mit nur 1.562 weit hinter sich (aber diese Zählung wurde vor Beginn der Frauenrechtsbewegung durchgeführt). *Wife* („Ehefrau“) kam auf 866, *husband* („Ehemann“) auf 478 Zähler. *Widow* („Witwe“) kam auf eine Summe von 128, und *widower* („Witwer“) schien so selten auf, daß es nicht in Erwägung gezogen werden mußte. *Mother* („Mutter“) (1.619) kam viel öfter vor als *father* („Vater“) (224).

Auf privaterer Ebene stellten sich *I* („ich“) und *me* („mir, mich“) als bedeutsamer als *you* („du, dir, dich“) und die anderen Pronomina heraus.

I („ich“)	21.032
me („mir, mich“)	5.248
you („du, dir, dich“)	12.408
my, mine („mein, meine, mein, meins“)	7.253
your, yours („dein, deine, dein, deins“)	3.324
he („er“)	31.765
she („sie“)	4.092
it („es“)	35.512

Ist Geben seliger denn Nehmen? Wests Zählung der Verbhäufigkeit schließt auch folgende Verben ein:

give („geben“)	2.184
take („nehmen“)	7.008
receive („erhalten“)	1.600

In dieser Statistik hielten Wörter religiöser und philosophischer Herkunft wie *God* („Gott“) (8.112), *heaven* („Himmel“) (690), *soul* („Seele“) (740) nicht dem Vergleich mit den hohen Resultaten stand, die weltlichere Angelegenheiten wie *government* („Regierung“) (3.165), *money* („Geld“) (2.257), *business* („Geschäft“) (1.892), *politics* („Politik“) (1.096) und *dollar* („Dollar“) (1.074) erzielten.

Geographie, Sitten und Gebräuche sowie Ansichten bewegen jede Sprachgruppe dazu, bestimmten Wörtern und Ausdrücken den Vorzug zu geben. Zum Beispiel scheint das Wort für „Löwe“ in Suaheli *(simba)* und anderen Sprachen Ostafrikas mit einer weit höheren Häufigkeit auf als in den europäischen Sprachen.

Das Wort „Wein“ und die Namen verschiedener Weinsorten sowie Wörter, die bei der Zubereitung der köstlichen französischen Gerichte zur Anwendung kommen, weisen in Frankreich eine besonders hohe Häufigkeit in der gesprochenen Sprache auf. Diese Wörter werden auch in anderen Sprachen häufig auf französisch verwendet.

Im amerikanischen Englisch wird der Ausdruck „OK“ in der Bedeutung „ja“, „einverstanden“, „na gut“ oder „also gut“ verwendet. Da es unmöglich ist, ihn zu übersetzen, ist er in seiner ursprünglichen Form in andere Sprachen eingedrungen.

Das Spanische mit seiner Tradition des *macho*-Denkens

verwendet *¡Hombre!* („Mann!") als Ausruf – und zwar schon Generationen, bevor englischsprachige Hippies *Man!* („Mann!") als Füllwort für Gespräche übernahmen. Spanische Ausdrücke für die verschiedenen Phasen des Stierkampfs entziehen sich der Übersetzung. Nur ein Beispiel ist die deutsche Übersetzung von *matador,* „Stierstecher", das die geistige Haltung der *corrida* nicht wiederzugeben vermag. Das deutsche Wort „Stierkampf" ist nicht einmal wortgetreu, denn im Spanischen heißt es *corrida de toros,* „Stierlaufen".

Sprecher des Italienischen bevorzugen Ausdrücke, die mit Musik und Oper in Zusammenhang stehen, und ein Großteil der internationalen Fachsprache der Musik kommt aus dem Italienischen.

Ein besonderes italienisches Wort für „Guten Tag" oder „Auf Wiedersehen", nämlich *Ciao!,* ein Lieblingswort des internationalen Jet Set, kommt von einer Form des Wortes „Sklave": *schiavo,* „Ich bin dein Sklave".

Eine sehr häufige Verwendung findet im Russischen das Wort *nitschewo,* dessen Grundbedeutung „nichts" ist, das jedoch auch „Ist mir egal", „Mach dir keine Sorgen", „Das macht nichts" und „Was hat es für einen Zweck?" impliziert – eine Art Widerspiegelung des unbekümmerten Fatalismus der „russischen Seele".

In Kulturen mit Pferde- und Rinderzucht bezeichnen die Hirten oder Cowboys das wichtige Tier eher nach Rasse oder Farbe als mit einem undifferenzierten Wort für „Pferd" oder „Stier" – eine natürliche Entwicklung, die durch ständige Bezugnahme und die Notwendigkeit der Differenzierung gefördert wird. Wüstenaraber zum Beispiel verwenden eine Vielzahl von Wörtern für Pferde, nicht bloß ein allgemeines Wort „Pferd".

In der Eskimosprache gibt es kein Wort für „Metall", wohl aber Wörter für „Zinn", „Kupfer", „Stahl" und „Gold". Es gibt Wörter für einzelne Farben, aber keine Gattungsbezeichnung für „Farbe".

Die Eskimos haben auch kein eigenes Wort für ein anderes allgegenwärtiges Phänomen, den Schnee, obwohl sie über eine Reihe von Wörtern verfügen, die auszudrücken vermögen, was für eine Art von Schnee fällt oder während ihres langen Schlafes gefallen ist.

20

Einige ausdrucksstarke Tiernamen

Die Gewohnheit, ein für eine Kultur lebenswichtiges Tier mit Ausdrücken zu bezeichnen, die bestimmte Züge dieses Tieres charakterisieren, erreicht vielleicht ihren Höhepunkt bei Eskimogruppen, die kein spezielles Wort für „Walroß“ haben, sondern die Art des Walrosses, das sie soeben gesichtet, gejagt oder gefangen haben und zu essen beabsichtigen, folgendermaßen spezifizieren müssen:

nutara .... „Walroßbaby“
ipisaulik ..... „zweijähriges Walroß“
tugar .... „männliches oder weibliches Walroß mit Stoßzähnen“
timartik ...... „großes männliches Walroß“
aiverk .... „vereinzeltes Walroß“
naktivilik .... „ausgewachsenes Walroß“

In einer Anzahl von Sprachen sind Tiernamen beschreibende Wörter oder Wendungen, die andeuten, wie das Tier aussieht, welche Laute es ausstößt oder was es tut. Das Wort für „Bär“ bedeutet im Russischen oder Keltischen nichts anderes als „der Honigfresser“; das finnische Wort dafür heißt „Honigtatze“. In der Navajosprache wird das Wort für „Eichhörnchen“ mit der Wendung „es-hat-einen-buschigen-Schweif“ ausgedrückt, und in der Arapaho-Sprache ist das Wort für „Elefant“ „es-hat-eine-gebogene-Nase“.

Als chinesische Seefahrer erstmals ein Känguruh erblickten, übernahmen sie nicht die australische Benennung dafür, sondern bezeichneten es im Chinesischen so, wie es für sie aussah – „Taschenratte“ oder „große Ratte mit einer Tasche“. Die Yorumbas aus Westafrika, nicht an Zebras gewöhnt, nannten sie durchaus logisch „gestreifte Pferde“.

Interessant ist, daß Weiße das Zebra als weißes Tier mit schwarzen Streifen betrachten, wogegen die eingeborenen Afrikaner das Zebra als schwarzes Tier mit weißen Streifen ansehen.

Die indianischen Völker Nord- und Südamerikas waren über den Anblick des Pferdes, das von den frühen spanischen Eroberern mitgebracht wurde, überrascht. Die Azteken glaubten, es handle sich um einen Hirsch ohne Geweih. Die Sioux nannten es *shuñka wakãn,* „übernatürlicher Hund“, und die Cheyennen (die wie die Sioux später mit beträchtlichem Erfolg Pferde gegen die US-Kavallerie einsetzten) bezeichneten es als *mo-eheno'ha* – „domestizierter Elch“. Ein weiteres, für die Cheyennen neues Tier, das Schwein, ging in ihre Sprache als *eshkoseesehotame* – „spitznasiger Hund“ – ein.

Die Narragansett-Indianer hatten eine passende Bezeichnung für „Elch“. Sie nannten ihn „er frißt es (das Gras) kahl“.

Wegen seines menschenähnlichen Aussehens wurde der Orang-Utan des südasiatischen Dschungels oft für einen Wilden gehalten, der auf den Bäumen lebte. Im Malaiischen heißt *orang* „Mann“ und *utan* „Dschungel“; daher also „Dschungelmann“.

Beschreibende Namen scheinen nicht immer auf das betreffende Tier zu passen. Im Hawaiianischen wird ein bestimmter winziger, im Riff lebender Fisch *humohumokunokuapuaa* genannt, und ein Riesentiefseefisch ist unter dem Namen *o* bekannt.

Das südamerikanische Lama kam durch einen Irrtum zu seinem Namen. Als die spanischen Eroberer das seltsame Tier erblickten, fragten sie die Indianer: *¿Cómo se llama?* – „Wie heißt es?“ Die Indianer versuchten zu verstehen, was die Spanier sagten, und wiederholten immer wieder das Wort *llama.* Die Spanier nahmen schließlich ihre eigene Frage als Antwort und nannten das Tier, das sie bislang als „indianisches Schaf“ bezeichnet hatten, *llama* („Lama“).

Damit deutsch Sprechende im Hinblick auf den kuriosen Brauch der Bezeichnung von Tieren nach ihrem Aussehen keine Überlegenheit zu zeigen beginnen, sollten wir daran denken, daß viele deutsche Bezeichnungen für Tiere auf dieselbe Weise entstanden. Ein Beispiel ist „Nashorn“, ein anderes „Flußpferd“ oder „Nilpferd“. „Elefant“ kommt vom griechischen Wort für „Elfenbein“ *(elephas)* und nicht umgekehrt, da den Griechen das Elfenbein bekannt war, bevor ihnen Elefanten begegneten. Und „Dinosaurier“ ist eine Kombination aus dem griechischen *deinos* und dem lateinischen *saurus,* was soviel heißt wie „schreckliche Eidechse“. Und das war der Dinosaurier ja wohl auch.

21

Haben Tiere eine Sprache?

Seit zahllosen Generationen haben die Menschen dem Zwitschern der Vögel, dem Schnattern der Affen, dem Brüllen und Heulen der größeren Raubtiere, den verschiedenen Lauten der Haustiere zugehört und sich gefragt, ob diese Laute eine Form der Tiersprache seien. Im allgemeinen betrachten es die Zoologen als erwiesen, daß die Geräusche, die von Tieren gemacht werden, ein Verständigungsmittel sind, aber noch nicht eine Form artikulierter Rede, zumindest nicht, wie wir sie kennen.

Menschen aus verschiedenen Teilen der Erde haben mit Hilfe geschriebener Silben die Geräusche imitiert, die sie von Tieren vernehmen. Diese menschlichen Deutungen von Tierlauten unterscheiden sich von Sprache zu Sprache, obwohl die Tiere selbst auf der ganzen Welt dieselben Geräusche machen. Eine Wortliste von Hunde-, Katzen- und Vogellauten in acht Sprachen zeigt, daß Katzenlaute in den verschiedenen Sprachen gleich klingen, wogegen Vogel- und Hundelaute sich unterscheiden (zumindest sprachlich):

	HUND	**KATZE**	**VOGEL**
Deutsch	wau-wau	miau	piep-piep
Englisch	bow-wow	meow	chirp-chirp
Französisch	ouah-ouah	miaou	cui-cui
Italienisch	bau-bau	miao	chip-chip
Spanisch	jau-jau	miau	chíu-chíu
Russisch	gaf-gaf	myaou	tyu-tyu
Chinesisch	wu-wu	mao	tü-tü
Japanisch	wau-wau	n'yao	pi-pi

Werden Tierlaute gedruckt wiedergegeben, so ergeht sich der früh erwachende Hahn in Phrasen, die Kuh ist fügsam, das Schwein individualistisch.

	HAHN	KUH	SCHWEIN
Deutsch	kikeriki	muh	quiek-quiek
Englisch	cock-a-doodle-do	moo	oink-oink
Französisch	cocorico	meuh	groin-groin
Italienisch	chichirichi	muù	gru-gru
Spanisch	quiquiriquí	múu	tru-tru
Russisch	kukuriku	mu	kroo-kroo
Chinesisch	kong-shi	miu	oh-ee oh-ee
Japanisch	kokekoko	moh	bu-bu

Direkte menschliche Kommunikation mit Haustieren hat durch die Jahrhunderte hindurch üblicherweise die Form einer Reihe von verbalen Befehlen angenommen, die durch Peitschenknallen, Sporengeben und eine Vielfalt von Anspornungsmaßnahmen unterstrichen wird. Pferden zum Beispiel hat man beigebracht, auf folgende Befehle zu reagieren:

	LOS!	HALT!
Deutsch	Hü!	Brrr!
Englisch	Gee-up!	Whoa!
Französisch	Hue!	Oh! Oh!
Italienisch	Arri!	Fermo!
Spanisch	¡Arre!	¡So!
Russisch	T-t-t-t!	Tproo!
Ungarisch	Elöre!	Hoh!
Arabisch	Skee!	Khef!
Urdu	Chull beta!	Bus!

Seit langem schon werden Elefanten als diejenigen unter den größeren Tieren angesehen, die das beste Gedächtnis besitzen. Sie scheinen diese Behauptung zu rechtfertigen; in Indien zum Beispiel brachten ihnen ihre Treiber bei, auf mehr als hundert Worte und Wendungen einer einzigartigen „Elefantensprache" zu hören. Diese indischen Elefanten dienen als lebende

Transportmittel (der Treiber sitzt zwischen den Ohren des Tieres rittlings auf seinem Kopf), als Jagdsitze, Krane, Hebemaschinen, Lastwagen und sogar als Truppentransporter. Früher erfüllten sie die Funktion von waffenbestückten Panzern. Der Spezialwortschatz der Elefantentreiber wird nur bei Elefanten angewendet und ist von Generation zu Generation von ihnen weitergegeben worden. Er soll sich von einer alten indischen Sprache herleiten, die jetzt verschollen ist, aber in Verwendung stand, als man Elefanten erstmals abrichtete.

Zu viele Beispiele von Zusammenarbeit und gemeinschaftlichem Bemühen sind unter Tieren beobachtet worden – die Errichtung von Biberdämmen, Kaninchenbauen und die riesigen Gemeinschaftsnester der Weberfinken in Afrika, „Insektenbauten“ wie Ameisenhügel und Bienenstöcke und die Aktivitäten von Leittieren und Futterspähern –, als daß wir in Abrede stellen könnten, daß Tiere und Insekten eine Form der Kommunikation pflegen. Was diese nicht-menschlichen Wesen dafür einsetzen, ist vielleicht eine Kombination von Signalen, Instinkt und Telepathie. Beruht die Kommunikation auf einer Reihe von Signalen, die von Mitgliedern derselben Art verstanden werden, würde dies eine der Theorien über den Anfang des Spracherwerbs der Menschen bekräftigen. Es würde auch darauf hindeuten, daß bestimmte Tierarten – wenn sie die Verheerungen, die der Mensch anrichtet, überleben – schließlich lernen könnten, komplizierteren Ideen Ausdruck zu verleihen, die über ihr augenblickliches Repertoire (Alarm, Not, Furcht, Hunger, Schmerz, Angriff, Verteidigung des Territoriums und Brunftschreie) hinausgehen.

In der komplexen sozialen Organisation der Bienen mit ihrer Arbeitsteilung, die der Erhaltung der Königin und des Stockes dient, beruht eines der Kommunikationssysteme auf Bewegung oder einem informationsvermittelnden „Ballett“. Eine Arbeiterin kann durch einen „Tanz“ auf der Innenwand des Stockes den Standort einer neuen Futterquelle mitteilen, wobei ihre Tanzschritte sich an der Sonne orientieren und nicht nur die Richtung eines neuen Futterplatzes anzeigen, sondern sogar die Entfernung vom Stock.

Weder das Zusammentreiben und Melken von Blattläusen durch spezialisierte Ameisenteams zur Versorgung der Kolonie mit Nahrung (eine fast exakte Parallele zu den Melkkühen der Menschen) noch die Errichtung von Ameisen-Wolkenkratzern in Afrika und Australien könnte ohne irgendeine Form der Kommunikation, sei es durch Telepathie oder durch Signale, vonstatten gehen.

Wölfe jagen in Rudeln und senden auch Späher aus, um Beute aufzuspüren. Ein Wolf allein kann keinen Elch reißen, wohl aber ein Wolfsrudel. Wenn ein Elen, Elch oder Hirsch von einem Späherwolf ausfindig gemacht wird, holt sein Heulsignal, eine Art Jagdruf, Verstärkung herbei.

Manche Vögel der gleichen Art verstehen offenbar „fremde" Vogelrufe anderer Zugvogelgruppen. Einige amerikanische Krähenarten, zum Beispiel die Krähen aus Pennsylvania, können Alarmrufe französischer Krähen verstehen; aber Krähen aus Maine, die im allgemeinen nicht aus ihrem natürlichen Wohngebiet fortziehen, verstehen die „internationalen" Krähensignale entweder nicht oder kümmern sich nicht darum.

Manche Tiersprachenforscher glauben, echte Wortmuster aus der Tiersprache isoliert zu haben. Ein deutscher Forscher, Erich Bäumer, behauptet, mindestens 30 Wendungen in der Hühnersprache erkannt zu haben. Japanische Forscher der Schnattersprache der Affen sind gleichfalls auf eine Zahl von 30 gesprochenen Signalen oder Wendungen gekommen. Diese umfassen: „Da (Dort) gibt es was zu fressen", was ähnlich klingt wie *howiak,* und „Hauen wir lieber ab!" oder „Verschwinden wir!", was sich wie *kawa'ah* anhört.

Als der menschenähnliche Gorilla, bis vor ziemlich kurzer Zeit nur eine Legende, in den fünfziger und sechziger Jahren des neunzehnten Jahrhunderts zum ersten Mal gesichtet, beschrieben und zur Schau gestellt wurde (vom französischen Forscher und Zoologen Paul de Chaillu) und als seine Existenz von anderen Afrikaforschern bestätigt wurde, erwarteten viele, daß ein so menschenähnliches Geschöpf über eine einfache Sprache verfügen würde, die sich mit einer menschlichen vergleichen ließe. Ein französischer Forscher und Zoologe aus späterer Zeit, der über lange Jahre die großen afrikanischen Affen beobachtete, behauptete, im Pariser Zoo mit Gorillas sprechen zu können und sie über die Umstände ihrer Gefangennahme und die Bedingungen ihrer Gefangenschaft ausfragen zu können. Obwohl es schien, daß er mit Gorillas Gespräche führte und gorillaartige Geräusche von sich gab, gipfelten die von ihm erbrachten überzeugenden Beweise seiner Kenntnis der Gorillasprache – falls diese existierte – nie in einem Französisch-Gorilla-Wörterbuch.

Herodot, der griechische Historiker, der als Vater der Geschichte bezeichnet wird und dessen Schriften um das Jahr 450 v. Chr. verfaßt wurden, erwähnte, daß Paviane von ägyptischen Priestern dazu abgerichtet wurden, mit Besen die riesigen Tempel des alten Ägypten zu fegen. In neuerer Zeit haben Scharen von Pavianen afrikanische Dörfer angegriffen, indem sie Steine warfen und Stöcke als Waffen verwendeten. Bei diesen Angriffen ließ sich beobachten, daß gewisse größere Paviane in der Art von Offizieren und Unteroffizieren in Kampfsituationen die Anstrengungen der anderen anleiteten.

Affen wurden dazu abgerichtet, zwischen Futtermitteln und anderen Gegenständen, die auf Lochkarten abgebildet waren, zu unterscheiden, um zu ihrem Lieblingsfressen zu gelangen, eine Grundlage für sprachliche oder bildliche Verständigung mit Menschen. Auf anfängliche Erfolge mit Gorillas und Schimpansen, die auch fortgeschrittene Begriffe wie „gut“ und

„schlecht“, „ich mag“ und „ich mag nicht“ und bestimmte andere einfache Verben und Adjektiva umfaßten, folgte jedoch eine Zeitspanne, in der die Tiere zu lernen aufhörten oder sogar in ein früheres Stadium zurückfielen. Dieser stagnierende Punkt ist vielleicht auf das im Vergleich zum Menschen relativ kleine Gehirn zurückzuführen.

Das menschliche Gehirn ist seinem Gewicht nach (im Durchschnitt 1.600 cm^3) um etliches größer als das Gehirn der drei intelligentesten Affen, des Orang-Utans (500 cm^3), des Gorillas (600 cm^3) und des Schimpansen (660 cm^3). Unter den kleinen Tieren besitzen Ratten und Schweine eine höhere Intelligenz als Hunde und Katzen (annähernd gleich) und Pferde (relativ niedrig). Überraschenderweise sind die Menschen nicht ganz an der Spitze der Reihung. Das Gehirn des Schnabelfisches ist effektiv größer als das menschliche; beide Organe haben ein Durchschnittsgewicht von 1.600 cm^3, aber das Gehirn des Schnabelfisches hat doppelt so viele Gehirnwindungen (was soviel heißt wie größere potentielle Gehirnkapazität) und dreieinhalbmal so viele Gehirnzellen.

Manche Tiere arbeiten zusammen, um Mitgliedern ihrer Gruppe zu helfen oder sie zu schützen, eine Verstandestätigkeit, die auf Kommunikation schließen läßt. Elefanten in Gefahr bilden einen Ring um die Herdenjungen, wie der Kreis eines Pionierwagenzuges, der gegen Indianerüberfälle aufgestellt wird. Elefanten nehmen einen verwundeten Kameraden in ihre Mitte, um ihn in Sicherheit zu bringen. Schnabelfische stützen einen Verletzten mit ihrem Körper und halten ihn an der Meeresoberfläche, damit er atmen kann. Beim Verscheuchen drohender Haie handeln Schnabelfische gemeinschaftlich. Oft schon wurden Menschen von Schnabelfischen oder Delphinen vor dem Ertrinken und vor Angriffen von Haien gerettet, ein recht ungewöhnliches Bemühen um die Sicherheit des Menschen, wenn man bedenkt, daß Delphine seit langem ständig von den Menschen mit dem Netz gefangen und getötet werden.

Delphine scheinen sehr gerne mit den Menschen zu spielen. Die Art und Weise, wie sie manche Kunststücke erlernen, hat bewiesen, daß sie nicht nur über ein gutes Gedächtnis und über Intelligenz verfügen, sondern auch, daß sie sich untereinander entweder durch Geräusche oder durch Telepathie verständigen. Im Meeresaquarium von Miami lernten Delphine in einem der Bassins, schwimmende Würfel, Bälle und Dreiecke in einer von ihren Abrichtern bestimmten Abfolge zu erkennen und zu balancieren. Die Verständigung erfolgte durch Zeichen, die über ihren Bassins hochgehalten wurden. Als das Kunststück am nächsten Tag Delphinen in einem anderen, etwas entfernten Bassin beigebracht werden sollte, zeigte sich, daß sie es bereits kannten. Auf irgendeine Weise war es den abgerichteten Delphinen im ersten Bassin gelungen, den nicht abgerichteten Delphinen das Kunststück zu beschreiben und ihnen auch verständlich zu machen, daß sie für die richtige Darbietung mit Fischen belohnt werden würden.

Delphine sind darauf abgerichtet worden, Material und Ausrüstung unter Wasser zu befördern, eine Abrichtung, die es erlaubt, die Tiere in der U-Boot-Kriegführung einzusetzen und vielleicht explosive Unterwasserladungen zu Feindschiffen zu transportieren. Berühmte Unterwasserforscher, unter anderem Jacques Cousteau, Hans Hass und Jacques Mayol, haben versucht, die öffentliche Meinung gegen die Verwendung von Delphinen als unwissende Verbündete in der Marinekriegführung zu mobilisieren.

Delphine scheinen Sinn für Humor zu haben und versuchen häufig, ohne dazu gedrängt zu werden, die Sprache ihrer Abrichter nachzuahmen. In den sechziger Jahren des zwanzigsten Jahrhunderts leitete Dr. John Lilly einen Versuch, gegenseitige Kommunikation mit Delphinen herzustellen. Er stützte sich dabei auf die Annahme, daß die Hirngröße des Delphins und der Tonumfang, über den er verfügt, auf ein gewisses Sprachpotential hinweisen. Delphine können menschliche

Geräusche nachahmen und darüber hinaus eine Vielzahl von Geräuschen hervorbringen, die über den menschlichen Stimmumfang hinausgehen, wie zum Beispiel Bellen, Hupen, Quietschen und eine Reihe von blubbernden Geräuschen in verschiedenen Tonhöhen unter Wasser. Viele Experimente wurden durchgeführt, indem man Elektroden an das Gehirn eines gefangenen Delphins anschloß; verständlicherweise entlocken manche dieser Experimente den Tieren mißtönende und krächzende Geräusche.

Ende 1979 verschwand ein kleines Schiff, das Delphine zum Einsatz in der Marine abrichten sollte, spurlos im Bermuda-Dreieck. Auf ihm befanden sich sechs Delphine in Bassins und eine vierköpfige Besatzung. Abgesehen von den verschiedenen Gefahren, denen kleine Schiffe im Ozean ausgesetzt sind, besteht auch noch die faszinierende Möglichkeit einer Meuterei der Delphine – trotz des üblicherweise freundlichen Wesens dieser liebenswerten Meerestiere.

22

Undiplomatische Übersetzungen

Mit der fortschreitenden Modernisierung der afrikanischen Nationen neigen die afrikanischen Delegierten bei den Vereinten Nationen dazu, in ihren Verlautbarungen den Verzicht auf alte Stammesgewohnheiten zu unterstreichen. Ein französischsprechender afrikanischer Delegierter gab zum Beispiel folgende Erklärung ab: „Afrika errichtet den Göttern keine Altäre mehr" (L'Afrique n'érige plus des autels aux dieux). *Aber der Dolmetscher verstand das Wort* autels *als* hôtels *und die Wörter* aux dieux *als* odieux *und übersetzte den Satz des Delegierten mit „Afrika baut keine abscheulichen Hotels mehr"* (L'Afrique n'érige plus des hôtels odieux).

Bei den Vereinten Nationen wurde eine russische Spöttelei, nämlich daß „in den Vereinigten Staaten über 50 Millionen Menschen in Slums leben", in der Simultanübersetzung aus dem Russischen ins Englische mit den Worten wiedergegeben: „In den Vereinigten Staaten leben über 50 Millionen Menschen in Höhlen." Diese Bemerkung blieb unwidersprochen in einer Umgebung, die durchaus gewillt war, fast alles, was über Amerika erzählt wird, zu glauben.

Die Simultandolmetscher der Vereinten Nationen übersetzen dank eines ausgeklügelten Schaltsystems die Ansprachen der Delegierten mit derselben Geschwindigkeit, mit der die Delegierten normalerweise sprechen. Wird ein Wort, dessen richtiges Verständnis für die Debatte unerläßlich ist, falsch übersetzt, laufen die Diskussionsteilnehmer Gefahr, völlig aneinander vorbeizureden. Ein solcher Vorfall ereignete sich zur Zeit der Entkolonialisierung. Ein Vertreter des rasch kleiner werdenden Britischen Weltreiches las in der Versammlung einen Bericht über die Fortschritte der Aktivitäten in einem ehemaligen ostafrikanischen Treuhandgebiet, das von England verwaltet wurde, vor. Als er die Versuche der einheimischen Bevölkerung (früher „Eingeborene" genannt) schilderte, die Nashornkäferplage zu bekämpfen, verstand der russische Simultandolmetscher zwar das Wort „Nashorn" (russ. *nasarôg*), aber nicht das Wort „Käfer" *(zhook).* Der sowjetische Delegierte unterbrach daher die Rede mit der Frage, welche Ausrüstung die Eingeborenen gehabt hätten, um der Invasion durch unzählige Nashörner Widerstand zu leisten. Er bekam zur Antwort, daß man der einheimischen Bevölkerung Besen und Eimer mit Chemikalien ausgehändigt habe. Das schien dem sowjetischen Vertreter nicht nur eine unzureichende Bewaffnung zur Bekämpfung anstürmender Horden von Nashörnern zu sein, sondern auch Beweis dafür, daß die Kolonialstaaten nicht gewillt seien, an Afrikaner Gewehre zum Zwecke des Selbstschutzes vor wütenden Bestien zu verteilen. Der sowjetische Delegierte, der sich im Hinblick auf die Ökologie durchaus im Recht sah, stellte die nachdrückliche Frage: „Es gibt doch nur noch wenige Hundert Nashörner in Afrika; warum sollte man sie denn ausrotten?" Darauf entgegnete der britische Delegierte: „O nein! Es gibt *Millionen* davon. Jedes Frühjahr fliegen sie in großen Schwärmen aus dem Norden an und fressen die Baumrinde." Zu diesem Zeitpunkt war die Diskussion bereits so kompliziert geworden, daß die Sitzung vertagt werden mußte, bis das Wort für „Käfer" ausfindig gemacht und – zu guter Letzt – an „Nashorn" angefügt wurde.

In einer UNO-Diskussion über den *Organic Act,* der vor der Unabhängigkeit in Tanganjika eingeführt worden war, übersetzte die Englisch-Russisch-Dolmetscherin, die Tochter russischer Emigranten, die zwar fließend Russisch sprach, aber außerhalb Rußlands ausgebildet worden war, das Gesetz als *Organitscheski Akt* – zwar eine wörtlich richtige Übersetzung, aber ein Ausdruck, der im modernen Rußland auch „Geschlechtsverkehr" bedeutet. Vielleicht war sie sich aus einer gewissen Prüderie dieser allgemeingültigen Bedeutung nicht bewußt: Jedenfalls zog sie die ungeteilte Aufmerksamkeit ihres Publikums auf sich. Sie fuhr fort, sich auf russisch über Details, Modifikationen und Sachlage dieses *Organitscheski Akt* zu ergehen. Die davon gefesselten russischen Delegierten unterdrückten zunächst ihr Lachen mit Mühe, brachen dann aber in lautes Gelächter aus und winkten sogar den ukrainischen, weißrussischen, bulgarischen, polnischen, tschechoslowakischen und jugoslawischen Delegierten der slawischen Randzonen zu, die nacheinander in die allgemeine panslawische Fröhlichkeit einstimmten. Was dem Ganzen die Krone aufsetzte, war die Frage eines nicht Russisch sprechenden Delegierten an den englischen Delegierten: „Was halten die Eingeborenen vom *Organic Act?*" Die Antwort, die unter dem slawischen Teil des Hauses Lachstürme entfesselte, lautete: „Im allgemeinen nehmen sie eine passive Haltung dazu ein."

Der Versuch eines Dolmetschers, zu improvisieren oder eine vertraute Redensart oder ein Sprichwort in eine andere Sprache zu übertragen, kann gleichfalls zu einer Katastrophe führen. Beim Versuch, die Wendung „there ist more than one way to skin a cat" (deutsch: „Es gibt mehrere Möglichkeiten, einer Katze das Fell abzuziehen", was bedeutet, daß man das gleiche auf mehrere Arten tun kann) ins Spanische zu übersetzen, fühlte sich der Dolmetscher, von seiner Phantasie beflügelt, plötzlich dazu veranlaßt, die Grundbedeutung auf Stiere umzumünzen, die der männlichkeitsorientierten spanischen Seele viel mehr bedeuten als bloße Katzen. Von seiner eigenen Begeisterung hingerissen, erfand er ein seiner Meinung nach passendes Gegenstück in spanischer Sprache: „Es gibt mehr Möglichkeiten, einen Stier einzufangen, als ihn bei seinen Hörnern zu packen." Gleich darauf gaben ihm die Heiterkeitsausbrüche der spanischen Delegierten (höchst erstaunt darüber, daß es irgend jemandem in den Sinn kommen könnte, einen Stier bei seinen anderen auffallenden Merkmalen zu packen) zu verstehen, daß bei seinem Hinweis auf jenen Gipfel des spanischen Männlichkeitsdenkens, den so offenkundig wohlbestückten *toro,* etwas schiefgelaufen war.

Ein UNO-Vertreter aus Indien, der zwar fließend Englisch sprach, aber den eigenartigen Akzent der englischsprechenden Inder nicht verbergen konnte, übte Kritik an den Westmächten wegen der Frage der Entkolonialisierung. Er sagte: *The colonial powers remain unchanged, still holding in their hands their long-standing fallacies.* („Die Kolonialmächte haben sich nicht geändert; noch immer unterliegen sie ihren langgehegten Trugschlüssen.") In seiner Unbekümmertheit war er sich nicht bewußt, daß er *fallacies* („Trugschlüsse") in seiner indischen Dialektaussprache als *phalluses* („Phallen") wiedergegeben hatte, und verstand daher den Lachsturm und das Gemurmel der englischsprachigen Delegationen nicht. Bald drang dieses Glanzstück falscher Aussprache zu den anderen Delegationen durch und verwandelte eine schläfrige Nachmittagssitzung der Vollversammlung in ein heiteres, von allen drei Welten genossenes Zwischenspiel.

Gelegentlich aber kann sich nicht nur ein falsch ausgesprochenes oder übersetztes Wort, sondern auch ein unzulänglich übersetztes Sprichwort als Quelle eines Mißverständnisses erweisen und fast einen diplomatischen Zwischenfall hervorrufen. Bei einem Besuch der Vereinigten Staaten und der Vereinten Nationen war Chruschtschow mit David Susskind im Fernsehen zu sehen. Während eines Interviews sagte Susskind, daß Chruschtschow „an die falsche Adresse geraten" sei *(barking up the wrong tree).* Chruschtschows Übersetzer suchte nach einer russischen Übersetzung dieses Idioms und sagte zu Chruschtschow, daß Susskind gesagt habe, er „belle wie ein Hund" *(baying like a hound),* eine Übersetzung, die umständlicher Erklärung bedurfte, damit der sowjetische Regierungschef seine Fassung wiedererlangt hatte. Es existiert jedoch sehr wohl eine entsprechende Redensart im Russischen, die mit dem *trepak,* einem munteren ukrainischen Tanz, zusammenhängt: „Vetter, du hast den Trepak mit dem falschen Fuß begonnen."

Seit Jahrtausenden schon werden Dolmetscher eingesetzt, und es ist bekannt, daß sie häufig absichtlich verändern, was sie übersetzen, wenn es ihnen zweckdienlich erscheint. Der Leiter einer diplomatischen Mission aus einem der Schweizer Kantone, die an den Hof von Ludwig XIV. gesandt worden war, beherrschte hinreichend Französisch, um zu bemerken, daß das, was er auf deutsch zum französischen Monarchen sagte, sich in der Übersetzung als allzu liebedienerische und ungeniert schmeichelnde Lobrede anhörte. Nach seiner Rede rügte er den Dolmetscher und sagte: „Hören Sie, ich verstehe Französisch, und Sie haben nicht übersetzt, was ich gesagt habe." „Das ist richtig, Monseigneur", gab der Dolmetscher gelassen zu. „Aber ich habe in der Tat übersetzt, was Sie hätten sagen *sollen.*"

Das Schreckgespenst des Übersetzers – eine Maschine, die das gesprochene Wort automatisch übersetzt und damit menschliche Übersetzer überflüssig macht – ist noch weit davon entfernt, Wirklichkeit zu werden. Eine Maschine dieser Art müßte gleichzeitig das Gedächtnis durchforschen, überlegen, eine Auswahl treffen und urteilen, welche unter einer Anzahl von Bedeutungen, die es bei fast jedem Wort einer „fremden" Sprache gibt, die richtige und passendste ist, und dann dieselbe Entscheidung für die Muttersprache fällen. Wenn eine solche Maschine zu verwirklichen wäre, wären alsbald die schweren, metallisch klirrenden Schritte denkender und logisch überlegender Roboter in den langen Korridoren des UNO-Gebäudes zu vernehmen.

23

Geographische Namen und was in ihnen steckt

Die Namen einiger Länder der Neuen Welt stammen aus den Sprachen der indianischen Urbevölkerung Amerikas.

LAND	SPRACHE; HERKUNFT ODER URSPRÜNGLICHE BEDEUTUNG
Mexiko	Aztekisch; vom Kriegsgott *Mextli*
Guatemala	Maya-Sprache; *Quauhtemalán,* „Ort der hölzernen Säulen"
Nicaragua	von *Nicarao,* dem Namen eines Indianerhäuptlings zur Zeit der spanischen Eroberung
Haiti	Karibisch; *Ahti,* „Berg"
Cuba	Karibisch; *Cubagua,* „Ort, an dem Gold gefunden wird"
Panama	Sprache der Cuná; „Fischreichtum"
Jamaika	Karibisch; *chymaka,* „gutbewässert"
Peru	Ketschna; Name eines Küstenflusses
Chile	Araukanisch; „Ende des Landes"
Uruguay	Guaraní; „Fluß des bunten Vogels"
Paraguay	Guaraní; „Fluß, der das Meer bildet"
Bahama(s)	Karibisch; „seichtes Riff"

Die Halbinsel Yucatán in Mexiko verdankt ihren Namen einem Mißverständnis. Als die Spanier auf Yucatán landeten, fragten sie die Mayas abwechselnd auf spanisch und lateinisch, wie das Land denn heiße. Da die Eingeborenen die Frage der Eindringlinge nicht verstanden, erkundigten sie sich in ihrer Sprache: „Was habt ihr gesagt?" In den Ohren der Spanier klang dieser Satz wie „Yucatán", und so glaubten sie, das sei der Name des Landes. (Ungefähr dasselbe ereignete sich seltsamerweise in Alaska: Auf die Frage nach dem Namen der Gegend antworteten die Eskimos *ka-no-me* – „ich weiß nicht". Aus der Verkürzung dieser Phrase wurde die Bezeichnung Kap Nome.)

Spanische und portugiesische Ortsnamen in der Neuen Welt gründen sich oft auf religiöse Begriffe und Gestalten, oder sind Ausdruck der Erwartungen, die die Europäer in die entdeckten Gebiete setzten, bzw. der Beobachtungen, die sie dort machten:

LAND	**BEDEUTUNG**
Argentinien	Der Name *La República Argentina* (wörtlich „die silberne Republik") leitet sich vom spanischen Adjektiv für „silbern" her. Das spanische Substantiv für „Silber" – *la plata* – hat dem großen Fluß, der an Buenos Aires („Gute Lüfte") vorüberfließt, seinen Namen gegeben: *Rio de la Plata,* „der Silberstrom".
Barbados	von *barbudos* („bärtig"), da die Bäume dieser Insel mit Kletterpflanzen bewachsen sind, die wie Bärte herabhängen
Bermuda	nach dem Familiennamen von Juan Bermúdez, einem spanischen Kolonisten, der eigentlich ein anderes Ziel anstrebte, im „Bermuda-Dreieck" aber Schiffbruch erlitt und mit einer Schiffsladung von Schweinen auf eine Insel gespült wurde
Bolivien	nach Simón Bolívar, dem Helden des Aufstands gegen Spanien im 19. Jahrhundert
Kolumbien	zu Ehren von Kolumbus
Costa Rica	„reiche Küste"
Curaçao	portugiesisch „Herz" – in der Bedeutung „Heiliges Herz"
Ecuador	nach dem Äquator, der durch das Land geht
El Salvador	„der Erlöser"
Honduras	von *las honduras,* „die Tiefen"

Patagonien	*Patagón,* „großer Fuß“. Die ersten spanischen Entdecker jener Landschaft, die heute zu Argentinien gehört, bemerkten große Spuren im Schnee und schlossen daraus, daß die Bewohner, die sie noch nicht zu Gesicht bekommen hatten, abnormal große Füße haben müßten. Doch die Spuren kamen von primitiven Schneeschuhen, die die eingeborenen Patagonier trugen.
Puerto Rico	„reicher Hafen“
Santo Domingo	heiliger Dominikus
Trinidad	Dreieinigkeit
Venezuela	„Klein-Venedig“, die Kanäle, an denen die Indianer lebten, erinnerten die spanischen Entdecker an Venedig

In Liedern und Deklarationen sind die Vereinigten Staaten oft *Columbia* genannt worden, und im Grunde ist es ja auch wirklich unfair, daß die beiden Kontinente, die eigentlich Nord- und Süd-Columbia heißen sollten, nach dem Vornamen des italienischen Geographen Amerigo Vespucci „Amerika“ genannt wurden.

Obwohl sich die Bezeichnung „Amerikaner“ in vielen Sprachen (mit unterschiedlicher Schreibung) auf einen Einwohner der Vereinigten Staaten bezieht, wird sie auch, vor allem in Spanien, ganz allgemein für jeden beliebigen Bewohner der Neuen Welt benutzt. Die Bezeichnung *United States* für die Vereinigten Staaten von Amerika stellt im Spanischen ebenfalls ein gewisses Problem dar, da es in der spanischsprachigen Welt auch andere Vereinigte Staaten gibt, im besonderen die Vereinigten Staaten von Mexiko, Brasilien und Venezuela. Um Irrtümer auszuschließen, werden die USA in Spanien daher oft als die „Vereinigten Staaten des Nordens“ bezeichnet – *Los Estados Unidos del Norte* –, und ein Bewohner der USA ist ein *estadounidense* (ein „USler“) oder ein *norteamericano* (ein „Nordamerikaner“).

Die meisten europäischen Staaten sind nach den Volksstämmen benannt, die sie ursprünglich bewohnt oder später erobert haben. Viele afrikanische oder asiatische Länder tragen Namen, die die Gegend oder die Bewohner charakterisieren. (Der Name Afrika selbst kommt von dem lateinischen Wort *apricus,* „sonnig".)

LAND	**BEDEUTUNG**
Aden	(Garten von) „Eden"
Kamerun	Portugiesisch: *camarão,* „Garnele"
Äthiopien	Griechisch: *aithiops,* „brennendes Gesicht"
Kongo	*kong,* „Berg"
Zypern	Griechisch: *Kýpros,* benannt nach dem griechischen Wort für „Kupfer", *kýprion* (Zypern war in der Antike ein wichtiger Kupferlieferant)
Hongkong	„wohl- oder übelriechende Ströme", je nachdem, wie man das Zeichen für „Geruch" übersetzt
Indien	nach dem Fluß Indus; in Hindi heißt das Land *Bharat*
Iran	Altpersisch: *ariyan,* „edel, vornehm", vom selben Stamm wie das deutsche Wort „Arier", das allen Beobachtern der modernen Geschichte bekannt ist. Die Verwandtschaft beruht auf der gemeinsamen Zugehörigkeit des Altpersischen und des Deutschen zum Indogermanischen Sprachstamm, den man in Frankreich und in den angelsächsischen Ländern auch als Indoeuropäischen Sprachstamm bezeichnet. Auch Erin, der dichterische Name für Irland, leitet sich von dem Wort *ariyan* her.
Israel	„Der mit Gott rang" („Streiter Gottes"); oder: „Gott möge sich als Herrscher erweisen"
Japan	Chinesisch: *ji-pen,* „Sonnenursprung", da für die alten Chinesen die Sonne über Japan aufging. Auf japanisch heißt „Sonnenursprung" *ni-hon,* oft als Nippon wiedergegeben.

Jordanien	„das Herabströmen“ (von Flüssen)
Kenia	*Kilinya,* „Weißer Berg“
Republik Malagasy (Madagaskar)	„Mondinsel“
Malaya	*melayu,* „die Geflohenen“ oder „die Fliehenden“
Marokko	*maghrib,* „der Westen“
Singapur	„Löwenstadt“ (von den vielen Statuen des britischen Löwen)
Somalia	„Land der Gastfreundschaft“
Sudan	„Land der Schwarzen“
Taiwan (Formosa)	„Terrassenbucht“ (Portugiesisch: „die Wunderschöne“)
Tanganjika (jetzt Tansania)	„Land der vielen Stämme“
Thai(land)	„frei“
Togo	„das andere Ufer des Sees“
Vietnam	„der ferne Süden“; der ältere Name, Annam, bedeutete „der friedliche Süden“, ein wohl nicht ganz zutreffender Name
Volta	Portugiesisch: „Wende“, von einer großen Biegung des Flusses Niger

Der Name Pakistan ist ein Akronym, dessen Buchstaben für die einzelnen Gebiete stehen, aus denen die Republik Pakistan sich zusammensetzt: *P* für Pandschab, *A* für das afghanische Stammesgebiet an der Westgrenze, *K* für Kaschmir, *S* für Sind und die Endsilbe *-tan* für Belutschistan. Zufällig bedeutet das persische Wort *pak* „rein“ und auch „heilig“, und *stan* heißt in der Urdu-Sprache „Land“, so daß der Name Pakistan außerdem noch die Bedeutung „Land der Reinen“ oder „Land der Heiligen“ hat.

Ein bemerkenswertes Beispiel dafür, daß Entdecker oder Seefahrer, die optische oder akustische Eindrücke falsch deuteten, einem Land einen unzutreffenden Namen gegeben haben, ist das afrikanische Land Sierra Leone. Es verdankt seinen Namen portugiesischen Seefahrern, die entlang der westafrikanischen Küste eine hohe Bergkette zu sehen glaubten und in den Bergen das Brüllen von Löwen zu hören vermeinten. Aber das „Gebrüll" war nichts anderes als das Rauschen der Brandung, und das vermeintliche Gebirge erwies sich als eine Anhäufung von Kumuluswolken, die wie hohe, in den Himmel ragende Klippen aussahen. Trotz all dieser Irrtümer heißt dieser Teil der afrikanischen Küste ebenso wie das heute unabhängige Land immer noch Sierra Leone – „Gebirgskette der Löwen".

Guinea (französisch: *Guinée*) und Guinea-Bissau sind Nachbarstaaten an der afrikanischen Westküste, die früher Guinea-Küste hieß. Eine Erklärung für diesen Namen (dessen Ursprung unsicher ist) besagt, daß weiße Seefahrer, die sich nach dem Namen der Küste erkundigten und ihre Fragen zur Überbrückung der Sprachschranke durch weitausholende Gesten unterstrichen, von den Eingeborenenstämmen mißverstanden wurden, die glaubten, die Fremden würden auf eine Gruppe von Frauen zeigen, die in der Nähe standen. Also antworteten sie mehrmals mit dem Wort für „Frau", das in der Sussu-Sprache *guiné* heißt. Auf Grund dieses Mißverständnisses nannten die Entdecker die Stelle, wo sie gelandet waren, Guiné. Die Bezeichnung wurde im Lauf der Zeit auf die ganze westafrikanische Küste ausgedehnt, die so unter diesem Namen in Europa bekannt wurde.

Wie immer es auch zu der Bezeichnung Guinea gekommen sein mag, es wurde jedenfalls in die englische Sprache übernommen. Das „Perlhuhn" beispielsweise heißt *guinea hen,* das „Meerschweinchen" (im weiteren Sinn auch das „Versuchskaninchen") *guinea pig,* das Gold von der Guinea-Küste aus den alten Tagen des Handels mit Afrika hieß *guinea gold,* eine alte britische Goldmünze im Wert von 21 britischen Shillingen heißt *Guinea,* und daneben ist das Wort sogar zu einem Schimpfnamen für Italiener oder Personen italienischer Abstammung geworden. (Letzteres Beispiel sei hier nur als linguistische Nebenbemerkung angefügt. Von der Anwendung dieses Ausdrucks ist dringend abzuraten, da sie sich für die Gesundheit des potentiellen Anwenders als sehr abträglich erweisen könnte.) Auch einige neuen Länder – wie zum Beispiel Neu-Guinea – wurden mit diesem Wort benannt.

Auf einem Mißverständnis beruht auch der Name China. Die Römer der Antike, die für ihre Frauen solche Mengen an Seide aus China kauften, daß auf dem Forum Romanum bereits Reden gegen diese Auslandsimporte gehalten wurden, kannten China selbst gar nicht. Gelegentlich aber trafen sie in Persien auf chinesische Händler und fragten sie, aus welchem Land sie kämen. Die Chinesen, anstatt zu antworten *Chung-kuo* („Reich oder Land der Mitte“), zogen es aus diplomatischen Gründen vor, den Namen der mächtigen Herrscherdynastie jener Zeit – der Dynastie der *Ch'in* – zu nennen. Die Römer latinisierten den Namen dieses geheimnisvollen Landes der *Ch'in,* der leichteren Aussprache halber, zu *Sina.*

Das lateinische Wort *Sina* ist zwar nicht als Bezeichnung für das Land, wohl aber in einigen anderen Ausdrücken erhalten geblieben, von denen zwei auch als Fremdwörter im Deutschen existieren: Sinologie (wissenschaftliche Erforschung der chinesischen Sprache und Literatur) und Sinologe (der Wissenschaftler, der sich damit befaßt). Im Englischen gibt es daneben noch die Ausdrücke *Sinitic* (alle chinesischen Sprachen und Dialekte umfassend) und *sinophile* (chinesenfreundlich). Das Wort China aber hat in seinen verschiedenen internationalen Varianten die relativ kurzlebige (221–207 v. Chr.) Ch'in-Dynastie unsterblich gemacht.

Auf russisch heißt China *Khitai* (englisch *Cathay*), ein Name, in dem eine andere Dynastie – die der Khitan (900 bis 1100 n. Chr.) – fortlebt, mit der die Russen häufigen, meist kriegerischen Kontakt hatten.

Die Chinesen selbst nennen sich gern nach der großen Han-Dynastie, die von 202 v. Chr. bis 220 n. Chr. herrschte. Selbst im kommunistischen China werden bei Aufzählungen der verschiedenen Volksgruppen (z. B. Mongolen, Tibetaner, Uiguren, Lolo und so weiter) die Chinesen als Angehörige des Han-Volkes bezeichnet. Die Südchinesen allerdings – zum Beispiel die Kantonesen – erinnern sich mit noch größerem Stolz der T'ang-Dynastie (618–906), unter der die chinesische bildende Kunst und Literatur ihren Höhepunkt erreichte. Die meisten *Chinatowns,* die chinesischen Viertel in den Vereinigten Staaten und in Kanada, werden von Südchinesen bewohnt, die *Chinatown* in ihrer eigenen Sprache *T'ang yen fao* nennen – „(die) Stadt des T'ang-Volkes".

Die kanadische Provinz Manitoba ist nach Manitu benannt, dem „Großen Geist" der Algonkin-Indianer, mit anderen Worten – Gott.

Unter den amerikanischen Ortsnamen gibt es eine ganze Reihe, die indianischer Herkunft sind, wie z. B.:

Chicago	„Ort der Stinkenden Zehrwurz"
Manhattan	„Ort der großen Trunkenheit" oder „der Ort, wo wir alle betrunken waren"
Mississippi	„sehr großer Fluß"
Missouri	„Kanu-Fluß"
Oklahoma	„Roter Mann"
Omaha	„stromaufwärts (lebendes) Volk"
Wyoming	„auf einer großen Ebene"

Die Grand Teton-Berge in Wyoming heißen so, weil die französischen Entdecker fanden, daß sie wie große Brüste *(grands tetons)* aussehen.

New Jersey, die Insel Jersey, die Jersey-Rinder und eine bestimmte Art von Sporttrikot, ebenfalls „Jersey" genannt, setzen alle dem Familiennamen des Gaius Julius Caesar ein

Denkmal. Jersey leitet sich von Caesarea her – dem Namen, der einigen römischen Städten zu Ehren des ersten Caesar verliehen worden war.

Viele Staaten und Städte im Süden und Westen der Vereinigten Staaten haben Namen spanischer Herkunft, deren Bedeutung manchen Bewohnern nicht bekannt ist.

NAME	**BEDEUTUNG**
Amarillo	„gelb"
Arizona	„Dürrezone"
Boca Raton	„Mäusemaul"
Colorado	„rot"
El Paso	„der Paß"
Florida	„blumig"
Montana	„Berg"
Nevada	„Schneefall"
Palo Alto	„Hoher Pfahl"
Palomar	„Taubenschlag"
Pasadena	„Bummelplatz"
Reno	„Rentier"
California	Name der Amazonenkönigin, den die *conquistadores* dem Land an der Westküste Amerikas gaben, als sie hörten, daß es in der Nähe des heutigen Los Angeles weibliche Indianerkrieger gäbe.

Wladiwostok, der Name des russisch-sibirischen Hafens am Pazifik bedeutet „Beherrsche den Osten".

Kairo – aus arabisch *Masr el Kahira* – „siegreiche Hauptstadt".

Bangkok bedeutet in der Thai-Sprache „Stadt der wilden Obstbäume".

Wer die Stadt Los Angeles („Die Engel") der Kürze halber einfach LA nennt, folgt einer alten Lokaltradition. Der Name

Los Angeles ist bereits eine ziemlich stark gekürzte Form des ursprünglichen Namens *El Pueblo de Nuestra Señora la Reina de los Angeles de Porciúncula* – „Die Stadt unserer Lieben Frau, der Königin der Engel von Porciuncula".

Der Name Jerusalem läßt sich auf mindestens zwei Arten übersetzen: die aramäische Bezeichnung *Uru Shalim* heißt „Stadt des Friedens", der altgriechische Name *Hierosolyma* bedeutet „Heilige Festung". Nachstehend noch die Namen einiger anderer Orte in Israel und ihre Bedeutung:

Negev	„Süden"
Petah Tikwa	„Offenes Tor der Hoffnung"
Rehoboth	„Pfade" oder „Straßen"
Tel Aviv	„Frühlingshügel"
Beersheba	„Siebenbrunn" oder „Ort des Schwures"

Nach der Sage wurde die Stadt Rom von den Zwillingsbrüdern Romulus und Remus gegründet. Nach einem Kampf zwischen den beiden, in dem Remus getötet wurde, beschloß der von Gewissensbissen geplagte Romulus, die Stadt nach seinem Bruder zu nennen, wobei er allerdings dessen Namen

La Lupa Romana (die römische Wölfin), die legendäre Nährmutter der Begründer Roms

ein wenig veränderte und die zweisilbige Form „Roma" wählte. Daß in dem Namen Roma auch deutlich der Name des Romulus mitklingt, legt freilich die Frage nahe, ob dessen Gewissensbisse wirklich so groß gewesen sind.

Die Kanarischen Inseln im Atlantik sind nicht nach den Kanarienvögeln benannt, sondern heißen „Hundeinseln" (von lateinisch *canis,* „Hund"). Als die ersten Spanier und Portugiesen Ende des vierzehnten Jahrhunderts auf den Inseln eintrafen, sahen sie dort viele Hunde und weißhäutige Eingeborene geheimnisvoller Herkunft, deren Sprache sie nicht verstanden. – Kanarienvögel aber sahen sie keine.

Eine der schönsten Städte der Welt wurde ursprünglich als „Sumpf" abgestempelt. In römischer Zeit trug Paris den Namen Lutetia Parisiorum – „Sumpfebene der Parisier". Zum Glück für den späteren Ruf von Paris wurde der Hinweis auf den „Sumpf" nach der Eroberung durch die Römer fallengelassen, und es blieb nur noch der Name des Volksstammes der Parisier übrig. Im Französischen aber werden die Namen Lutetia und Lutèce immer noch als poetische Bezeichnungen für Paris gebraucht. Zahlreiche Hotels und Restaurants in Frankreich und auf der ganzen Welt tragen den einen oder anderen dieser beiden archaischen Namen.

Die Namen mancher Residenzen oder Regierungssitze von Königen, Präsidenten oder sonstigen politischen Machthabern haben recht interessante Bedeutungen, die einem erst bewußt werden, wenn man sie übersetzt oder ihrem Ursprung nachforscht:

Argentinien:	*La Casa Rosada*	„das rosa Haus"
Italien:	*Il Quirinale*	in römischer Zeit: „Haus des Kriegsgottes"
China:	*Tien An Men*	„Tor zum Himmelsfrieden"
UdSSR:	*Kreml*	„Festung"

Frankreich:	*L'Elysée*	von den griechischen „Elysischen Gefilden", dem Ort der Seligen im Jenseits
Philippinen:	*Malacañan*	„Wohnsitz des Herrschers"
Spanien:	*La Zarzuela*	„Musikalische Komödie" – derzeit die Residenz des Königs, aber nicht der Palast

24

Personennamen und was in ihnen steckt

In den europäischen Sprachen stammt der Großteil der Vornamen aus der Bibel. Der weitaus beliebteste aller Vornamen leitet sich von dem hebräischen Namen Yōhānān *– „Gott ist gnädig" – her. Er tritt uns in den verschiedenen Sprachen in vielerlei Gestalt entgegen: Giovanni, Hans, Ian, Ioan, Ivan, Jean, João, Johann, Johannes, John, Juan, Sean, Yahya, Yan, Yannis, und die weiblichen Varianten Hanna, Janet, Jean, Jeanne, Joan, Joanna, Johanna, Juana. Derselbe Name ist vielleicht auch der zweithäufigste Familienname, dem wir in Formen wie Giannini, Ivanov, Janowski, Jantzen, Jenkins, Jennings, Jensen, Johannes, Johnson, Jones, Shane und Valjean begegnen.*

Der häufigste Familienname in den europäischen Sprachen ist der Name „Schmied" in allen seinen Variationen. Wie so viele andere Familiennamen (z. B. Bäcker, Bauer, Müller, Schäfer, Schneider, Schuster etc.) leitet auch er sich von einem Beruf her. All die nachstehend angeführten Namen haben in der jeweiligen Sprache die Bedeutung „Schmied":

Le Fèvre, La Farge, La Forge, Fernand	Französisch
Ferrari, Fabbri, Fabroni, Ferraio	Italienisch
Herrera, Herrero, Hernández, Fernández	Spanisch
Ferreiro, Ferreira	Portugiesisch
Schmidt, Schmi(e)d etc.	Deutsch
Smed	Schwedisch
Kusnezow	Russisch
Kováč	Tschechisch
Kovács	Ungarisch
Kowak, Kowalski	Polnisch

Kovac	Bulgarisch
Haddad	Libanesisch und syrisches Arabisch
Magoon	Irisch

Maria, einer der beliebtesten weiblichen Vornamen, bedeutet „die Widerspenstige", „die Bittere" (hebräisch *Mirjam*).

Eine historische spanische Bezeichnung für ein Mitglied des niederen Adels – *Hidalgo* – ist eine Kontraktion der Worte *hijo de algo*, „jemandes Sohn".

Bauern trugen Jahrhunderte hindurch nur Vornamen. Manche fügten zum Zweck der Unterscheidung Angaben über ihre Tätigkeit oder die Gegend, in der sie lebten, hinzu, wie zum Beispiel „von der Brücke" oder „aus London". (Die Eiche, verschiedene Nadelbäume, der Fluß, die Kirche, der Berg – all das sind nähere Bestimmungen dieser Art, die heute in Familiennamen enthalten sind.) Eine andere Methode der Identifizierung war die Ableitung des Familiennamens vom Vornamen des Vaters, z. B. „John, Sohn des Peter" – John Peterson. Zu solchen patronymischen Formen gehören beispielsweise:

Russisch	Ivan*ov*
Spanisch	Rodrigu*ez*
Nordische Sprachen...........	*Anderson* (oder abgeschwächt Ander*sen*, Han*sen*, Jen*sen* etc.)
Polnisch und Russisch	Kowal*ski*
Griechisch	Papado*poulos* (*poulos:* wörtlich „kleiner Vogel des . . .")
Schottisch	*Mac*Gregor, *Mc*Neill, *M'*Leod
Irisch	*O'*Shea, *O'*Reilly, *O'*Rourke

In Schottland und Irland wird das Wort „Sohn" oder

dessen gekürzte Form, wie die oben angeführten Beispiele zeigen, dem Namen des Vaters vorangestellt. In England war es zur Zeit des Mittelalters üblich, dem Namen oder Titel des Vaters das Bestimmungswort *Fitz* voranzustellen, damit dieser erhalten blieb, wenn das Kind unehelich geboren wurde. Der recht aristokratisch klingende Name Fitzroy impliziert, daß der Träger dieses Namens ein illegitimer Sohn oder späterer Nachkomme eines Königs war. Im Anglonormannischen hieß das Wort für „Sohn" *fitz* (von französisch *fils*), und *roy* ist eine alte Schreibweise für *roi,* „König".

Auf der ganzen Welt ehren die Namen von Ländern und Städten deren Gründer, Entdecker oder Herrscher. Aber Ruhm ist vergänglich und die öffentliche Meinung wandelbar. Einige Ortsnamen dieser Art haben sich als sehr kurzlebig erwiesen, besonders in Afrika während der Dekolonisation.

FRÜHERER NAME	DERZEITIGER NAME
Léopoldville	Kinshasa
Stanleyville	Kisangani
Elisabethville	Lubumbaschi
Rhodesia	Zimbabwe

In der UdSSR, wo der Personenkult raschem Wandel unterliegt, haben einige Orte seit der Revolution dreimal ihren Namen gewechselt. Zarizyn (benannt nach dem Zaren) wurde zu Stalingrad und heißt jetzt Wolgograd. St. Petersburg wurde zuerst in Petrograd, dann in Leningrad umgetauft. (Nach Stalin waren zahlreiche Orte benannt, von denen die meisten mittlerweile wieder ihren alten Namen angenommen haben.)

In der Dominikanischen Republik wurde die Hauptstadt Santo Domingo („Heiliger Dominikus") in Ciudad Trujillo („Trujillostadt") umbenannt, solange Staatspräsident Trujillo lebte; doch nach seinem Tod bekam sie rasch wieder ihren früheren Namen.

Einige Familiennamen, besonders jene von Physikern, die bahnbrechende Entdeckungen gemacht haben, wurden international zur Bezeichnung physikalischer Einheiten gewählt. Wenn wir von Watt, Ampère, Hertz, Ohm, Volt, Röntgen (im deutschen Sprachraum nicht mehr gebräuchliche Dosiseinheit der Röntgen- und Gammastrahlung) oder Curie (Maßeinheit der Radioaktivität) sprechen, so nennen wir die Familiennamen der Physiker, denen wir die jeweilige Entdeckung verdanken. (Volt ist eine kleine Ausnahme, denn der Name des betreffenden Physikers war Volta.)

Auch viele medizinische Verfahren und dergleichen sind nach ihren Entdeckern benannt, wie zum Beispiel die Pasteurisierung (nach Louis Pasteur), der Impfstoff gegen Kinderlähmung, der in der medizinischen Fachsprache Salk-Vakzine genannt wird (nach dem Bakteriologen Jonas E. Salk), oder der nach dem Naturheilkundler Prießnitz benannte Prießnitzumschlag. Der Kaiserschnitt allerdings ist nicht nach seinem Erfinder benannt, sondern nach Julius Caesar, der auf diese Art zur Welt kam.

Zahlreiche Gegenstände, Methoden, Ideen und Bewegungen politischer, religiöser und sonstiger Art tragen die Namen ihrer Erfinder, ihrer Begründer, oder den Namen desjenigen, der sie populär gemacht hat. Bei einigen solchen Begriffen ist die Herkunft der Bezeichnung offenkundig: Christentum, Buddhismus, Marxismus. Andere wieder, Hauptwörter wie auch Zeitwörter, werden schon seit so vielen Jahren gebraucht, daß man ihren Ursprung völlig vergessen hat. All die nachstehenden Dinge oder Begriffe sind nach Menschen benannt, die sich auf irgendeine Weise ausgezeichnet haben – im positiven oder im negativen Sinn:

verballhornen (balhornisieren)	entstellt wiedergeben, durch willkürliche Änderung abwerten; nach dem Namen des Buchdrukkers J. Balhorn, der ihm anvertraute Manuskripte

änderte oder mit Zusätzen versah und sie auf diese Weise „verschlimmbesserte“.

Boykott – nach Charles Boykott, der als Hauptmann der britischen Armee abdankte und zur Zeit der großen Hungersnot in der Mitte des 19. Jahrhunderts Verwalter der Besitztümer der abwesenden irischen Gutsherren wurde, die verarmten irischen Pachtbauern strenger militärischer Disziplin unterwarf, sich weigerte, den Pachtzins zu senken und die zahlungsunfähigen Pächter enteignete. Die Umgebung reagierte darauf mit Verweigerung der Arbeitsleistung und Nahrungsmittellieferung und brach jeglichen Kontakt zu ihm ab. Er mußte britische Truppen zu seinem Schutz herbeirufen und sich heimlich nach England absetzen. Mit diesem Ereignis des Jahres 1880 war das Wort „Boykott“ geboren.

Raglan – Lord Raglan, der in der Schlacht bei Waterloo einen Arm verloren hatte, war Feldmarschall im Krimkrieg und trug bei diesem Feldzug einen Mantel ohne die üblichen Schulternähte – die Ärmel führten direkt bis hinauf zum Halsausschnitt. Heute werden nicht nur Mäntel, sondern auch andere Kleidungsstücke mit sogenannten „Raglanärmeln“ gemacht. (In Anbetracht der Niederlage, die die leichte Brigade im Krimkrieg erlitt, könnte man sagen, Raglan hätte weniger auf die Eleganz seiner Kleidung und mehr auf die Taktik seiner Kavallerie achten sollen.)

Chauvinist, Chauvinismus – nach Nicolas Chauvin, einem Veteranen aus den napoleonischen Feldzügen, der für seinen übersteigerten Patriotismus bekannt war. Mit angeblicher männlicher Überlegenheit hatte der Ausdruck ursprünglich nichts zu tun. Im Deutschen wird er in dieser Bedeutung auch erst seit kurzer Zeit gebraucht.

Guillotine	nach dem französischen Arzt Joseph Ignace Guillotin (1738–1814), der 1789 als Mitglied der Konstituierenden Versammlung einen Antrag stellte, in dem er sich für eine neue Art der Hinrichtung aussprach. Man entschied sich schließlich für einen der englischen Köpfmaschine ähnlichen Mechanismus.
lynchen	Charles Lynch (1736–1796) war ein reicher Pflanzer und Friedensrichter aus Virginia. Er wurde gewissermaßen unsterblich, da er einen wahren Rekord in der Verurteilung von Übeltätern zum Tod durch Erhängen aufstellte.
Makadam	nach dem schottischen Ingenieur John L. MacAdam (1756–1836), der einen Straßenbelag aus fast pulverisierten Steinen erfand.
Sadist, Sadismus	Donatien Alphonse François de Sade (1740 bis 1814), allgemein unter dem Namen Marquis de Sade bekannt, schrieb Romane über die sexuelle Befriedigung durch die körperliche oder seelische Quälerei anderer. Einige seiner Bücher verfaßte er während längerer Gefängnisaufenthalte, die er wegen Erprobung seiner Theorien in der Praxis verbüßen mußte.
Masochist, Masochismus	Leopold von Sacher-Masoch (1835–1895), ein österreichischer Schriftsteller, war auf Romane spezialisiert, in denen er abnormale Lustgefühle durch das Erdulden körperlicher oder seelischer Mißhandlung oder durch die Unterwerfung unter den Willen und die Macht eines anderen beschrieb.
mesmerisieren	Dr. Franz Mesmer (1734–1815), ein Wiener Arzt, der seine Patienten mit Hypnose behandelte, hat einem bestimmten Heilverfahren durch Magnetismus seinen Namen gegeben.

Sandwich	Der vierte Graf von Sandwich, der in der Regierungszeit Georgs II. lebte (und ein leidenschaftlicher Spieler war), ließ sich von seinem Diener Fleischschnitten zwischen zwei Brotscheiben bringen, um den Spieltisch nicht wegen eines Mittag- oder Abendessens verlassen zu müssen. Dieser Graf ist mit seinem Namen in doppelter Hinsicht verewigt worden – Kapitän Cook nannte einige neuentdeckte Inseln im Pazifik nach ihm Sandwich-Inseln, ehe sie auf den Namen Hawaii umgetauft wurden.
Silhouette	nach Etienne de Silhouette, dessen extrem kurze Laufbahn als französischer Finanzminister (nur acht Monate im Jahr 1759) manchen Kommentatoren wie ein vorüberhuschender Schatten – eben ein Schattenriß – erschien. (Andere Deutung: Er war so knausrig, daß er sein Schloß mit selbstgefertigten Schattenrissen ausstattete, um das Geld für kostspielige Miniaturen zu sparen.)
Fiaker	nach dem heiligen *Fiacre,* dessen Bild das Hauszeichen des ersten Wagenvermieters in Paris war.
Nikotin	nach Jean Nicot, der 1560 den Tabak in Frankreich einführte.
Mansarde	nach dem französischen Baumeister Jules Hardouin-Mansart, der das Mansardendach zwar nicht erfunden, aber zum ersten Mal angewandt hat.

Alle Chinesen der Welt (nach neuesten Zählungen mehr als eine Milliarde) kommen mit nicht mehr als rund hundert Familiennamen aus. In der chinesischen Literatur werden die Chinesen oft als das Volk der „hundert Namen“ bezeichnet. Obwohl Träger desselben Familiennamens nicht unbedingt miteinander verwandt sein müssen, betrachtete man es früher als geschmacklos oder auch als unheilbringend, wenn zwei

Menschen mit demselben Familiennamen heirateten. Waren jedoch die geschriebenen Formen des Familiennamens verschieden – so daß sie unterschiedliche Bedeutungen hatten, auch wenn sie gleich ausgesprochen wurden –, war gegen die Verehelichung nichts einzuwenden.

Die Schriftzeichen für die meisten chinesischen Familiennamen deuten einen Gegenstand, eine Eigenschaft oder eine Tätigkeit an:

Chang	ausdehnen
Chen	alt, altehrwürdig
Chou	nachdenklich
Chu	rot
Li	Pflaume (oder) Profit
Lin	Wald
Ma	Pferd
Mao	Haar
Pei	weiß (oder) Schatz
Sun	Enkel
Teng	klettern
Wang	gelb (oder) König
Wu	fünfte Sippe; Name eines der „drei Königreiche" (220–265)
Yin	weil
Yuan	Anfang

Wenn sich Chinesen einander vorstellen, erkundigen sie sich oft, mit welchem Symbol der Name des anderen geschrieben wird. Die Frage wird folgendermaßen formuliert: „Ist das Symbol für Ihren ehrenwerten Namen das *Pei* für ‚Schatz' oder das *Pei* für ‚weiß'?" oder: „Wird das *Wang* wie ‚gelb' oder wie ‚König' geschrieben?"

Daß die chinesische Mauer vollendet wurde, ist angeblich das Ergebnis eines bösen Wortspieles. Ein Wahrsager prophezeite dem tyrannischen Kaiser Ch'in-Shi-Huang-Ti, der die

Mauer erbauen ließ, daß es ihm nicht gelingen würde, das Bauwerk (das bereits viele Menschenleben gekostet hatte) zu vollenden, ehe nicht weitere zehntausend Männer darin begraben würden. Um das Problem zu lösen, ließ der Kaiser einen Mann suchen, der den Familiennamen Wan trug (das Symbol bedeutet „zehntausend"), ließ ihn einmauern, und der Bau wurde fortgesetzt.

Nachdem die spanischen Könige im Jahr 1492 durch die Einnahme Granadas, der letzten maurischen Zitadelle, Spanien wieder zur Gänze von den Mauren zurückerobert hatten, mußten die spanischen Mauren und Juden spanische Namen annehmen. Da jedoch die Mauren sieben Jahrhunderte hindurch Spanien okkupiert hatten, waren eine ganze Reihe der ihnen aufgezwungenen spanischen Namen ohnehin arabischen Ursprungs.

Die Araber, die Spanien vor und während der Zeit der Inquisition verließen, gingen nach Afrika, die Juden hauptsächlich in den östlichen Mittelmeerraum, wo ihre Nachkommen auch heute noch spanische und portugiesische Namen tragen und einen spanischen Dialekt (Ladino) sprechen.

Viele Herrscher des Mittelalters erfanden ein System zur Besteuerung der Juden, indem sie von ihnen verlangten, deutsche Namen anzunehmen und dafür mehr oder weniger teuer zu bezahlen. Die kostspieligsten Namen dieser mittelalterlichen „Steuerfilzung" waren wohllautend, hübsch oder poetisch:

Rosenberg, Himmelblau, Morgenstern, Blumenthal, Silberberg. Von Berufen abgeleitete Namen waren billiger:

Meier (Bewirtschafter, Pächter eines Gutes), Schneider, Goldschmied, Wechsler, Fischer, Kaufmann.

Auch Farbbezeichnungen standen als Namen oder zur Bildung zusammengesetzter Namen zur Verfügung:

Grün, Weiß, Schwarz, Braun, Roth, Grünfeld.

Tiere lieferten die Namen Löwe, Wolf, Fuchs, Hase, Katze und Vogel, und manche Juden wurden auch nach dem Namen der Stadt benannt, aus der sie stammten: Berliner, Frankfurter, Hamburger.

Viele dieser Namen wurden auch von nicht jüdischen Deutschen getragen, nicht aber jene, die nur solchen Juden verliehen wurden, die sehr wenig oder gar nichts bezahlen konnten, denn diese Namen hatten eine spöttische oder schimpfliche Bedeutung. Mittlerweile sind sie als Familiennamen abgekommen, aber in den Chroniken einiger deutscher Städte findet man aus jener Zeit Namen wie Schwanz, Eselskopf und Schmutz.

Viele Juden, die sich in Israel niederlassen, tauschen ihren europäischen Namen gegen einen hebräischen: Dayan, Ben-Gurion, Sapir, Avron, Kishon, Sharon.

Einige italienische Namen lassen erkennen, daß der erste Träger dieses Namens sein Leben als Findelkind in einem Korb vor der Tür eines Klosters oder einer Kirche begann und von Geistlichen aufgenommen und großgezogen wurde. In solchen Namen stecken meistens Andeutungen in der Art „Geschenk der Engel“ oder „Segen der Kirche“:

Angeli	die Engel
de la Croce	vom Kreuz
Benedetto	der Gesegnete
della Chiesa	von der Kirche
Diodonata	der von Gott Gegebene
Santangeli	heilige Engel

Bevor Italien unter der militärischen Führung Garibaldis und der diplomatischen Leitung von Cavour ein geeinter Staat unter Viktor Emanuel II. wurde, machten die Italiener zur Zeit der Bürgerunruhen in dem teilweise von Österreich beherrschten Land merkwürdigen Gebrauch von Namen des Opernkomponisten Giuseppe Verdi. Aufführungen von Verdi-Opern in Mailand und anderen von Österreich besetzten norditalienischen Städten wurden oft zum Vorwand für antiösterreichische Demonstrationen genommen und mit wiederholten Verdi-Rufen aus dem Publikum eingeleitet. Die Österreicher hegten den Verdacht, daß es zwischen dem Namen des Komponisten und den revolutionären Aktivitäten der Italiener eine Verbindung geben müsse, und dieser Verdacht war auch begründet: der Name *Verdi* ist, wie die Italiener sehr wohl wußten, auch ein Akronym für *V*ittorio *E*mmanuele, *R*e *d'I*talia („Viktor Emanuel, König von Italien"). Die Polizei untersagte das Viva-Verdi-Geschrei, bis die Österreicher im Jahr 1857 zum Großteil aus Norditalien vertrieben wurden. Viktor Emanuel wurde 1861 zum König von Italien gekrönt.

25

Sprache aus der Sicht der Völker und Stämme

Es ist nur natürlich und verständlich, daß jedes Volk und jede nationale Gemeinschaft sich gern einen Namen gibt, der ihre Stärke, ihre Überlegenheit, ihre Bedeutung und Einzigartigkeit herausstreicht. Türk *ist das türkische Wort für „stark"; die Übersetzung von* Zulu *lautet „Himmel" oder „Firmament", und die Kollektivbezeichnung „Germanen", deren Ursprung unsicher ist, wird manchmal auf den Namen Hermann zurückgeführt, der „Krieger" bedeutet, manchmal auch als „Rufer im Streit" (von keltisch* gairm *oder* garm, *„Schrei") gedeutet – beides Definitionen, die im Verlauf der Geschichte reichlich Bestätigung gefunden haben.*

Von einem Ende der Welt bis zum anderen finden sich Stämme, die sich selbst ganz einfach „Volk" oder „Leute" nannten, als würden andere Stämme nicht einmal derselben Kategorie menschlicher Wesen angehören. Auch das Adjektiv „deutsch" (ahd. *diutisc*) beruht auf dem germanischen Substantiv *þeudô* (ahd. *diot*), das nichts anderes bedeutet als „Volk".

Die Ainu, ein kleines Restvolk der weißen Rasse in Nordjapan, das den Bären als Gott verehrt und dessen Männer auffallend stark behaart sind, nennen sich in ihrer eigenen Sprache „die Menschen", um sich auf diese Weise – wenigstens zu ihrer eigenen Befriedigung – sowohl von den Bären wie auch von den Japanern zu unterscheiden.

Eine ganze Reihe von Namen, unter denen verschiedene

Indianerstämme Amerikas allgemein bekannt sind, waren ursprünglich Spitznamen mit meist abfälliger Bedeutung, die andere Stämme ihnen verliehen hatten. Die weißen Entdecker übernahmen statt des wirklichen Namens die erste Bezeichnung, die sie hörten. (Oft „kauften" die weißen Siedler auch das Stammesgebiet eines Indianervolkes einfach von dessen Nachbarstamm, der keinerlei Besitzansprüche darauf hatte und es den Weißen natürlich mit großem Vergnügen gegen Bezahlung „übereignete".)

Viele Indianerstämme neigten dazu, andere Stämme mit dem allgemeinen, umfassenden Ausdruck „der Feind" zu bezeichnen, wobei sie zwischen „Feinden aus dem Norden", „Feinden aus dem Osten" und so weiter unterschieden.

Die Eskimos, deren Name in der wörtlichen Übersetzung „Rohfleischesser" bedeutet, bekamen diesen von den Algonkin-Indianern, die ihr Fleisch kochten; die Eskimos selbst nennen sich einfach *Inuit,* „das Volk". Der Name *Mohawk,* der den Mohawk-Indianern von ihrem Nachbarstamm verliehen wurde, bedeutet „Fleischesser"; die Mohawk selbst nannten sich *Ankwehonwe* – „das wahre Volk".

Der Name des Stammes der Seminolen aus Florida bedeutet wörtlich „das Volk, das fortwanderte", derjenige der Tscherokesen „das Volk, das eine andere Sprache spricht"; die friedliebenden Hopi heißen „Volk des Friedens", und Creeks wiederum ist einfach das Wort für „Volk" in der Sprache des Creek-Stammes. Die Irokesen bekamen ihren Namen von den Franzosen, denen aufgefallen war, daß die Wortführer des Stammes ihre Reden meistens mit dem Wort *hiroqué* beendeten, welches bedeutet: „Ich habe mit Gefühl (Freude oder Sorge) gesprochen." Die Franzosen „romanisierten" dieses Wort zu *Iroquois* und gaben ihm in der Umgangssprache auch vielerlei übertragene Bedeutungen: *Un iroquois* ist im Französischen nicht nur ein Angehöriger des irokesischen Indianervolkes, sondern auch ein „verschrobener Kauz“, und *c'est de l'iroquois* bedeutet „das ist unverständlicher Quatsch“ oder „Kauderwelsch“.

Viele Indianerstämme bezeichneten sich in ihrer eigenen Sprache mit dem Wort für „Volk“, womit sie gewissermaßen implizierten, daß andere Stämme nicht auf demselben Niveau des Menschentums standen. Die Algonkin-Indianer nannten sich „das Volk“ – *Ashinabe* –, von ihren Nachbarn aber wurden sie Algonkin genannt – „Bewohner einer fischreichen Gegend“.

Der Navajo-Stamm, der größte Indianerstamm der Vereinigten Staaten, nannte sich selbst *Diné,* „das Volk“, wurde aber von anderen Stämmen, die die Navajos um ihre großen Landbesitzungen beneideten, mit dem Ausdruck *tewa navajo* („Bewohner großer, bepflanzter Felder“) bezeichnet, und dieser Name wurde von den weißen Siedlern übernommen.

Apache *(apachu)* bedeutet einfach „der Feind“. Mohegan heißt „Wolf“ und Arapaho kommt von *araxpéahu* – „tätowierte Haut“.

Mitglieder des Sioux-Stammes bezeichneten sich selbst mit dem Wort *Dakotah,* „die Verbündeten“, von den Nachbarstämmen jedoch wurden sie *Nadowessioux* („kleine Schlange, Feind“) genannt. Als die Europäer in das Gebiet der Dakota kamen, übernahmen sie den letzten Teil dieses Namens zur Bezeichnung der Ureinwohner.

Viele Schwierigkeiten der indianischen Urbevölkerung Amerikas mit den weißen Siedlern beruhten auf sprachlichen Problemen. So fanden die Indianer beispielsweise, daß die weißen Kolonisten wie Schlangen sprächen, da in der englischen Sprache der zischende S-Laut so häufig vorkommt. Neben der ziemlich allgemeinen Bezeichnung „Bleichgesichter“ hatten die Indianer auch noch andere Epitheta für die Weißen, wie z. B. „die bleichen Dürren“.

In der Republik Südafrika, einem berüchtigten Zentrum rassistischer Unruhen, werden die eingeborenen Schwarzafrikaner offiziell Bantu genannt. Obwohl die schwarzen Afrikaner in der Hierarchie zweifellos auf der untersten Stufe stehen, ist die Bezeichnung Bantu im Grunde nichts Abfälliges, sondern hat sogar einen sehr stolzen Ursprung und bedeutet ganz einfach „die Menschen“. Als die ersten weißen Siedler nach Südafrika kamen, hörten sie, daß die Schwarzen sich selbst *bantu* nannten. Das Wort kommt von *mtu* – „Mensch“; die Pluralform *ba* wird dem Wort vorangestellt, genau umgekehrt wie in den europäischen Sprachen. Varianten des Wortes gibt es auch in anderen afrikanischen Sprachen, wie z. B. in Kisuaheli *(mtu),* Zulu *(uminto),* Toro *(omuntu),* Umfunda *(omunta)* und Luganda *(muntu).* Diese und rund neunzig weitere afrikanische Sprachen werden als Bantu-Sprachen zusammengefaßt und von rund 70 Millionen Afrikanern gesprochen.

„Bantu“ ist kein abfälliges Wort, das Wort „Kaffer“ aber ist es zweifellos geworden; es wird allerdings von Weißen immer seltener für Schwarze gebraucht. Erst im November 1981 hat der Bergbauminister von Zimbabwe (früher Südrhodesien) verlautbaren lassen, daß weiße Einwohner, die ihre schwarzen Mitbürger weiterhin mit dem Wort „Kaffer“ bezeichnen, sofort des Landes verwiesen werden würden. Das Wort „Kaffer“ kommt von arabisch *kafir,* bedeutet „Ungläubiger“, und wurde ursprünglich von den arabischen Händlern und Sklavenfängern an der Ostküste Afrikas für jene Afrikaner gebraucht, die den Islam noch nicht angenommen hatten. Die Araber verwendeten das Wort hauptsächlich im religiösen Sinn. Erst durch die weißen Siedler, die es in dem geringschätzigen Tonfall gebrauchten, in dem die früheren britischen Kolonisten das Wort „Eingeborener“ zu sagen pflegten, wurde ein Schimpfwort daraus.

Die Wörter „Slawe“ und „slawisch“ sind verwandt mit dem Wort „Sklave“. – In römischer und byzantinischer Zeit kam ein großer Prozentsatz von Sklaven aus Südrußland, das damals Skythien hieß.

Die Überfälle der kriegerischen Wikinger sind nicht nur in englischsprachigen Ländern, wo das Wort *viking* („Wikinger“) auch die allgemeine Bedeutung „Seeräuber“ hat, sondern auch in anderen Teilen der Welt noch nicht vergessen. Spanische Mütter warnen ihre Kinder, daß *el noruego* – „der Norweger“ – sie holen wird, wenn sie nicht brav sind.

Das russische Wort für Rußland – *Rossija* – hängt mit der Errichtung eines russischen Königreiches durch Nordländer oder Wikinger zusammen. Die Begründer des ersten russischen Staates wurden *Rus* genannt, abgeleitet von dem Wikingerwort *rothsmen,* das „Ruderer“ bedeutet.

In der spanischen Umgangssprache ist auch die Erinnerung an die maurischen Piraten und Plünderer noch fest verwurzelt. Der Verdacht auf ein Komplott oder auf Spionage sowie die Befürchtung, daß irgendwelche Probleme drohen, wird seit Jahrhunderten durch die Warnung *Hay moros en la costa* – „es sind Mauren an der Küste“ – ausgedrückt.

Als die europäischen Volksstämme und ihre amerikanischen Nachkommen sich zu Staaten zusammenschlossen, entwickelte sich die hartnäckige Tendenz, andere Völker oder Nationen mit wenig schmeichelhaften Namen zu belegen, die deren wirkliche oder angebliche Eigenschaften widerspiegeln. Einige dieser boshaften Spitznamen leiten sich von den Eßgewohnheiten mancher Völker her. Im amerikanischen Englisch werden, wie schon erwähnt, die Franzosen *Frogs,* die Deutschen *Krauts* und die Engländer *Limeys* genannt. Die Franzosen sagen zu den Italienern *les macaronis,* und im süddeutsch-österreichischen Raum werden sie als „Katzelmacher“ bezeichnet, was mit der

Katze vermutlich nichts zu tun hat, sondern von einem hölzernen Küchengerät kommen dürfte, das im Grödnertal, im heute italienischen Südtirol, als „Ggatzel" bezeichnet wurde. Neben dieser Deutung gibt es aber noch mindestens sieben weitere Etymologien (darunter die Ableitungen von *cascia,* „Maisbrei", *cacio,* „Käse", *cazzo,* „Penis" – einem beliebten italienischen Fluchwort, und „Ketzer").

Manchmal gründen sich abfällige Bezeichnungen für andere Nationalitäten auf physiognomische, linguistische oder körperliche Charakteristika. Im amerikanischen Slang heißen die Skandinavier *squareheads* („Quadratschädel"), die Lateinamerikaner und Spanier werden *spiks* genannt, abgeleitet von der Wendung *No spika da English* („Ich nicht englisch sprechen"), die gebürtige Spanier und Lateinamerikaner gebrauchten; die Iren werden sehr oft als *micks* bezeichnet – abgeleitet von dem Namen Michael bzw. dessen irischer Kurzform Mick.

Die größer gewachsenen Chinesen nennen die kleineren Japaner oft „Inselzwerge"; als die Japaner in China einfielen, wurden sie „Zwergbanditen" genannt. Die Amerikaner und Europäer hingegen werden von den Chinesen oft als „Großnasen" bezeichnet, und für die Russen haben sie einen noch weniger schmeichelhaften Spitznamen: *lao-mao-tus,* frei übersetzt etwa „alte Rauschebärte".

Zwei umgangssprachliche Ausdrücke der Franzosen für die Deutschen, die in den beiden Weltkriegen aufkamen, sind: *les schleus* und *les boches. Schleu* ist eigentlich kein echtes Wort, sondern leitet sich von der im Deutschen sehr häufig vorkommenden Konsonantenkombination „schl" her, die einem Franzosen in den Ohren weh tut. *Boche* soll von *caboche* kommen, einem im Mittelalter gebräuchlichen, umgangssprachlichen Ausdruck für „Kopf", oder von der mundartlichen Aussprache des Wortes *bois* („Holz") als *boche. Tête de boche* würde also „Holzkopf" bedeuten und wäre somit noch abfälliger als *boche* in der ersten Bedeutung. Die wissenschaftliche Erklärung für dieses Wort ist allerdings viel harmloser. Die Endung *-boche* ist ebenso wie z. B. die Endung *-miche* nichts weiter als eine (noch im heutigen Argot gebräuchliche) Verkleinerungssilbe, und man sagte im französischen Volksmund *alboche* statt *allemand,* ebenso wie man *italboche* statt *italien* sagte; gewiß nicht gerade in freundlichem Sinn, aber doch ohne den heutigen bösartigen Beiklang.

Die Türken bezeichnen die Russen mit dem Namen *Moskof* (Moskau), womit sie sich auf den Kern des frühen russischen Reiches beziehen, das sich jahrhundertelang gegen die tatarische oder türkische Hegemonie in Rußland zur Wehr setzte. Jedes der beiden Völker hat eine Redensart, in der die alte Feindseligkeit weiterlebt:

Russisch: „Ein ungebetener Gast ist schlimmer als die Tataren."

Tatarisch-türkisch: „Wenn du's mit einem Russen zu tun hast, hab' stets eine Axt zur Hand."

Üble Gewohnheiten, Bösartigkeiten, ja selbst Krankheiten werden oft einem Nachbarvolk zugeschrieben. Der Ausdruck „sich auf französisch verabschieden" (im Englischen: *to take French leave)* hat ein französisches Gegenstück: *filer à l'anglaise* – „auf englische Manier verschwinden." Ein Streit um „des Kaisers Bart" heißt im Französischen *une querelle d'allemand* – „ein Streit auf deutsche Art".

Die Syphilis (die aus der Neuen Welt nach Europa gekommen sein soll) wurde in England Generationen hindurch „französische Krankheit" oder „französische Pocken" genannt. Auch die Deutschen nannten sie so, während die Franzosen ihrerseits sie als „englische Krankheit" bezeichneten, manchmal auch als „neapolitanische Krankheit" oder „spanische Gicht", und die Festlandgriechen nannten sie die „korinthische Krankheit".

Italiener nennen die Griechen geringschätzig *i levantini,* „die Levantiner“, womit sie andeuten wollen, daß diese sehr häufig ihre Rechnungen nicht bezahlen und sich in allerlei dubiose Handelsgeschäfte einlassen. (Levante ist der italienische Ausdruck für „Morgenland“. Als Levantiner bezeichnete man europäisch-orientalische Mischlinge, im besonderen die Händler in den Hafenstädten der Levante, die allerdings wegen ihrer Unzuverlässigkeit und zweifelhaften Moral in schlechtem Ruf standen.) Die Franzosen, ihre romanischen Verwandten, werden von den Italienern *nostri cugini antipatichi* genannt – „unsere unsympathischen Cousins“.

Die Griechen gedenken ihrer langjährigen Beziehungen zu den Türken in zwei Redensarten, die beide auf Konflikte oder Katastrophen anspielen. Wenn irgendwelche Schwierigkeiten drohen, sagen die Griechen gern: „Die Türken kommen!“ – *Erhunde i Turki!* Wenn die Dinge bereits zur Katastrophe ausgeartet sind, sagt der Grieche: „Die Türken sind gekommen!“ – *Sthasen i Turki!*

Ein eigenes abfälliges Wort für die Türken gibt es im Griechischen nicht – das Wort *Turkós* selbst wird von den Griechen bereits als ausreichende Beleidigung betrachtet. Was die Türken anlangt, so nennen sie die Griechen ganz einfach „ungläubige Hunde“.

Viele Mißverständnisse und auch sehr viel Haß zwischen Volksstämmen, Nationen und Supermächten wurzeln in der Fremdheit zwischen den einzelnen Gruppen und der Verständnislosigkeit gegenüber der Kultur des anderen, Gefühlen, die zu einem großen Teil aus sprachlichen Schranken resultieren. Menschen, die nur eine Sprache beherrschen, neigen im allgemeinen dazu, es als abwegig, verwirrend und irgendwie unnatürlich zu empfinden, eine andere Sprache zu sprechen. Man denke nur an die ältliche und etwas bornierte amerikanische Lady, die sich prinzipiell gegen die Verwendung fremder

Sprachen in Amerika (und am besten gleich auf der ganzen Welt) aussprach, und dies folgendermaßen begründet haben soll: „Wenn Gott nicht gewollt hätte, daß wir alle englisch sprechen, hätte er die Bibel nicht in englischer Sprache geschrieben."

Wer mit irgend etwas konfrontiert wird, das er nicht versteht, kann sich in einer Reihe von Sprachen mit einer Redensart aus der Verlegenheit retten, die die „Schuld" für die Konfusion einer anderen Sprache in die Schuhe schiebt:

Deutsch	Das kommt mir spanisch vor.
	Das ist Chinesisch für mich.
Englisch	Das ist Griechisch für mich.
Spanisch	Das ist Chinesisch für mich.
Russisch	Das ist chinesische Grammatik.
Italienisch	Du redest Türkisch.
Polnisch	Ich hör' einen türkischen Sermon.
Französisch	Das ist Hebräisch für mich, oder:
	Das ist „*petit nègre*" („Negerfranzösisch"; unverständliches Kauderwelsch).

26

Kolumbus war nicht der erste

Ein Historiker amerikanischer Abstammung, Charles Michael Bowen, hat das Widerstreben mancher seiner Berufskollegen, zur Kenntnis zu nehmen, daß es schon vor Kolumbus Seefahrer aus Europa gab, die auf ihren Reisen bis nach Amerika gekommen sind, in dem Satz: No Europeans before Columbus *(„Keine Europäer vor Kolumbus") zusammengefaßt und damit das zum Schlagwort gewordene Akronym NEBC geprägt.*

Die historische Überlieferung, daß Kolumbus Amerika entdeckt hat, ist zweifellos tief verwurzelt, und wir können sie auch durchaus akzeptieren, wenn wir unter Entdecken „Enthüllen" verstehen. Es läßt sich nicht leugnen, daß die Fahrt des Kolumbus insofern ein Wendepunkt war, als sie dem geheimnisvollen Kontinent, den viele Europäer auf der anderen Seite des westlichen Ozeans vermuteten, Umrisse verlieh. Doch Forschungen und Entdeckungen – vor allem des letzten Jahrhunderts – haben nach und nach gezeigt, daß der Atlantik schon vor Kolumbus von einer ganzen Reihe von Seefahrern überquert wurde. Diese früheren Entdecker haben ihre Spuren und vielleicht auch ihre Namen in den Legenden der Indianerstämme Amerikas hinterlassen. Fast alle indianischen Stämme und Völker bewahren in ihren Sagen die Erinnerung an weißhäutige Menschen, die an ihren Küsten landeten, sie allerlei lehrten und ihr Land dann wieder verließen. In Mexiko erzählt man, daß der weiße Gott Quetzalcoatl („gefiederte Schlange") über den Atlantik kam. Bei den Inkas im Westen Südamerikas war es Viracocha („stürmische See"), der vom Westen über den Atlantik kam und wieder in Richtung

Westen entschwand. Bei den Mayas heißt der gottähnliche Fremde Kukulkan, bei manchen Maya-Stämmen auch Kukumatz – Namen, die möglicherweise auf irischen (der Held Cuchulain?) bzw. babylonischen Ursprung schließen lassen.

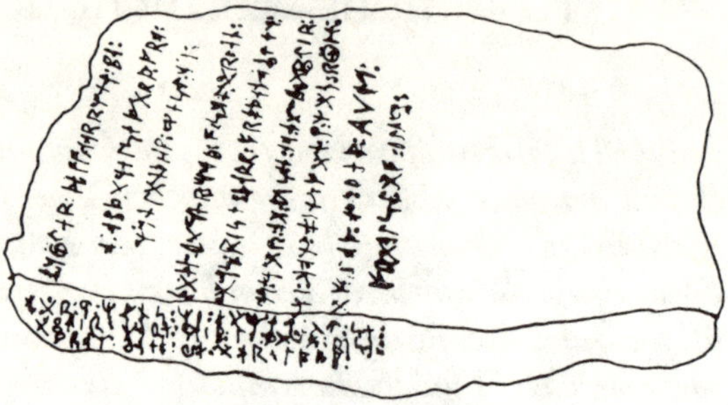

Der Runenstein aus Kensington

Steininschriften in den Sprachen Europas, Asiens und Afrikas, die man in Nord- und Südamerika fand, scheinen allein durch ihre Existenz die traditionelle Annahme von der „Entdeckung" Amerikas im Jahr 1492 zu widerlegen. Der Runenstein von Kensington, der im Jahr 1898 in Minnesota gefunden wurde, trägt eine Inschrift mit Einzelheiten über einen Überfall durch *skerlings* (Indianer?) auf eine Gruppe von Wikingern. Der Stein wurde von Exponenten des NEBC-Prinzips lange Zeit verächtlich abgetan, da ihn ein Amerikaner skandinavischer Abstammung entdeckt hatte, der offen im Verdacht stand, er sei ein NEBC-Gegner und nur allzu geneigt, an die Entdeckung Amerikas durch die Wikinger zu glauben.

Sogar die unleugbaren Spuren der Wikinger in L'Anseaux-Medeaux auf Labrador und andere Steinruinen in Kanada und Neuengland scheinen nicht auszureichen, um die Öffentlichkeit von der Entdeckung Amerikas durch die Normannen zu überzeugen. Natürlich gibt es auch wirkliche Fälschungen, wie z. B. die „Vinland"-Karte, jener kartographische Schwindel, der als schriftlicher Beweis für die Anwesenheit der Wikinger in Nordamerika ausgegeben wurde und den man vor einigen Jahren durch eine Analyse der verwendeten Tinte – deren Zusammensetzung sich als modern erwies – als Fälschung entlarvte.

Zahlreiche phönikische und karthagische Inschriften, die am Amazonasufer und in den Dschungeln Brasiliens gefunden wurden und sich als Berichte über Fahrten mit den Ausgangspunkten Tyre und Karthago oder als Dankgebete an die Götter erwiesen, wurden als Fälschungen abgetan, obwohl es doch höchst unwahrscheinlich ist, daß Schwindler sich mit solcher Hingabe ans Werk gemacht und die Mühe auf sich genommen haben sollen, diese Tafeln in zahlreichen Expeditionen an so entlegenen Orten zu vergraben, wo doch die Chance, daß sie je entdeckt werden würden, äußerst gering war – ganz abgesehen davon, daß die Fälscher natürlich auch dazu hätten fähig sein müssen, phönikisch zu schreiben.

Der Paraíba-Stein, eine Tafel mit phönikischer Inschrift, die im Jahr 1872 auf einer Ranch in der Nähe von Paraíba in Brasilien gefunden wurde, schildert die Expedition von zehn Schiffen aus der phönikischen Stadt Sidon, die aus dem Hafen von Ezion-Gerber (in der Nähe des heutigen Eilat) zu einer Umsegelung Afrikas ausliefen. Die Schiffe waren zwei Jahre unterwegs, und von der ganzen Besatzung überlebten nur sieben Männer und drei Frauen. Ein Teil der Inschrift lautet ziemlich wehklagend: „Wir sind aus Sidon . . . der Handel hat uns an diese ferne Küste verschlagen, in ein Land voller Berge." Dem folgt eine flehentliche Bitte an die Götter um Hilfe. Der Paraíba-Stein, der lange Zeit im Geruch stand, eine Fälschung zu sein, mußte fast 100 Jahre darauf warten, widerstrebend als möglicherweise echt zur Kenntnis genommen zu werden. Einer der Gründe, weshalb man ihn zuerst für eine Fälschung hielt, waren gewisse Eigenheiten in der Schreibweise, die vor der Mitte dieses Jahrhunderts noch nicht durch andere Quellen belegt waren.

In Mechanicsburg in Pennsylvania wurden seit 1948 über tausend Steine entdeckt, die anscheinend mit phönikischen Buchstaben gekennzeichnet sind. Ob diese eingeritzten Schriftzeichen von Phöniziern oder Karthagern stammen, läßt sich nicht feststellen, da man das Alter von Steinen nicht bestimmen kann. Man hat vermutet, daß die Steine geschnitten, genutet und dann mit Zahlen bezeichnet wurden (die Phönizier verwendeten Buchstaben als Zahlen), in der Absicht, sie an einem anderen Ort wieder zusammenzusetzen – ganz ähnlich, wie man später europäische Schlösser zerlegte, nach Amerika verschiffte und dort wieder zusammenbaute.

Ein ungewöhnlicher Hinweis auf phönikische Besucher an der Küste der Vereinigten Staaten, oder vielleicht auf Besuche kretisch-minoischer Seefahrer, wurde im Assawampset-See in Massachusetts gefunden. Es handelt sich um eine Zeichnung auf einem normalerweise unter Wasser liegenden Felsblock, die sichtbar wurde, als sich der Wasserspiegel während einer längeren Trockenperiode senkte. Die Felszeichnung stellt eine gut erkennbare alte Galeere dar, die vielleicht vor Tausenden von Jahren in diesen Felsen gemeißelt wurde, als der Wasserspiegel in dem gesamten Gebiet wesentlich tiefer lag.

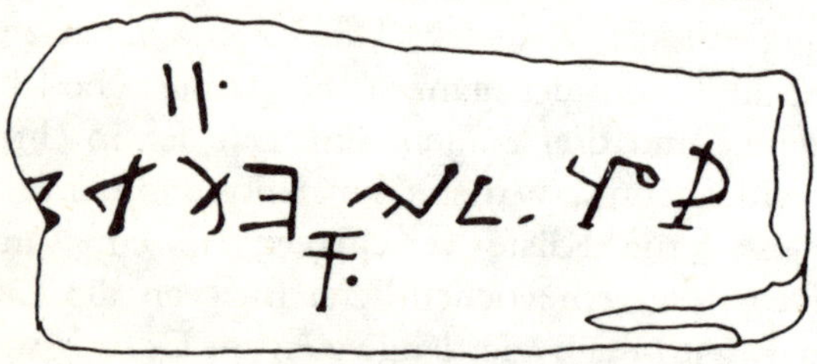

Der Stein von Bat Creek

Eines der erstaunlichsten Beispiele für Steininschriften in Amerika wurde im späten neunzehnten Jahrhundert unter einem Grabhügel in Bat Creek in Tennessee entdeckt. Ein Bericht mit Bildern wurde an die Smithsonian-Gesellschaft geschickt und die Vermutung geäußert, es könnte sich dabei um eine Inschrift der Tscherokesen handeln, obwohl niemand in der Lage war, die Schriftzeichen zu identifizieren. Mehr als ein halbes Jahrhundert blieb die Inschrift unübersetzt, bis eines Tages Joseph Mahen, ein Linguist und Forscher aus Columbus, Georgia, dahinterkam, daß die Abbildung verkehrt herum abgedruckt war. Die Schrift entpuppte sich, als man das Bild richtig drehte, als hebräisch-kanaanitisch. Er unersuchte die Inschrift gemeinsam mit Cyrus Gordon, einem führenden Spezialisten auf dem Gebiet der Sprachen des antiken Ostens, und dieser meinte, die Übersetzung müsse lauten: „Jahr Eins des Goldenen Zeitalters der Juden." Eine mögliche Erklärung für diese ungewöhnliche Inschrift wäre die, daß einige Juden, die den Aufstand des Simon Bar Kochba gegen die Römer überlebt hatten, in den Südosten der jetzigen Vereinigten Staaten geflohen waren. Diese Theorie wurde durch die Entdeckung hebräisch beschrifteter römischer Münzen aus der entsprechenden Zeit (ca. 135 n. Chr.) in Tennessee und Kentucky erhärtet.

Die Echtheit einiger Funde, die Amateurarchäologen und Schatzsucher in indianischen Gräbern machten, wurde auf Grund gewisser Anachronismen – Diskrepanzen zwischen dem Ursprung der gefundenen Objekte und der überlieferten Geschichte des alten Volkes – angezweifelt. In Wisconsin wurde ein Hügel geöffnet und ein Silberarmband mit seltsamer Inschrift entdeckt. Nach der Reinigung entpuppte sich die Inschrift jedoch als das Wort „Montreal". Auf einer Metallscheibe aus einem Hügel in Illinois entdeckte man Schriftzeichen, die den chinesischen ähnelten; und sie waren auch chinesisch – und zwar eine Reklame für eine Teemarke. Offensichtlich hatten moderne Indianer die Grabhügel weiterverwendet und, dem Stammesbrauch folgend, persönliche Dinge der Verstorbenen zusammen mit dem Leichnam begraben.

Neben den Inschriften in Stein und den alten Indianerlegenden von präkolumbischen weißen Besuchern liefern auch etliche Indianersprachen Amerikas ziemlich überzeugende linguistische Beweise dafür, daß in ferner Vergangenheit einzelne Personen oder Gruppen über die beiden Meere nach Amerika kamen und – beinahe als Beweis für ihre Anwesenheit – Wörter und Redewendungen in den Sprachen der Indianerstämme zurückließen, die zur Zeit der „offiziellen" Entdekkung durch Kolumbus noch verwendet wurden und zum Teil sogar bis heute überlebt haben.

Als die Spanier ihre Eroberungen auf die Neue Welt ausdehnten, studierten ihre Priester die Indianersprachen, um auf diese Weise die Indianer leichter bekehren zu können. Zu ihrer Überraschung stellten sie oft phonetische und semantische Ähnlichkeiten mit griechischen, lateinischen, hebräischen, ja sogar baskischen Wörtern fest. (Später fanden die Forscher sogar noch ungewöhnlichere linguistische Ähnlichkeiten mit dem Babylonischen, Sumerischen, Phönikischen, Japanischen und der Sprache der Maori.) Eine Erklärung, die den spanischen Priestern logisch erschien, war die, daß diese Wörter Überbleibsel aus der Zeit des babylonischen Turmbaus und der Zerstreuung der Menschen in alle Teile der Welt seien. Eine andere Hypothese wieder besagte, die amerikanischen Indianerstämme seien Abkömmlinge der zehn untergegangenen Stämme Israels.

Griechische Wörter und Wendungen scheinen hauptsächlich in den Sprachen Zentralamerikas vorzukommen. Die Maya-Priester bedienten sich einer exorzistischen Formel zum Schutz gegen Fremde: *konex oman panez.* Die Phrase (die auf die Spanier offenkundig keine Wirkung hatte) bedeutet: „Fremder geh weg!" und deckt sich durch einen ganz außergewöhnlichen Zufall beinahe vollkommen mit der Invokationsformel *konex om panex,* die bei den griechischen Mysterienfeiern gesprochen wurde.

Die hohen aztekischen Pyramidentempel wurden *teocalli* genannt, was im Náhuatl, der Sprache der Azteken, „Götterhäuser" bedeutet. Zufällig (sofern es ein Zufall ist) klingt dieses Wort dem griechischen *theou kaliá* – „Haus Gottes" – sehr ähnlich; ein Fall also, in dem zwei Ausdrücke nicht nur lautlich übereinstimmen, sondern auch dieselbe Bedeutung haben.

Das Maya-Wort für „Mantel", *quéton,* klingt fast wie das griechische Wort *chitón* (das „ch" wird ungefähr wie im Deutschen gesprochen), das „Umhang" heißt. Das aztekische Wort für „Wolke", *mixtli,* ähnelt dem altgriechischen Wort *omichle,* das dieselbe Bedeutung hat.

Ans Griechische anklingende Wörter finden sich auch in Indianersprachen weit im Norden und Süden von Mexiko. Die Delawaren nannten ihren Fluß *Potomac;* das griechische Wort für Fluß heißt *potamós;* und in den Guaraní-Sprachen Brasiliens und Paraguays bedeutet *poti* ebenfalls Fluß. Das Guaraní-Wort für „Heim" heißt *oko* und ist dem griechischen Wort für Heim – *oikos* – sehr ähnlich. Man fragt sich, wie weit die griechischen Galeeren in den Jahrhunderten lange vor Kolumbus bei ihren Fahrten entlang der nord- und südamerikanischen Küste wohl gekommen sein mögen.

Das Wort *tepec,* das im Náhuatl „Berg" oder „Hügel" bedeutet, ist fast identisch mit dem Wort *tepe,* das in den alten türkischen Sprachen Südwestasiens ebenfalls die Bedeutung „Berg" hat. Das geschriebene ägyptische Wort für „Krokodil", *s-b-k* (Vokale werden nicht geschrieben), gleicht im wesentlichen dem aztekischen Wort *sipak* („Krokodil"), dem noch die Endung *-tli* folgt; eine merkwürdige transatlantische Wanderung eines Namens, der ein Tier bezeichnet, das in diesen beiden so weit voneinander entfernten Gebieten heimisch ist. Sogar das lateinische Wort für „Schmetterling", *papilio,* existiert im Náhuatl als *papalo-tl.*

Zum großen Erstaunen einiger spanischer Priester, die Baskisch sprachen, tauchten einige baskische Wörter im Ketschua auf, der Sprache des Inkareiches. So bedeutet zum Beispiel *garúa* im Baskischen „Tau“ und im Ketschua „Nieselregen“, und „Vater“ heißt auf baskisch *aita* und im Ketschua *taita.* In einigen anderen indianischen Sprachen Mexikos heißt das Wort für „Vater“ *tata,* und eine ebenfalls verwandte Form, *atey,* existiert in der Sprache der Sioux.

Das Ketschua-Wort für „Gipfel“, *andi,* das den Anden ihren Namen gegeben hat, ist identisch mit dem altägyptischen Wort für „Hochtal“.

Das altsumerische Wort für „Lüge“ („Unwahrheit“) – *lul* – läßt sich im Ketschua-Wort mit derselben Bedeutung – *llu-llu* – recht gut wiedererkennen.

Das Ketschua-Wort für „Milch“, *ñu-ñu,* und das japanische Wort für „Kuhmilch“, *n'yu-n'yu,* lauten völlig gleich. Der „Reiher“ heißt im Ketschua *llake-llake,* in Babylonien hieß er *lak-lak;* diese Ähnlichkeit könnte aber auch ganz einfach auf gleichzeitige Bildung eines Wortes zur lautmalerischen Wiedergabe des Flügelschlages zurückzuführen sein.

Ketschua war die Sprache eines Gebietes, das sich Tausende Kilometer an der Westküste Südamerikas entlang und über das Andenplateau (wo es heute noch gesprochen wird) bis ins Landesinnere erstreckte. Neben einer Vielzahl von Wörtern aus transatlantischen Sprachen enthält es auch zahlreiche Wörter aus Sprachen, die auf Inseln im Pazifik gesprochen werden. Bemerkenswert ist die Ähnlichkeit einiger Ketschua-Wörter mit Wörtern derselben Bedeutung im Maori, der Eingeborenensprache Neuseelands, das einige tausend Kilometer entfernt liegt.

KETSCHUA	MAORI	DEUTSCH
kuraca	kura	Häuptling
kumara	kumara	Kartoffel
kara	kiri	Haut
pura	pura	zwischen
munay	muna	Liebe
mutu	mutu	verstümmelt

Was jedoch nicht geklärt werden konnte, ist die Frage, in welcher Richtung die Wanderung dieser Wörter erfolgte. Gelangten sie von Peru nach Neuseeland oder umgekehrt? Oder kamen beide Sprachen von einer großen Insel irgendwo dazwischen, die mittlerweile in den Wassern des Pazifik versunken ist? Einige pazifische Inseln – die Osterinseln, die Karolinen, die Marquesas und die Marianen – weisen Spuren einer einstigen hochentwickelten Kultur auf, deren Entwicklungsstand sich, gemessen am derzeitigen Bevölkerungspotential, schwer erklären läßt.

Wörter aus dem antiken Osten und dem Ägypten der Pharaonen lassen sich in den Indianersprachen weit auseinanderliegender Gebiete Amerikas erkennen. Die araukanischen Indianer in Chile verwenden dasselbe Wort für „Sonne" wie die alten Ägypter – *anta* – und dasselbe Wort für „Beil" wie die alten Sumerer – *bal.* Das araukanische Wort für „Stadt", *kar,* ähnelt dem gleichbedeutenden phönikischen Wort *kart* (wie in *Kart*hago oder *Kart*hadash – „Neustadt").

Das Wort *malku,* das im Aimará, einer Sprache der bolivianischen Indianer, „König" bedeutet, begegnet uns im Hebräischen und Arabischen in den Formen *melekh* bzw. *melek.* Das hebräische Wort für „Zauberer" ist *bileam;* in der Maya-Sprache heißt *balaam* „Priester".

Das Maya-Wort *thallac,* das „nicht fest" bedeutet, zeigt eine seltsame Bezeichnung zu Thalath, der babylonischen Göttin des Chaos, und eine zusätzliche lautliche und inhaltliche Verwandtschaft mit dem griechischen Wort für „Meer“, *thalassa,* und dem aztekischen Regengott *Tlaloc.*

In der Aztekensprache Náhuatl heißt „Wasser“ *atl;* dasselbe Wort für „Wasser“ verwenden die Berber Nordafrikas.

Auch gewisse „planetarisch-religiöse“ Begriffe scheinen über den Ozean gewandert zu sein. *Shapash* war der Name des Sonnengottes der Phönizier und taucht bei den Klamath-Indianern Oregons als Wort für „Sonne“ wieder auf. Der Sonnengott der Hopi heißt Taiowa, und die japanische Subjektform des Wortes „Sonne“ lautet *taiyo-wa.*

Manchmal läßt sich das Vorhandensein europäischer Wörter in indianischen Stammessprachen ziemlich leicht erklären, wenngleich vielleicht nicht unbedingt zur Zufriedenheit der Anhänger des NEBC-Prinzips. Eine außergewöhnliche Entdekkung machte Ende des achtzehnten Jahrhunderts ein Vermessungstrupp des britischen Militärs, der im damals unbesiedelten Louisiana-Territorium des jetzigen Missouri operierte (das zu jener Zeit gemäß den Vereinbarungen des Pariser Friedens von 1763 unter spanischer Herrschaft stand). Der Trupp berichtete, einige seiner walisisch sprechenden Mitglieder hätten festgestellt, daß sie sich recht gut mit den Angehörigen des Mandanenstammes verständigen konnten, die offenbar eine Sprache redeten, in der etwa die Hälfte der Wörter walisisch war. Die Indianer hatten eine helle Hautfarbe, viele auch graue oder blaue Augen, und die Frauen waren, wie der britische Kommandant meinte, „außerordentlich hübsch“. Der Kommandant stellte die Hypothese auf, die Mandanen könnten Nachkommen von Mitgliedern einer historischen Expedition unter der Führung des Prinzen Madoc von Wales sein, der im Jahr 1170 nach Westen gesegelt war, um jenseits des Meeres ein Königreich zu gründen, und von dem man danach nichts mehr gehört hatte.

Die Ähnlichkeit zwischen walisischen und mandanischen Wörtern scheint diese Theorie zu bestätigen:

MANDANISCH	WALISISCH	DEUTSCH
bara	barra	Brot
chuga	chugjar	Rebhuhn
jurig	corwyg	Boot
ree	rhwyf (ree)	Ruder
her	hen	alt
ma	mawr	groß
glas	glas	blau
pan	pen	Kopf

Als die Sache bekannt wurde und die britischen Behörden lebhaftes Interesse an den angeblich „walisischen" Mandanen bekundeten, begannen spanische Beamte in New Orleans zu befürchten, Großbritannien könnte womöglich Anspruch auf das Gebiet erheben, mit der Begründung, daß ein Volk walisischer Abstammung dort lebe. Die spanischen Behörden finanzierten dem Offizier, der über seine Entdeckung berichtet hatte, eine zweite Expedition, mit dem Auftrag, seine Feststellungen zu überprüfen, was er auch tat. Bei seiner Rückkehr erklärte er, seine ersten Schlußfolgerungen über die „walisischen" Indianer seien ein Irrtum gewesen, quittierte den Dienst in der britischen Armee und nahm einen äußerst lukrativen Posten bei der spanischen Zoll- und Steuerbehörde in New Orleans an. Der Mandanenstamm wurde später durch Krankheiten stark dezimiert, und die Überlebenden vermischten sich mit den weiter nördlich lebenden Dakota-Sioux, verwendeten weiterhin ihre walisischen Wörter und hielten an gewissen walisischen Traditionen fest, bis schließlich auch die letzten Spuren dieses Stammes verschwanden.

Der Ursprung des Namens Brasilien ist faszinierend – und sehr vielsagend im Hinblick auf präkolumbische Besucher in Amerika. *Brzl* bedeutet, wenn die richtigen Vokale hinzugefügt werden, im Hebräischen, Phönikischen und Aramäischen

„Eisen", und wurde in diesem Sinn für ein Land gebraucht, das irgendwo im Ozean oder jenseits des Ozeans liegen und reich an Eisenerz sein sollte. Der Name dieses Landes drang im Lauf der Zeit auch in andere europäische Sprachen ein. In England und Irland wurde er zu *hy* (oder „*high*") *Brazil,* wobei *hy* eine modifizierte Form des Wortes *isle* („Insel") sein könnte. Als daher die Portugiesen an der Küste des heutigen Brasilien landeten, war ihnen die Bezeichnung *Brasil* bereits so vertraut, daß sie dem Land diesen Namen gaben. Eine provokante Frage bleibt allerdings offen: Wußten die alten Phönizier oder Karthager von den Eisenlagern in Brasilien, den größten der Welt, und verliehen sie diesem Land im Westen deshalb vor Tausenden von Jahren seinen heutigen Namen?

27

Das Lokalkolorit von Sprichwörtern

Alle Sprachen rund um die Welt besitzen Sprichwörter, die die Volksweisheit ausdrücken. Viele dieser Sprichwörter ähneln einander in ihrer Grundaussage, unterscheiden sich aber durch Nuancen in der Formulierung. Die folgenden Vergleichsbeispiele zeigen die Tendenz der Völker dieser Erde, gleiche oder ähnliche Gedanken unter dem Einfluß von Umwelt, Kultur und Brauchtum auf verschiedene Weise auszudrücken. (An erster Stelle steht das deutsche Sprichwort; die fremdsprachigen Versionen sind möglichst wortgetreu wiedergegeben.)

Deutsch:	Wenn die Katze aus dem Haus ist, tanzen die Mäuse. Oder: Wenn die Katze aus dem Haus ist, haben die Mäuse Feiertag.
Englisch:	Wenn die Katze fort ist, spielen die Mäuse.
Französisch:	Wenn die Katze fort ist, tanzen die Mäuse.
Italienisch:	Wenn die Katze aus dem Haus ist, tanzen die Mäuse.
Chinesisch:	Wenn die Katze fort ist, kommt die alte Ratte heraus.
Portugiesisch:	Wenn der Chef fortgeht, gibt's im Laden einen Feiertag.
Griechisch:	Wenn der Chef nicht in der Nähe ist, fallen uns eine Menge Lieder ein.

Deutsch:	Zu viele Köche verderben den Brei.
Englisch:	Zu viele Köche verderben die Suppe.
Französisch:	Zu viele Köche verderben die Sauce.
Spanisch:	Zu viele Kapitäne bringen das Schiff zum Sinken.
Japanisch:	Wenn zu viele rudern, zerschellt das Schiff an einem Felsen.

Russisch:	Wird das Kind von fünf Ammen betreut, verliert es ein Auge. Sind es deren sieben, fehlt ihm schließlich der Kopf.
Chinesisch:	Sieben Hände, acht Füße.

Deutsch:	Man kann das Fell des Bären nicht verkaufen, bevor man ihn gefangen hat.
Englisch:	Zähl deine Kücken nicht, ehe sie ausgebrütet sind.
Französisch und Italienisch:	Verkauf das Fell des Bären nicht, bevor du den Bären erlegt hast.
Spanisch:	Iß die Würste nicht, bevor du das Schwein geschlachtet hast.
Japanisch:	Zähl die Dachshäute nicht, bevor du die Dachse erlegt hast.
Russisch:	Man kann die Kücken nicht zählen, bevor der Herbst kommt.
Kisuaheli und andere afrikanische Sprachen:	Beschimpf das Krokodil nicht, ehe du den Fluß überquert hast.
Jamaika-Englisch:	Beschimpf die Mutter des Krokodils nicht, bevor du den Fluß überquert hast.

Die Türken haben eine andere Version dieses Sprichwortes, in der wiederum der Bär eine Rolle spielt: „Wenn du beim Überqueren einer Brücke einen Bären triffst, sag ‚Onkel' zu ihm, bis du die andere Seite erreicht hast."

Deutsch:	Erst wiegen, dann wagen.
Englisch:	Schau, bevor du springst.
Französisch:	Roll die Zunge siebenmal herum, bevor du sprichst.
Japanisch:	Hol dir einen Schirm, bevor du naß wirst.
Arabisch:	Blas auf die Suppe, bevor du sie ißt.
Russisch:	Überquer den Strom nicht, wenn du die Furt nicht kennst.
Italienisch:	Gibt acht, wenn du den Kopf neigst – du könntest ihn dir anschlagen.

Deutsch:	Die Geschmäcker sind verschieden. Oder: Jedem Tierchen sein Pläsierchen. Oder: Dem eenen sin Uhl, ist dem annern sin Nachtigall (aus dem Friesischen).
Englisch:	Jedermann nach seinem eigenen Geschmack.
Französisch:	Jeder nach seinem eigenen Geschmack.
Lateinisch:	Über Geschmäcker läßt sich nicht streiten.
Japanisch:	Zehn Menschen, zehn Farben.
Arabisch:	Es steht jedem frei, seine eigene Meinung zu haben.
Russisch:	Jeder Baron hat seine eigenen Schrullen.

Deutsch:	Da ist der Wurm drin. Oder (aus dem Englischen): Es ist was faul im Staate Dänemark.
Englisch:	Es ist was faul im Staate Dänemark.
Französisch:	Da ist ein Aal unterm Felsen.
Spanisch:	Da drin ist eine Katze eingesperrt.
Japanisch:	Im Leib des Löwen steckt ein Wurm.
Arabisch:	Da ist eine Schlange unterm Heu.
Portugiesisch:	Da ist eine Katze drin.
Russisch:	Da ist eine Nadel in der Tasche.
Chinesisch:	Ich weiß nicht, was für eine Medizin in dieser Melone ist.
Malaiisch:	Glaub nicht, daß die Krokodile fort sind, bloß weil der Fluß ruhig ist.

Deutsch:	Steter Tropfen höhlt den Stein.
Englisch:	Kleine Tropfen Wasser bilden das riesige Meer.
Französisch:	Nach und nach baut sich der Vogel sein Nest.
Japanisch:	Aus vielen Körnchen Staub wird mit der Zeit ein Berg.
Italienisch:	Tropfen für Tropfen füllt sich das Meer.
Russisch:	Aus einzelnen Fäden von allen Teilen der Welt kann ein ganzes Hemd für einen Mann werden.
Arabisch:	Hier ein Haar und dort ein Haar ergeben schließlich einen Bart.
Chinesisch:	Fu Chien's Heer brachte den Fluß zum Stehen, als jeder Soldat seine Peitsche hineinwarf.

Deutsch:	Ein Spatz in der Hand ist besser als eine Taube auf dem Dach.
Englisch:	Ein Vogel in der Hand ist so gut wie zwei im Gebüsch
Spanisch:	Ein Vogel in der Hand ist so gut wie hundert im Flug.
Italienisch:	Besser heute ein Ei als morgen ein Kücken.
Französisch:	Einmal „hier nimm" ist besser als zweimal „du wirst kriegen". (Einmal geben ist besser als zweimal versprechen.)
Russisch:	Versprich keine Taube vom Himmel, gib lieber eine Meise auf die Hand.

Deutsch:	Aus einer Krähe kann man keine Nachtigall machen.
Englisch:	Aus einem Schweinsohr kann man keine Seidenbörse machen.
Russisch:	Wenn man zum Kriechen geboren ist, kann man nicht fliegen.
Französisch:	Aus einem Bussard kann man keinen Falken machen.
Spanisch:	Auf einer Ulme wachsen keine Birnen.

Shakespeare hat die englische Sprache um eine ganze Reihe populärer Redensarten bereichert. Unter den beliebtesten findet sich auch der Titel einer seiner Komödien: *Much ado about nothing* („Viel Lärm um nichts."). Die Portugiesen drücken denselben Gedanken mit den Worten: „Ein großer Weingarten und wenig Trauben" aus, in Italien sagt man: „Viel Rauch und ein kleiner Braten", und in Spanien: „Viel Lärm (vom Knacken), wenig Nüsse." Im Deutschen gibt es neben der Übersetzung des Shakespeare-Zitates auch noch die Redensart: „Viel Geschrei und wenig Wolle." Ein französisches Äquivalent stammt aus dem Mittelalter und hat folgende Entstehungsgeschichte: Ein gewisser Sieur des Barreaux bestellte an einem kirchlichen Fasttag ein Schinkenomelette, und als er soeben zu essen begann, brach ein heftiges Gewitter los. Der adelige Herr betrachtete gedankenvoll den Himmel und meinte dann: „*Tant de bruit pour une omelette!*“ („Soviel Lärm um ein Omelette!“) – ein Ausspruch, der bis zum heutigen Tag erhalten blieb.

Jede Sprache hat einen Vorrat an sprichwörtlichen Redensarten für besondere Situationen. Wenn zwei Menschen sich über einen dritten unterhalten, der unversehens auftaucht, sagt man im Englischen und im Portugiesischen: „Wenn man vom Teufel redet ...“ Im Französischen heißt es: „Man braucht bloß vom Wolf zu reden, schon sieht man seinen Schwanz“, und die Araber sagen: „Denk an die Katze, schon kommt sie gelaufen.“

Im Deutschen und im Spanischen wird diese Situation mit kurzen Reimen kommentiert. Der deutsche Vers heißt:

Wenn man den Esel nennt, kommt er gerennt.

Die spanische Version lautet:

Hablando del rey de Roma, pronto se asoma.
(„Spricht man vom König von Rom, kommt er auch schon.“)

Kurze Sprüche, die das Alltagsleben charakterisieren oder gute Ratschläge beinhalten, bleiben in gereimter Form leichter im Gedächtnis haften. Ein Vers dieser Art, den fast jeder Deutschsprachige kennt, lautet:

Morgenstunde hat Gold im Munde.

In der englischen Version dieser sprichwörtlichen Weisheit wird allerdings auch auf frühes Zubettgehen Wert gelegt:

Early to bed and early to rise,
Makes a man healthy, wealthy, and wise.

Im Französischen gibt es einen sehr einprägsamen Vers für die Redensart: „Wer zuerst kommt, mahlt zuerst."

Les premiers venus,
sont les premiers servis.
(„Wer zuerst kommt, wird zuerst bedient.")

Den guten Rat „Eile mit Weile" kleiden die Italiener in den Reim:

Chi va piano
va lontano
e va sano.
(„Immer sachte, laß dir Zeit,
dann bleibst du heil und kommst auch weit.")

Ein deutsches Couplet, das betont, wie wichtig es ist, die Dinge sofort zu erledigen, läßt sich wortgetreu in einen englischen Vers übertragen:

Morgen, morgen, nur nicht heute,
Sagen alle faulen Leute.
(„Tomorrow, tomorrow, but not today
All the lazy people say.")

Ein Reim aus den finsteren Tagen des englischen Mittelalters ist typisch für die männlich orientierte Denkweise der damaligen Zeit:

A woman, a dog and a walnut tree,
The more you beat them, the better they be.
(„Walnußbäume, Hunde und Frauen
werden besser durch häufiges Stutzen und Hauen.")

Diese Ansicht kommt auch in einer alten deutschen Maxime zum Ausdruck, die durch Nietzsche zum geflügelten

Wort wurde: „Du gehst zur Frau? Vergiß die Peitsche nicht!" Auch die drei *Ks*, die den Frauen als Aktivitätsbereich zugedacht werden – Kirche, Küche und Kinder – sind ein Symbol dieser patriarchalischen Auffassung.

Doch nicht nur die Germanen, auch die Romanen weisen der Frau ihren Platz im Haus zu. Die französische Redewendung dafür heißt: *La femme au foyer* – „die Frau (gehört) ins Haus"; die italienische: *Il posto della donna è in casa* – „der Platz der Frau ist im Haus", und im Portugiesischen und Spanischen gibt es das Sprichwort: „Wenn der Hahn kräht, schweigen die Hennen."

Das englische Sprichwort *bringing coals to Newcastle* („Kohlen nach Newcastle bringen") verliert durch seine Ortsgebundenheit in jeder wörtlichen Übersetzung seinen Sinn. Die Griechen drücken diesen Gedanken in ihrer Sprache durch die Redewendung „Eulen nach Athen tragen" aus (da es in Athen viele Eulen gibt, oder zumindest in der Antike gab). Die deutsche Sprache hat dieses Sprichwort übernommen, kennt aber auch noch andere Wendungen dieser Art, wie z. B.: „Bier nach München bringen" oder niederdeutsch „Water in de See dragen." Das italienische Sprichwort „Tonkrüge nach Samos tragen" ist wie das griechische auf die Antike bezogen, in der die Insel Samos für ihre Krüge berühmt war. Im Russischen sagt man: „Er geht nach Tula und nimmt seinen eigenen Samowar mit" – ein unsinniges Unterfangen, wie jeder Russe weiß, da in Tula traditionsgemäß die besten Samoware hergestellt werden. Im Deutschen wird dieser Gedanke übrigens auf andere – etwas nonchalantere – Weise ausgedrückt: „Er fährt nach Paris und nimmt seine eigene Frau mit."

28

Nuancen der Höflichkeit

Die meisten Sprachen haben ein Äquivalent für unser Wort „bitte" oder benutzen Formen des Konditionals oder Konjunktivs („würden Sie", „könnten Sie") zum Ausdruck der Höflichkeit; die höflichste Sprache der Welt aber ist wohl unbestreitbar das Japanische. Das japanische Wort für „bitte" – dozo – *ist sozusagen allgegenwärtig, doch ist es im Grunde nicht für jede Gelegenheit höflich genug. Wenn man selbst um etwas bittet, verwendet man das Wort* kudasi, *das eigentlich den ehrerbietigen Wunsch zum Ausdruck bringt, der andere möge einem von seiner erhabenen Höhe etwas herabreichen. Wenn man hingegen jemandem etwas gibt, so wählt man das Wort* agemasu, *welches aussagt, daß man sich als der Geringere die Freiheit nimmt, dem wesentlich Höherstehenden etwas hinaufzureichen.*

Das japanische Wort für „danke" – *arigato* (wörtlich: „es schmerzt") – impliziert, daß man sich jemandem für einen geleisteten Dienst zutiefst verpflichtet fühlt. Und der japanische Ausdruck für „gern geschehen", *doo itashi mashite,* heißt in der wörtlichen Übersetzung: „Wie ist es möglich?" (Dank für etwas entgegenzunehmen).

Moshi-moshi („Verzeihung, Verzeihung") ist eine Phrase, mit der man jemandes Aufmerksamkeit erbittet. Da es in Japan üblich ist, sich auch am Telefon so zu melden, kommt es oft vor, daß die Japaner einander zu Beginn eines Telefongesprächs zunächt einmal gleichzeitig um Entschuldigung bitten.

Als die ersten Missionare nach Japan kamen und – was sehr

häufig der Fall war – die fremde Sprache in das grammatische System ihrer europäischen Sprachen zu zwängen versuchten, deuteten sie die japanische Verbalendung *-masho,* die zum Ausdruck der möglichen Zukunft verwendet wird, als wirkliche Zukunft, was zu zahlreichen sprachlichen Mißverständnissen führte. Dabei ist das japanische Konzept der möglichen Zukunft wahrscheinlich korrekter als die europäische Vorstellung, da doch kein Mensch sagen kann, ob ein bestimmtes Ereignis auch tatsächlich in der Zukunft eintreten wird. (Auch im Arabischen und im Spanischen werden zukünftige Handlungen in gewisser Weise eingeschränkt. Im Arabischen durch das Wort *inschallah,* „so Gott will", und im Spanischen durch das gleichbedeutende *si Dios quiere.*)

Im Japanischen gibt es eine ganze Reihe ehrerbietiger Wörter und Wendungen für die Angehörigen eines Gesprächspartners, wie z. B. Eltern, Ehepartner, Kinder und so weiter. Von der eigenen Frau spricht man als *tsuma,* von der Frau des anderen als *okk'san,* den eigenen Mann nennt man *shujin,* den Mann einer anderen *go-shujin* („ehrenwerter Gemahl"). Die eigene Mutter heißt *ha-ha* und der Vater *chi-chi;* eines anderen Mutter wird mit dem respektvollen Wort *oka-san,* der Vater mit dem ebenso respektvollen Ausdruck *oto-san* bezeichnet. Bei Kindern wird ein Unterschied zwischen Söhnen und Töchtern, bei Geschwistern zwischen älteren und jüngeren und in beiden Fällen wiederum zwischen den eigenen Angehörigen und denen des anderen gemacht. Ältere Personen werden immer mit größerem Respekt behandelt; selbst wenn man eine Kellnerin ruft, sagt man *ne-san,* „ehrenwerte ältere Schwester".

Das an Personennamen angefügte Suffix *san* oder *sama* entspricht nicht genau den Ausdrücken „Herr", „Frau" oder „Fräulein", sondern bedeutet ganz allgemein „ehrenwert". Spricht man beispielsweise mit einem Herrn Yamaguchi, so redet man ihn als *Yamaguchi-san* an. Die echte Bescheidenheit aber verlangt natürlich, daß man die Endung *-san* niemals dem eigenen Namen anfügt.

Die Japaner sind sogar in ihren Untergrundbahnen höflich, obwohl diese so überfüllt sind, daß die Fahrgäste von eigens zu diesem Zweck eingestelltem Personal in die Waggons geschoben und an den diversen Stationen wieder herausgezogen werden müssen. Die Bediensteten, die die Passagiere in die Waggons schieben, werden mit dem Ausdruck *oshiya-san* („ehrenwerte Hineinschieber") angesprochen, diejenigen, die ihnen beim Aussteigen helfen, werden *hagitoriya-san* („ehrenwerte Herauszieher") genannt.

Auch der Vokal *o* bedeutet, wenn er gewissen Substantiven vorangestellt wird, „ehrenwert". So sagt man in Japan beispielsweise *o-cha* („ehrenwerter Tee"), *o-tera* („ehrenwerter Tempel"), *o-kane* („ehrenwertes Geld"), *o-sake* („ehrenwerter Reiswein"), *o-tenki* („ehrenwertes Wetter") und *o-kami* („ehrenwerte Götter").

Die Höflichkeit wird in Japan noch stärker betont durch den Brauch des Verneigens, wobei die Tiefe der Verneigung vom Rang und der Bedeutung der begrüßten Person abhängt – aber selbst der Kaiser verneigt sich, um eine ihm erwiesene Ehrerbietung zu erwidern. Besucher aus dem Westen fragen sich oft, ob diese übertriebene Höflichkeit im Gespräch und diese ständigen Verbeugungen nicht reine Zeitverschwendung sind. Wenn man sich aber vor Augen hält, wie gut die Japaner selbst in ihren überfüllten Zügen auf diese Weise miteinander auskommen, muß man zugeben, daß dieser Brauch beträchtliche Vorteile haben könnte – vielleicht sogar für den Export; man denke nur an die japanischen Autos und Computer, die die Märkte der Welt überschwemmen.

Die japanische Sitte der Verneigung, die ja nichts anderes ist als eine paralinguistische Form der Respektsbezeigung, hat auf dem europäischen Kontinent ein Pendant. Zwar verneigen sich die Festlandseuropäer nicht so oft, dafür aber schütteln sie einander öfter die Hände, und Damen gegenüber gibt es noch eine andere Geste der Höflichkeit – den Handkuß, der auf Asiaten schockierend wirkt. In Europa oder in europäisch beeinflußten Ländern kann der tatsächliche Kuß auch durch eine entsprechende Grußformel ersetzt werden. In Süddeutschland, Österreich und anderen Teilen Mitteleuropas ist es ein weitverbreiteter Brauch, Damen mit den Worten: „Küß die Hand!" zu begrüßen, gleichgültig, ob dieser Gruß tatsächlich von einem Handkuß begleitet wird oder nicht.

In Frankreich und einigen anderen europäischen Ländern schickt es sich für einen Herrn, einer verheirateten Dame, der er vorgestellt wird (flüchtig und mit einer leichten Verneigung), die Hand zu küssen. Auch bei anderen gesellschaftlichen Anlässen ist diese Geste sehr gebräuchlich.

Im Spanischen wird der Handkuß auch im Briefverkehr zum Ausdruck gebracht – sogar in der Geschäftskorrespondenz. Manchmal findet man am Ende eines Briefes die Abkürzung *S. S. S. Q. B. S. M.*, die bedeutet: *Su seguro servidor que besa su mano* – „Ihr aufrichtiger Diener, der Ihnen die Hand küßt." Oft wird diese Phrase allerdings zu der Formel *Q. E. S. M.* verkürzt und abgeschwächt, in der das E für das Wort *estrecha* („drücken") steht.

Wenn der Spanier einer Dame vorgestellt wird, empfindet er es als besonders höflich, mit einer leichten Verneigung zu sagen: *„A los pies de Ud., señora"* – „zu Ihren Füßen, gnädige Frau."

Die Verbalkonstruktionen des Chinesischen sind einfacher als die des Japanischen, aber die Phrasen der Ehrerbietung sind in der traditionellen Sprechweise dennoch erfinderisch und bildreich zugleich – oder waren es zumindest, bevor das kommunistische Regime in der Volksrepublik derlei Höflichkeiten einzuschränken suchte. Doch die vielen Millionen Chinesen, die außerhalb Chinas leben, bedienen sich immer noch dieser traditionellen Höflichkeitsfloskeln. Das chinesische Äquivalent für das Wort „Herr" – *hsien-sheng* – wörtlich „früher geboren", bedeutet: „Sie sind älter als ich" und soll Respekt vor dem Alter zum Ausdruck bringen. Das tatsächliche Alter des Angesprochenen spielt dabei keine Rolle. „Frau" oder „gnädige Frau" heißt auf chinesisch *tai-tai* und bedeutet wörtlich „sehr, sehr", womit gesagt werden soll, daß die betreffende Dame sehr schön, sehr charmant oder sehr tugendhaft ist. Das Wort für „Fräulein" – *hsiao-chieh* – bedeutet „kleine Schwester".

Der Sohn desjenigen, mit dem man spricht, kann als *kung-tsu,* „junger Prinz", bezeichnet werden, und die Tochter wird *chien-chin,* „tausend Goldstücke", genannt. Vom eigenen Sohn spricht man beiläufig als *hsiao-chuen* („kleiner Welpe") und die Tochter nennt man *hsiao nü'rh* („kleines Mädchen").

Übertrieben ehrerbietig spricht man von den Eltern des Gesprächspartners; den Vater nennt man *ling-tsun,* „erlauchter Prinz", und die Mutter *ling-tang,* „erlauchte Halle".

Wenn eine Frau von ihrem eigenen Mann spricht, so nennt sie ihn *chia-chün,* „Prinz des Hauses" oder – weniger formell – *lao yeh* („alter Großvater") oder sogar *lao-pang* („alter Stock"), womit auf sein Züchtigungsrecht angespielt wird.

Ein Mann nennt seine eigene Frau *nei-ren,* „die im Haus Weilende", eine Bezeichnung, die sehr viel über den früheren Status der Frau in China aussagt.

Der Großteil dieser respektvollen Ausdrücke wurde im „klassenlosen" China abgeschafft, wo heute die Anrede „Genosse" für alle Bürger, weibliche wie männliche, üblich ist. Die chinesische Übersetzung des Wortes „Genosse" vermittelt jedoch einen anderen Eindruck als die westliche Version, die immer auch an die russische Oktoberrevolution erinnert. Das chinesische Wort heißt *tung-chih* und bedeutet wörtlich „gleicher Gedanke“ oder „gleiches Denken“ – eine sehr treffende und verständliche Bezeichnung für Menschen, die denselben sozio-politischen Theorien anhängen.

Auch in den früheren europäischen Kolonien Afrikas und Asiens haben sich die Formen der Anrede gewandelt. Die Einheimischen in den ehemaligen Kolonien werden nicht mehr *boy* („Junge“) oder sogar *young fellow* („Bürschchen“) – Malaiisch *djongos* – genannt. Wer je Somerset Maugham gelesen hat, wird sich erinnern, daß männliche Weiße früher von den Malaien mit dem Wort *tuan* („Herr“, „Gebieter“) angesprochen wurden, das die allgemeine Höflichkeitsanrede für höhergestellte männliche Personen ist. Mit der Unabhängigkeit wurde auch der Ruf nach einer diesbezüglichen Änderung laut, und die früheren Kolonialherren sahen sich oft gezwungen, ihre einstigen „Schützlinge“ mit der Höflichkeitsform *tuan* anzusprechen. Indonesien, die größte malaiische Nation, hat die im Volk gebräuchlichen Anredeformen *saudara* („Bruder“) bzw. *saudari* („Schwester“) übernommen, daneben aber auch die Anreden *tuan* („Herr“ oder „Gebieter“) und *njonja* („Frau“) sowie *nona* („Fräulein“) bewahrt.

Auch in Indien haben die Anredeformen *sahib* („Herr“, „Gebieter“) und *memsahib* (die entsprechende weibliche Form), mit der seinerzeit die Briten bzw. alle Europäer von den Einheimischen angesprochen wurden, ihre exklusive Bedeutung verloren.

Das Wort *bwana,* Generationen von Kinobesuchern aus Filmen über das Leben in Afrika bekannt, ist nun in den meisten afrikanischen Sprachen in den Ländern südlich der Sahara, mit Ausnahme der Republik Südafrika, als Anrede für Afrikaner und Weiße gleichermaßen gebräuchlich. *Bwana,* eine respektvolle Form der Anrede, impliziert die Bedeutung „Chef“ oder „Gebieter“, obwohl es im Grunde nichts anderes heißt als „Vater von Söhnen". Ein Weißer, der einen Schwarzafrikaner einfach *boy* nennt, muß heute in Afrika mit ähnlichen Reaktionen rechnen wie ein US-Amerikaner europäischer Herkunft, der einen Mitbürger afrikanischer Abstammung mit diesem Wort anspricht.

Bis auf das moderne Englisch, das für die Anrede nur das eine Pronomen *you* benutzt, unterscheiden alle europäischen Sprachen zwischen vertraulichen und förmlichen Anredeformen, wobei die Ausdrucksmöglichkeiten von zwei bis zu sieben Varianten reichen. Die Wahl der richtigen Form hängt vom Grad der Vertrautheit ab; wählt man die falsche, so kann das als sehr unhöflich empfunden werden.

Auch im Englischen gab es früher neben dem Personalpronomen *you* noch ein weiteres persönliches Fürwort der zweiten Person, nämlich *thou* und die dazugehörigen Formen *thy, thee* und *thine.* Diese Formen sind aus dem modernen Sprachgebrauch verschwunden und leben nur noch in Gebeten, in der Bibel und in alten Büchern fort. Nur einige religiöse Sekten, wie zum Beispiel die Quäker, verwenden sie auch heute noch. Das englische Pronomen *you* wurde ursprünglich nur als Anrede für mehrere Personen benutzt; mit anderen Worten, *you* (oder *ye*) war die Pluralform von *thou.* Andere europäische Sprachen haben die Anredeformen noch nicht so vereinfacht wie das Englische, und der Studierende steht daher oft vor der Qual der Wahl, welche Form der Anrede er im jeweiligen Fall zu benutzen hat. Die Verwendung ein und desselben Pronomens für den Singular und den Plural der zweiten Person und als allgemeine Form der Anrede beruht auf dem graecolateinischen System und entspricht den Gepflogenheiten der klassischen Antike. Nachstehend die Konjugation des englischen Verbs *to be* („sein") im Präsens:

TO BE („SEIN")	SINGULAR	PLURAL
1. Person	*I am* („ich bin")	*we are* („ wir sind")
2. Person	*you are* („du bist") ..... (ursprüngl. *thou are*)	*you are* („ihr seid")
3. Person	*he, she, it is* .... („er, sie, es ist")	*they are* („sie sind")

Dieses System ist unter allen europäischen Sprachen das einfachste, da die einstige Form für die zweite Person Singular – die vertrauliche Anrede *thou* („du") – eliminiert wurde.

Im Französischen gibt es zwei Anredeformen – *tu* (2. Person Singular) und *vous* (2. Person Plural und Höflichkeitsform des Singular). *Vous* ist also die Anrede für mehrere Personen und die förmliche Anrede für eine Person, mit der man nicht auf sehr vertrautem Fuß steht, *tu* hingegen die vertraulich-familiäre Anrede für eine Person. Im Zweifelsfall ist es immer besser, die Form *vous* zu wählen. *Tu* sagt man in der Familie, im Umgang mit Kindern, unter guten Freunden und Bekannten (und selbstverständlich auch zu Tieren). Der Gebrauch des Wortes *tu* bedeutet nicht unbedingt, daß man jemanden gut leiden kann – *tu* ist einfach die ungezwungenere Form der Anrede. In einigen französischen Familien sagen Ehepaare in der Gegenwart Fremder immer noch *vous* („Sie") zueinander. Studenten, jüngere Arbeitskollegen und Soldaten duzen einander im allgemeinen; in Situationen, wo ein gewisser Respekt angebracht ist, wird das förmliche *vous* vorgezogen.

Die skandinavischen Sprachen und das Holländische besitzen ebenso wie das Französische zwei Formen der Anrede. Im Deutschen hingegen gibt es drei: das vertrauliche „du" für den Singular, den vertraulichen Plural „ihr" und die Höflichkeitsform „Sie" im Singular und im Plural. Wenn in deutschsprachigen Ländern Bekannte der Meinung sind, sie seien gut genug miteinander befreundet, gehen sie vom förmlichen „Sie" auf das persönlichere „du" über. Meist wird dieses

Ereignis mit einem Gläschen Wein begossen, man prostet einander zu, trinkt auf das gegenseitige Wohl, und oft wird auch mit untergehakten Armen Bruderschaft getrunken.

Im Russischen gibt es zwei Formen der Anrede, das förmliche *Vy* und das vertrauliche *ty.* Sowohl beim russischen als auch beim deutschen Militär ist es den Offizieren trotz einer langen historischen Tradition strikter Disziplin und Betonung von Klassenunterschieden heute nicht mehr gestattet, ihre Untergebenen zu duzen, wenn sie ihnen einen Befehl erteilen.

Im Spanischen gibt es fünf Möglichkeiten der Anrede: die vertrauliche Anredeform des Singular, *tú,* die vertraulichen Pluralformen *vosotros* (männlich) und *vosotras* (weiblich) und die förmlichen Anredeformen *Usted* (Singular) und *Ustedes* (Plural), die meistens abgekürzt (Ud. und Uds.) geschrieben werden. *Usted* kommt von der altertümlichen Konstruktion *vuestra merced,* „Euer Gnaden", die früher als ehrerbietige Anrede von Untergebenen für höhergestellte Personen benutzt wurde. Solche „indirekten" Formen der Anrede sind übrigens auch im Englischen möglich. Ein Rekrut, der seinen Hauptmann anspricht, kann sich – um das direkte *you* zu vermeiden – beispielsweise mit der Umschreibung: *Does the captain wish . . .?* („Wünscht der Hauptmann . . .?") behelfen. Außerdem gibt es natürlich auch im Englischen eine ganze Reihe respektvoller Formen der Anrede für höhergestellte Persönlichkeiten: *your honour* („Euer Ehren"), *your eminence* („Euer Eminenz"), *your highness* („Eure Hoheit") und *your majesty* („Eure Majestät").

Das Portugiesische ist hinsichtlich der Anredeformen mit seinen sieben verschiedenen Möglichkeiten eindeutiger Spitzenreiter unter den romanischen Sprachen. Da gibt es die vertrauliche Form *tu,* die etwas weniger vertrauliche Form *vôce,* die der französischen Höflichkeitsform *vous* ähnelt, im Unterschied zum Französischen aber auch eine Pluralform – *vôces* – hat, und daneben, wie im Spanischen, noch höflichere und förmlichere

Formen der Anrede – *o senhor* („der Herr"), *a senhora* („die Dame"), beide mit den entsprechenden Pluralformen *os senhores* und *as senhoras.* (Wird eine Gruppe angesprochen, die sich aus Frauen und Männern zusammensetzt – und sei es auch nur ein einziger Mann unter lauter Frauen –, so verwendet man die maskuline Pluralform.) Wie bequem haben es dagegen doch die englischsprachigen Völker, die für den Alltagsgebrauch mit dem Pronomen *you* das Auslangen finden.

Im Italienischen stehen vier Anredepronomen zur Auswahl: Für die Anrede an eine Person das familiäre *tu* und das höfliche *Lei* (das klein geschrieben die dritte Person Singular Femininum bezeichnet), für die Anrede an mehrere Personen das Pronomen *voi* (das früher wie das französische *vous* auch als höfliche Anrede für eine Person benutzt wurde, was heutzutage kaum noch üblich ist) oder das sehr formelle *Loro* (das klein geschrieben die dritte Person Plural bezeichnet). Als Mussolini in Italien an der Macht war, versuchte er dieses komplizierte System zu vereinfachen, indem er – linguistisch gesehen – einen Schritt in die Vergangenheit tat. Er verfügte, daß die Höflichkeitsformen fallengelassen werden und die Italiener sich auf die Pronomen *tu* und *voi* beschränken sollten. Diese Sprachreform war – unter Protest – bis zum Untergang Mussolinis und seines Regimes wirksam.

In einigen romanischen Sprachen gibt es Sonderformen der Anrede, die Respekt vor dem Alter oder Anerkennung für besondere Leistungen zum Ausdruck bringen und dem Vornamen des Betreffenden vorangesetzt werden. Im Spanischen sind das die Wörter *don* und *doña (don Antonio, doña María),* im Italienischen *don* und *donna,* im Portugiesischen *dom* und *donha,* die sich alle von lateinisch *dominus* („Herr") bzw. *domina* („Herrin") herleiten. Diese Anredeformen in Verbindung mit dem Vornamen können ohne Erwähnung des Familiennamens gebraucht werden, sobald man die betreffende Person näher kennt, ohne daß dies besondere Vertrautheit impliziert. Auch bei der Vorstellung oder bei der Erwähnung einer nicht anwesenden Person im Gespräch werden diese Formen häufig benutzt, aber selbstverständlich darf man sich niemals selbst so bezeichnen.

Auch im Russischen gibt es eine sehr bequeme Form der Anrede, die man verwenden kann, sobald man jemandem vorgestellt wurde. Der Vorname des Betreffenden *(imja)* wird mit einer modifizierten Form des väterlichen Vornamens *(otschestwo)* kombiniert. Wenn ein Mann mit Vornamen Iwan heißt, und der Vorname seines Vaters ebenfalls Iwan ist, nennt man ihn Iwan *Iwanowitsch* – „Iwan, Sohn des Iwan". Hat er eine Schwester namens Natascha, wird sie Natascha *Iwanovna* – „Natascha, Tochter des Iwan" – genannt. Die Suffixe *-owitsch* und *-ovna* werden immer an den Vornamen des Vaters angehängt, nie an den der Mutter. Manchmal entstehen durch diesen Brauch ellenlange Wörter. Stalins Vorname zum Beispiel war Jossip, der Vorname seines Vaters Wissarion, also nannten Stalins engste Mitarbeiter ihn „der Kürze halber" Jossip Wissarionowitsch.

Von allen modernen Sprachen ist das Englische die einzige, in der das Pronomen der ersten Person Singular, *I,* groß geschrieben wird. In anderen Sprachen wird die Höflichkeitsanrede mit großem Anfangsbuchstaben geschrieben: Deutsch (Sie), Italienisch *(Lei),* Spanisch *(Ud.),* Holländisch *(U),* Russisch *(Vih),* im Deutschen – zumindest im Briefverkehr – auch die vertrauliche Anrede „Du".

29

Hello und Goodbye

Würde ein außerirdisches Wesen die Geräusche auf der Erde vom All aus überwachen, um festzustellen, welche Kommunikationslaute in den irdischen Sprachen am häufigsten auftreten, so käme das Wort hello *(„hallo“) sicher an die Spitze der Liste. Was die Verwendung dieses Grußwortes so gefördert hat, sind die auf der ganzen Welt über Telefon und Funk geführten Gespräche; die meisten Telefongespräche werden in englischer Sprache geführt, und ein englisches Telefongespräch beginnt mit dem Wort* hello.

Hello wurde auf verschiedene Wurzeln zurückgeführt: auf das französische *hola* („halt“) und das althochdeutsche *holla,* mit dem Hunde oder Pferde herbeigerufen wurden. In den Vereinigten Staaten und den Ländern des British Commonwealth, wo es die meisten Telefone gibt, ist das Wort *hello* die übliche Form, sich am Telefon zu melden. In den frankophonen Ländern benutzt man das synonyme *âllo;* im deutschen Sprachraum, in Holland und den skandinavischen Ländern „hallo“, in vielen arabischsprachigen Ländern *alô,* und auch in Spanien kann man sich mit dem Wort *hola* am Telefon melden. Selbst in der Sowjetunion und den Ostblockstaaten ist „hallo“ oft das erste Wort, das am Telefon gesagt wird.

Die ersten Telefonisten, die im Jahr 1878 in Connecticut die neuen Fernsprechgeräte bedienten, beantworteten das Klingeln des Telefons allerdings nicht mit *hello*, sondern mit dem nautischen „ahoi“.

In den meisten Sprachen, mit Ausnahme des Englischen,

gibt es neben dem Wort „hallo“ in seinen verschiedenen Formen auch noch eine Reihe anderer Möglichkeiten, sich am Telefon zu melden. Die Spanier haben außer *hola* noch eine ganze Menge anderer Phrasen zur Auswahl: *a ver* – „wir wollen sehen“; *¿Quién habla?* – „wer spricht?“; *oigo* – „ich höre“; *¿Con quén?* – „mit wem (spreche ich)?“ In Spanien wird die Phrase *dígame* („sagen Sie mir“) bevorzugt, in Mexiko der Ausdruck *¿Bueno?,* der in diesem Fall soviel wie „gut?“ bedeutet.

Im Deutschen folgt dem Wort „hallo“ meistens die Frage: „Wer spricht?“ Man kann sich aber – und das gilt als höflicher – statt mit „hallo“ auch mit dem Familiennamen melden. In Skandinavien ist es üblich, daß der Angerufene zuerst seine eigene Telefonnummer sagt und dann erst das Wort „hallo“ hinzufügt.

In Italien meldet man sich mit *pronto,* und das bedeutet: „(zum Sprechen) bereit“ und nicht „sofort“, wie Spanier und Amerikaner oft glauben. Häufig wird noch die Frage: *con chi parlo?* („mit wem spreche ich?“) hinzugefügt.

In Rußland meldet man sich manchmal mit „hallo“, manchmal auch mit *sluschaju* („ich höre“).

Einige Nationen halten an ihrer eigenen Art, sich am Telefon zu melden, fest, weil sie auf diese Weise die Nationalsprache tiefer verankern wollen, oder auch um der nationalen Denkweise Nachdruck zu verleihen. So war es beispielsweise im Deutschland der Hitlerzeit ratsam, sich am Telefon mit einem markigen „Heil Hitler!“ zu melden.

In einigen afrikanischen Staaten, in denen Kisuaheli gesprochen wird, meldet man sich mit dem Wort *Jambo* – einem Gruß, der soviel bedeutet wie „nichts los“.

Die Zentralregierung Indiens versucht beharrlich, das Hindi

als Staatssprache für die gesamte indische Republik durchzusetzen und empfiehlt daher die Verwendung des Hindi-Wortes *Hanji* („Grüße") zur Einleitung eines Telefongespräches, obwohl auch das englische *hello* immer noch allgemein üblich ist.

In den eher konservativ orientierten arabischen Staaten wird das Wort *na'am* („ja") dem internationalen „hallo" vorgezogen. Dasselbe gilt für den Iran und für Afghanistan, wo ebenfalls dem Wort für „ja" – *baleh* – der Vorzug gegeben wird. In Ländern, in denen „hallo", *hello* oder *âllo* als sehr ungewohnt empfunden wird, benutzt man ebenfalls andere Wörter. In Griechenland sagt man *embros* („herein"), in Japan *moshi moshi* („Verzeihung, Verzeihung") und in China *wei* (ein Wort, mit dem man auch Tiere zu ihrem Futterplatz ruft).

Die meisten Abschiedswörter lassen sich in drei Kategorien einordnen – man befiehlt den Scheidenden der Obhut Gottes, man drückt den Wunsch nach einem Wiedersehen aus oder man wünscht einander Friede, Gesundheit und Glück.

Das englische *goodbye* ist eine Kontraktion der Phrase *God be with you* („Gott sei mit dir"). Das französische *adieu,* das einen Beiklang von endgültigem Abschied hat, bedeutet wörtlich „zu Gott" im Sinne von „Gott befohlen", ebenso wie das italienische *addio,* das portugiesische *adeus* und das spanische *adiós.* Das schwedische *adjö* ist eine Adaption des französischen *adieu,* das manchmal auch im deutschen Sprachraum gebraucht wird und in seiner alten deutschen Form „ade" als Wort der Dichter und in der Volkssprache mancher Landstriche weiterlebt. Der beliebte bundesdeutsche Abschiedsgruß „tschüs", der sich auf dem Weg über die Medien immer mehr den gesamten deutschen Sprachraum – und hier vor allem die Jugend – erobert, ist eine Verballhornung des französischen *adieu.* Der alte deutsche Ausdruck „behüt dich Gott" lebt in der österreichischen Mundart als „pfiatdigott" oder kurz „pfiatdi" weiter.

Die Griechen haben das italienische *addio* übernommen und zu *addio-sis* gemacht.

Im Spanischen sagt man *adiós* manchmal auch zur Begrüßung, vor allem, wenn man einander nur kurz im Vorübergehen grüßt, ohne ein Gespräch anzuknüpfen. *Adiós* ist in diesem Fall Begrüßungs- und Abschiedswort zugleich.

Der englische Ausdruck *so long* („bis dann") impliziert eigentlich, daß die Zeit bis zum nächsten Wiedersehen zu lang ist. Die idiomatische amerikanische Redewendung *long time no see* („schon lang nicht mehr gesehen") kommt aus dem chinesischen Pidgin-Englisch und ist eine wörtliche Übersetzung des chinesischen Ausdrucks *ch'ang chih mei kan-chien.*

Der deutsche Abschiedsgruß „auf Wiedersehen" hat in einigen Sprachen wörtliche Entsprechungen: *au revoir* (Französisch), *do swidanija* (Russisch), *ts'ai chien* (Chinesisch), *hasta la vista* (Spanisch) und *tot siens* (Afrikaans). Das Italienische hat zwei Ausdrücke für „auf Wiedersehen": *arriverderLa* (die Höflichkeitsform) und *arrivederci.*

Das italienische Wort *ciao* ist ebenso wie das österreichische „Servus" (lat. „Diener") ein legerer Ausdruck, den man sowohl bei der Begrüßung als auch beim Abschied verwenden kann.

Der englische Ausdruck *farewell* („leb wohl"), mit dem man einem Scheidenden Glück und Wohlergehen wünscht, ist seinen Äquivalenten in einigen nordeuropäischen Sprachen auch klanglich sehr ähnlich: Holländisch *vaarwell,* Norwegisch und Dänisch *farvel.* Auch im Kisuaheli gibt es ein Abschiedswort, das den Wunsch zum Ausdruck bringt, es möge dem Scheidenden wohlergehen: *kwaheri.*

Das schöne japanische Abschiedswort *sayonara* birgt die

schmerzliche Erkenntnis der Trennung in sich; es bedeutet wörtlich „wenn es sein muß".

Das griechische Abschiedswort *chäre* stammt aus der klassischen Antike und bedeutet: „Freu dich!" – eine freundliche Aufforderung, das Leben von der schönen Seite zu nehmen.

Das hawaiianische Begrüßungs- und Abschiedswort heißt *aloha* und bedeutet schlicht und einfach „Liebe".

Im Türkischen hängt die Wahl des Abschiedswortes davon ab, wer es sagt – der Scheidende oder der Zurückbleibende. *Allaha ismarladik* sagt man zu dem, der fortgeht, und stellt ihn mit dieser Phrase unter den Schutz Gottes. Der Scheidende antwortet darauf *güle güle* („lachend, lachend") – ein Ausdruck, der sich zweifellos auf das Vergnügen bezieht, das ihm der Aufenthalt im Haus seines Gastgebers bereitet hat.

Der hebräische Gruß *schalom* („Frieden") kann beim Kommen und beim Gehen gesagt werden. *Schalom* hat einen linguistischen Vetter in dem arabischen Wort *salaam,* das ebenfalls „Frieden" bedeutet. Es wird in der Grußformel *as-salaam aleikum* („Frieden sei mit dir") und der darauf gegebenen Antwort *wa aleikum as-salaam* („und auch mit dir sei Frieden") verwendet. Wenn man sich von seinem Gastgeber verabschiedet, sagt man *Allah ysalmak!* („Gott schenke dir Frieden"), und dieser antwortet darauf: *Mae as-salaam!* („Geh hin in Frieden!")

Dieses alte Wort für „Frieden" findet man auch in Ortsnamen auf der ganzen Welt, von Salem in Massachusetts bis Dar es-Salaam („Hafen des Friedens") in Tansania.

Auch in fast allen malaiischen und indonesischen Grußformeln für jede Tageszeit und Gelegenheit taucht das Wort „Frieden" – *selamat* – auf:

Guten Morgen!	*Selamat pagi*	(„Frieden am Morgen")
Willkommen!	*Selamat datang*	(„Frieden bei der Ankunft")
Gesundheit! (Prost!)	*Selamat minum*	(„Frieden beim Trinken")
Guten Appetit!	*Selamat makan*	(„Frieden beim Essen")
Lebwohl! (zum Scheidenden)	*Selamat djalan*	(„Geh in Frieden")
Lebwohl! (zum Zurückbleibenden) ...	*Selamat tinggal*	(„Bleib zurück in Frieden")
Gute Nacht!	*Selamat tidur*	(„Friedlicher Schlaf")

30

Der kürzeste Sprachführer der Welt für die wichtigsten Sprachen der Welt

Mark Twain bemerkte einmal, er habe mit großem Vergnügen eine Wandertour durch Deutschland gemacht und sei dabei mit nur vier deutschen Wörtern ausgekommen: bitte, Bier, Kuß und danke – nicht immer in dieser Reihenfolge. Ausgehend von diesen vier Schlüsselwörtern ließe sich ein elementarer Sprachführer für den modernen internationalen Reiseverkehr erstellen, indem man die Wörter „Bier" und „Kuß" wegläßt, ersteres, weil es ohnehin auf der ganzen Welt verstanden wird, und zweiteres, weil es unter Umständen mißverstanden werden könnte.

Es bleiben also die Wörter „bitte" und „danke", denen noch ein höfliches Universalwort hinzuzufügen wäre, das friedliche Absichten kundtut und sich zur Einleitung einer Bitte um Auskunft oder Hilfe eignet. „Verzeihen Sie" paßt für diesen Zweck ganz gut und ist außerdem recht brauchbar, wenn man versehentlich mit jemandem zusammenstößt, mit einem Mietwagen die Stoßstange eines fremden Autos beschädigt oder in tropischen Ländern jemandem auf die nackten Zehen tritt. „Wo ist . . .?" wäre eine weitere wichtige Elementarphrase zur Ergänzung. Da viele Örtlichkeiten, Dinge und Markenartikel, nach denen ein Reisender sich vielleicht erkundigen möchte, in einer Reihe fremder Sprachen ähnlich bezeichnet werden wie im Englischen (z. B. *restaurant, pharmacy, airport, taxi, hotel, hospital, police*), müßte man mit dieser Phrase einigermaßen das Auslangen finden. Wenn man englische Wörter benützt, soll man langsam und sehr deutlich sprechen. (Es ist allerdings nicht nötig zu schreien, trotz des sprichwörtlich gewordenen Rates einer englischen Touristin: „Die Einheimischen verstehen schon Englisch, wenn man nur laut genug spricht!")

Da das Interesse an Geld seit den Tagen Mark Twains auf der ganzen Welt erheblich zugenommen haben dürfte, sollte die Liste von Elementarausdrücken auch noch um das Fragewort „wieviel?" und um die beiden Wörter der Zustimmung bzw. Ablehnung, „ja" und „nein", erweitert werden. Das Wort „gut", eine Alternative für „ja", ist ebenfalls ein wichtiger Zusatz, da man mit diesem Wort nicht nur Zustimmung ausdrücken kann, sondern auch Bewunderung, Gefallen oder Zufriedenheit. Im Frageton gesprochen eignet es sich auch für Erkundigungen, die mit einem einfachen „ja" oder „nein" zu beantworten sind.

Hello und *goodbye* und ihre Äquivalente in anderen Sprachen wurden bereits in Kapitel 29 behandelt. Die förmlicheren oder eleganteren Versionen – *how do jou do?*, „guten Tag", *bon jour* und so weiter – sind Formen der Höflichkeit, auf die in dieser funktionellen Liste von acht Wörtern verzichtet werden kann; sie sind ohne weiteres durch eine Grußgeste, wie etwa ein leichtes Neigen des Kopfes, zu ersetzen.

Die acht in der folgenden Liste zusammengestellten Wörter oder kurzen Phrasen sind eine Art Leitfaden, mit dem man im Ausland ganz gut zurechtkommt. Selbst wenn man beispielsweise als englischer Tourist jemanden anspricht, der ein wenig Englisch kann oder in der Lage ist, einen Dolmetsch aufzutreiben, wird die Tatsache, daß man versucht, sich in der Landessprache zu verständigen, immer einen guten Eindruck machen und die Menschen freundlich stimmen.

Obwohl heute auf der Welt Tausende von Sprachen und Dialekten gesprochen werden, hat doch der Großteil der Weltbevölkerung einen aktiven oder zumindest passiven

Grundwortschatz in 25 Hauptsprachen. Das Grundvokabular von acht Wörtern in 25 Sprachen genügt, vor allem, wenn es durch Gebärden ergänzt wird, um an jedem beliebigen Ort der Welt eine einfache Kommunikation herzustellen. Die Wörter aus den nichtlateinschreibenden Sprachen werden in der folgenden Liste in lateinischer Transkription wiedergegeben. Zusätzlich enthält die Liste einige besondere Hinweise auf die Aussprache. Die Vokale a, e, i, o, u sind in dieser phonetischen Umschrift im allgemeinen so auszusprechen wie im Deutschen.

Zahlen, die natürlich von größter Wichtigkeit sind, wurden in diesen elementaren Sprachführer nicht aufgenommen, da der Wert von Münzen und Geldscheinen in fast allen Währungen der Welt auch in Ziffern angegeben wird, und man sich bei jedem Kauf leicht damit behelfen kann, die jeweilige Zahl einfach auf irgendein Stück Papier zu schreiben.

Hat ein Tourist den Wunsch, sich etwas höflicher auszudrücken, als es ihm diese Liste von acht Wörtern erlaubt, sollte er noch die Ausdrücke für „Herr", „Frau" und „Fräulein" in der jeweiligen Landessprache dazulernen. Viele Touristen haben sich die Kenntnis dieser Wörter bereits durch Auslandsreisen erworben, und andernfalls kann dies leicht an Ort und Stelle nachgeholt werden. Was die Vereinigten Staaten anlangt, so sei hier erwähnt, daß man im Norden für den Ausdruck „Fräulein" meistens *Miss* verwendet, im Süden aber die Kurzform von *Madam* – *Ma'am* – vorgezogen wird. In den frankophonen Ländern wird eine Dame im allgemeinen mit *Madame* angesprochen, gleichgültig ob man annimmt, sie sei verheiratet oder nicht. Eine Französin empfindet es offenbar als schmeichelhafter, wenn man sie für eine verheiratete Frau hält, während Amerikanerinnen sich im allgemeinen eher geschmeichelt fühlen, wenn man durch die Annahme, sie seien Junggesellinnen, auf ihre Jugendlichkeit anspielt.

	VERZEIHUNG	BITTE	DANKE	WO IST . . .?	WIEVIEL . . .?	JA	NEIN	GUT
FRANZÖSISCH	Pardon	S'il vous plaît	Merci	Où est . . .?	Combien . . .?	Oui	No	Bon
SPANISCH	Perdón	Por favor	Gracias	¿Dónde está . . .?	¿Cuánto . . .?	Si	No	Bueno
PORTUGIESISCH	Perdão	Faça-me o favor	Obrigado Obrigada	Onde . .?	Quanto . . .?	Sim	Não	Bom
ITALIENISCH	Scusi	Per piacere	Grazie	Dov'e . . .?	Quanto . . .?	Si	No	Buono
SCHWEDISCH	Förlåt	Var vänlig	Tack	Var är . . .?	Hur mycket . . .?	Ja	Nej	Dra
ENGLISCH	Excuse me	Please	Thanks	Where is . . .?	How much . . .?	Yes	No	Good
DÄNISCH	Undskyld	Vær venlig	Tak	Hvor er . . .?	Hvor meget . . .?	Ja	Nej	Godt
NORWEGISCH	Unnskyld	Vennlist	Takk	Hvor er . . .?	Hvor meget . . .?	Ja	Nei	God
HOLLÄNDISCH	Pardon	Als U blieft	Dank U wel	Waar is . . .?	Hoe veel . . .?	Ja	Nee	Goed

	VERZEIHUNG	BITTE	DANKE	WO IST . . .?	WIEVIEL . . .?	JA	NEIN	GUT
GRIECHISCH	Signóme	Parakaló	Efharistó	Poo iné . . .?	Póso . . .?	Neh	Ohi	Kalá
HEBRÄISCH	Slihah	Bevakeshah	Todah rabah	Efoh . . .?	Kamah . . .?	Ken	Lo	Tov
TÜRKISCH	Affeder siniz	Lütfen	Teşekkür ederim	Nerede . . .?	Kaç . . .?	Evet	Hayır	İyi
SERBO-KROATISCH	Oprostite	Molim	Hvala	Gdje . . .?	Koliko . . .?	Da	Ne	Dobro
KISUAHELI	Niwie radhi	Tafadhali	Ahsante	Wapi . . .?	Kiasi gani . . .?	Ndio	Hapana	Nzuri
RUSSISCH	Iswinitje	Poscha-lyjsta	Spassibo	Gdje . . .?	Skolko . . .?	Da	Njet	Choroscho
POLNISCH	Prze-praszam	Proszę	Dziękuję	Gdzie . . .?	Ile . . .?	Tak	Nie	Dobrze
UNGARISCH	Elnézést	Kérem	Köszönöm	Hol van . . .?	Mennyi . . .?	Igen	Nem	Jól
RUMÄNISCH	Scuzaţi-má	Vă rog	Mulţumesc	Unde . . .?	Cít . . .?	Da	Nu	Bine
ARABISCH	Muta'asif	Min faḍlak	Šukran	Ayna . . .?	Kam . . .?	Na'am	Lá	Ṭayyib

	VERZEIHUNG	BITTE	DANKE	WO IST . . .?	WIEVIEL . . .?	JA	NEIN	GUT
KOREANISCH	Silrye habnida	Butak	Komapsúbnida	Odi . . .?	Kapsi olma mika . . .?	Né	Aniyo	Chota
THAI-SPRACHEN	Khoh thot	Proht	Khop khun	Teh nai . . .?	Tao rai . . .?	Thai krab	Mai Thai krab	Dii
INDONESISCH	Maaf	Silahkan	Terima kasih	Dimana . . .?	Berapa . . .?	Ja	Tidak	Bagus
HINDI	Shamakijiye	Krupia	Danyawad	Kahan . . .?	Kithna . . .?	Hanthe	Nani	Acha
URDU	Muje mafkijiye	Meher banikarke	Sukriya	Kahan hai . . .?	Kithne hai . . .?	Ah	Nayee	Acha
JAPANISCH	Gomenkudasai	Dozo	Arigato	. . . doko desu-ka?	Ikura desu-ka . . .?	Hai	Iié	Yoi
CHINESISCH	Shieh kuang	Ching	Doh shieh	. . . ts'ai na li?	Doh shao?	Shih	Boo shih	Hao
VIETNAMESISCH	Xin loi ong	Xin ong	Cam on ong	O dau?	Bao nhieu?	Vang	Khong	Tot lam

In den Vereinigten Staaten, in Kanada und im Vereinigten Königreich Großbritannien, wo es viele ausländische Sprachgruppen gibt, ist die Kenntnis einiger umgangssprachlicher Grußformeln aus einer anderen Sprache ebenfalls recht nützlich. Diese nichtenglischen Wörter sind nicht unbedingt nötig, aber sie werden als freundliche Geste empfunden und erwecken den Eindruck, daß man sich die Mühe genommen hat, wenigstens ein bißchen von der Sprache des Menschen zu wissen, mit dem man sich unterhalten möchte. Solche Schlüsselwörter öffnen einer freundlichen Atmosphäre Tür und Tor, auch wenn das Gespräch dann englisch fortgesetzt wird. Die französische Frage *ça va bien?* („geht's gut?") kann durch die Wiederholung derselben Worte bestätigt, mit der Phrase *pas mal* („nicht schlecht") oder sogar mit der Redewendung *comme ci comme ça* („soso-lala") beantwortet werden. Das spanische *¿cômo le va?* („wie geht es Ihnen?") wird oft mit *así así* („so-so") beantwortet. Das äquivalente italienische *come sta?* kann man mit *bene, grazie* („danke, gut") oder auch mit dem unverbindlichen *così così* („soso-lala") erwidern. Die portugiesische Erkundigung nach dem Befinden – *come vai?* – wird von einem Mann mit *bem, obrigado,* von einer Frau mit *bem, obrigada* („danke, gut") beantwortet.

Wenn sich jemand nach Ihrem Gesundheitszustand erkundigt, antworten Sie auf jeden Fall mit den Wörtern für „gut" und „danke" aus der vorstehenden Liste.

Die Russen erkundigen sich mit einer sehr lakonischen Phrase nach dem Befinden: *Kak Vy?* – „Wie (geht es) Ihnen?" Die Antwort lautet: *Choroscho, spassibo* („danke, gut").

Die deutsche Phrase „wie geht's?" wird mit „danke, gut" oder auch nur mit „danke, es geht" beantwortet. Die holländische Redewendung: *Hoe gaat it?* entspricht wörtlich dem deutschen: „Wie geht es?" und dem amerikanischen: *How goes it?* Eine der möglichen Antworten lautet *zo zo* („so, so" – mit stimmhaftem s gesprochen). Das holländische Wort *Dag* („Tag“) kann beim Kommen und beim Gehen gesagt werden.

Das Chinesische bietet mehrere umgangssprachliche Begrüßungsformen. Eine davon lautet: *Hao boo hao?* („Gut, nicht gut?“), eine Möglichkeit der Antwort wäre: *Hao, ni hao?* („Gut, [und] Ihnen [auch] gut?“) Äußerst brauchbar ist die chinesische Phrase: *Ni chih le ma?* („Haben Sie schon gegessen?“)

Eine kurze japanische Frage nach dem Befinden lautet: *Genki desu-ne?* („Sie sind doch gesund, oder?“)

Im modernen Hebräisch fragt man: „Was gibt es Neues?“ – *Ma hadasch?* Eine sehr brauchbare Antwort darauf lautet: *En schum hadasch* („nichts Besonderes“).

Ti kánete heißt auf griechisch wörtlich „Was machen Sie?“ und bedeutet: „Wie geht es Ihnen?“ Darauf kann man entweder mit *endáxi* („okay“ – „alles in Ordnung“) oder mit *etsi kétsi* („nicht schlecht“) antworten. Der zwanglose Ausdruck *Iássu* eignet sich für fast jede Gelegenheit: als Grußwort beim Kommen und Gehen ebenso wie um auf jemandes Gesundheit zu trinken.

Fragt man einen Araber, wie es ihm geht – *Kif halak?* (an eine Frau gerichtet: *Kif halik?*) – so erwähnt er in seiner Antwort auf jeden Fall Allah: *Mabsut, alhamdulillah* („gut, Allah sei Dank“). Das Wort *salaam* („Frieden“) kann zur Begrüßung und zum Abschied gesagt werden, genau wie das verwandte hebräische *schalom.*

Eine nicht unwichtige Anmerkung: Der auf dem europäischen Festland herrschende Brauch, sich bei jeder Gelegenheit die Hände zu reichen, ist bei den Moslems ganz und gar unüblich.

Das allgemeine Grußwort in der Sprache Kisuaheli heißt *Hujambo;* die umgangssprachliche Phrase „Wie geht's?" lautet: *Vi pi?*

Auf malaiisch grüßt man mit der Phrase: *Apa kabar?* („Was gibt es Neues?"). Eine optimistische Antwort darauf lautet: *Kabar baik* („gute Neuigkeiten").

„Was gibt es Neues" heißt im Hindi: *Kya khabar hai?* Hindus begrüßen einander auch, indem sie zweimal hintereinander den Namen des Gottes Rama aussprechen.

Von den vielen verschiedenen Auffassungen, die die Grußformeln der einzelnen Sprachen in sich bergen, kommt eine der ungewöhnlichsten vielleicht in dem Gruß der Mohawk-Indianer zum Ausdruck: *Skennen kōwa ken?* – „Gibt es den großen Frieden?" (Eine Frage, auf die es immer noch keine bejahende Antwort gibt.)

In verschiedenen Teilen der Welt ist es üblich, die Grußformel in ein Kompliment oder einen Ausdruck der Bewunderung zu kleiden. In den spanischsprachigen Ländern empfängt der Gastgeber seine Besucher oft mit den Worten: *Está en su casa* („Fühlen Sie sich wie zu Hause"). Die übliche Antwort lautet: *Ud. es muy amable* („Sie sind sehr freundlich"). Wenn man das Auto eines Spaniers bewundert, sagt er höchstwahrscheinlich: *Es suyo* („es gehört Ihnen"), worauf man wiederum: *Ud. es muy amable* antwortet. Auf jeden Fall aber sollte man es lieber vermeiden, allzu große Bewunderung für kleine, tragbare Dinge zu zeigen, denn der Gastgeber wird fast immer sagen: *Es suyo,* und unter Umständen tatsächlich versuchen, sie einem aufzudrängen.

In arabischsprachigen Ländern und im Umgang mit Moslems sollte man stets daran denken, lobende Bemerkungen über ein Kind oder anerkennende Äußerungen über das Foto eines Familienmitgliedes oder guten Freundes, ein neues Haus, ein Auto, ein Pferd oder sonst irgend etwas, das dem Besitzer lieb und teuer ist, durch die Phrase: *Ma sha' Allah* – „Möge Allah (ihn/sie/es) behüten" zu ergänzen. Ein Kompliment ohne diesen Zusatz bringt dem Glauben der Moslems zufolge Unglück oder beschwört den „bösen Blick" auf den geliebten Menschen oder den geschätzten Gegenstand herauf.

Die höfliche Phrase, mit der man seinem Begleiter den Vortritt überläßt – im Englischen *after you,* im Französischen *après vous* und im Deutschen „nach Ihnen" – kann auch durch das einfache Wort „bitte" aus der Liste von acht Wörtern ersetzt werden. „Verliert" man den Wettstreit um die Höflichkeit und muß als erster durch die Tür gehen, sagt man in jeder Sprache einfach „danke".

Ein Wort, das bei einem Tête-à-tête oder einem geselligen Beisammensein bei einem Gläschen Wein oder dergleichen sehr nützlich ist und mit dem man jedem Freude machen kann, wenn man es in seiner Muttersprache kennt, ist das Wort für „Prosit" (lat. wörtlich „Es möge nützen!"). Die nachstehende Liste von Ausdrücken für diesen Anlaß wird dem Leser sicherlich daheim und im Ausland gute Dienste leisten:

Arabisch:	*Fi sahad tak!* („Auf deine/Ihre Gesundheit!") Man sollte jedoch nicht vergessen, daß der Koran und auch das Zivilrecht einiger islamischer Länder den Genuß von Alkohol verbieten.
Chinesisch, Japanisch und Koreanisch:	*Kan pei!* (wörtlich: „Trockener Becher", wohl in der Bedeutung: „Leert die Becher!") Die Redewendung ist in allen drei Sprachen ähnlich, und nach dem Trinken hält man sich manchmal das umgedrehte Glas über den Kopf, um zu demonstrieren, daß es wirklich leer ist.

Deutsch:	Prosit! Prost! Gesundheit! Zum Wohl! Wohl bekomm's!
Englisch:	*To your health!* („Auf deine/Ihre Gesundheit!") oder: *Here's how!* oder: *Cheers!* („Prost!")
Finnisch:	*Kippis* („Prost!")
Französisch:	*A votre santé!* („Auf Ihre Gesundheit!"), manchmal auch nur: *Santé* („Gesundheit!") oder: *A la votre!* („Auf das Ihre!"), und wenn man mit jemandem auf vertrautem Fuß steht: *A la tienne* („auf das Deine!")
Gälisch:	*Slainte!* („Prost!")
Griechisch:	*Iássu/Iássas,* eigentlich: *Is ihien!* von altgriechisch *eis hygieian ssu* („Auf deine/Ihre Gesundheit!")
Hebräisch:	*Leh hayim!* („Aufs Leben!")
Hindi:	*Aapki sehat* („Auf deine/Ihre Gesundheit!")
Holländisch:	*Proost!*
Indonesisch:	*Selamat minum!* („Frieden beim Trinken!")
Italienisch:	*Salute!* („Gesundheit!") oder das vertrauliche *Cin-Cin* („Prost!")
Norwegisch, Schwedisch, Dänisch:	*Skål!* [skɔ:l] („Prost!") Dieser skandinavische Toast hat einen ziemlich makabren Hintergrund. Ursprünglich bedeutete das Wort „Schädel" (verwandt mit englisch *skull*), zu seiner heutigen Bedeutung gelangte es durch den Brauch der kriegerischen Wikinger, die ausgetrockneten Totenschädel ihrer Feinde als Trinkbecher zu benutzen, weil darin eine ganze Menge Met Platz fand und man sie jederzeit ersetzen konnte.
Portugiesisch:	*Saúde!* („Gesundheit!")
Russisch:	*Sa vasche!* („Auf das Ihre!") oder: *Na sdorowje* („Auf Ihre Gesundheit!") Äquivalente des Wortes *Na sdorowje* gibt es in fast allen slawischen Sprachen: Serbokroatisch: *Na sdravlje,* Slowakisch: *Na zdravie,* Tschechisch: *Na zdraví.*

Spanisch:	*¡Salud!* („Gesundheit!") Diesem Wunsch werden oft noch die Wörter *Pesetas* (spanische Währung) und *amor* („Liebe") hinzugefügt. Eine gute Antwort auf diesen Toast ist die Phrase: „*¡Y muchos años para disfrutarlos!*" („Und viele Jahre, um sie zu genießen!")
Türkisch:	*Şerefe!* („Zur Ehre!")
Ungarisch:	*Egészégedre!* („Zur Gesundheit!")
Walisisch:	*Iechÿd da!* („Gesundheit!", „Prost!")

31

Seltsame Ursprünge und Bedeutungsänderungen

„Zynisch“ (bissig, spöttisch) bedeutete ursprünglich im Altgriechischen „hündisch“ (kynikós) *im Sinne von mißtrauisch und nörglerisch. Die Angehörigen der Athenischen Philosophenschule der Kyniker glaubten an asketisch strenge Selbstdisziplin.*

„Sardonisch“ (spöttisch, höhnisch) wird mit der Insel Sardinien in Zusammenhang gebracht. Nach Auffassung der Antike verursachte der Genuß eines auf dieser Insel wachsenden Krautes ein krampfhaftes Lachen, das zum Tod führte. Daher der Ausdruck „sardonisches Lachen“ für bitterböses Gelächter und „sardonisches Lächeln“ für hämisches Grinsen.

Das Wort „Kandidat“ hängt mit der Farbe Weiß zusammen (lat. *candidus* – „weiß“, „rein“) und bezog sich auf das weiße Gewand, das die römischen *candidati* trugen, wenn sie sich um ein öffentliches Amt bewarben.

Der medizinische Ausdruck „Botulismus“ (Fleisch-, Wurst-, Konservenvergiftung) wurde nach dem lateinischen Wort für Wurst *(botulus)* gebildet, da einige der ersten Fälle dieser Vergiftungsart durch verdorbene Würste in Dosen verursacht worden sein sollen.

„Pornographie“ ist eine Kombination der griechischen Wörter *pórnos* („Hurer“, „Unzüchtiger“) und *gráphein* („schreiben“) – daher wörtlich: „Schriften für oder von Unzüchtige(n)“.

Das Wort „Muskel“ kommt von lateinisch *musculus,* „Mäuschen“, und ist eigentlich eine sehr treffende Bezeichnung für die beweglichen und ständig ihre Form verändernden Faserbündel unter der Haut, vor allem für die Muskultaur der Arme und Beine.

„Agonie“ („Todeskampf“) leitet sich von dem griechischen Wort *agonía* her, das sich auf die Anstrengungen der Athleten beim sportlichen Wettkampf *(agon)* bezog.

Das Wort „Heide“ ist eine Lehnübersetzung des lateinischen Wortes *paganus* (zu *pagus,* „Gau“, „Dorf“). Das Englische hat dafür, wie so oft, zwei Ausdrücke: das germanische Wort *heathen* und das vom Lateinischen abgeleitete Wort *pagan.* Aus derselben Wurzel stammt das englische Wort *peasant* für „Bauer“. Beide Ausdrücke bedeuteten ursprünglich „Landbewohner“. Unser aus dem Französischen entlehntes Wort „Villa“ („Landsitz“) kommt auch aus dem Lateinischen, und die dazugehörigen Ausdrücke *vilain* (französisch) und *villain* (englisch), für die es im Deutschen keine Entsprechungen mit derselben Wurzel gibt, bedeuteten ursprünglich ebenfalls „Landbewohner“, „Bauer“, im Englischen auch „Leibeigener“, haben aber mittlerweile eine abwertende Bedeutung erhalten. Das französische Wort *vilain* bedeutet heute „häßlich“, „gemein“, und das englische Wort hat gar die Bedeutung „Schurke“ angenommen. Auch das Wort Clown, die Bezeichnung für den lustigen Einfaltspinsel im alten englischen Theater, kommt von dem mittellateinischen Wort *colonus* („Bauer“, „Siedler“, „Kolonist“).

„Kalkulation“, „kalkulieren“, „Kalkül“ und so weiter, leiten sich alle von lateinisch *calculus* („Kies“) her, dem Wort für den „Rechenstein“, der auf dem römischen Abakus, dem antiken Rechenbrett, verwendet wurde.

In dem schweizerischen Wort „Salär“, ebenso wie in

französisch *salaire,* englisch *salary* sowie italienisch und spanisch *salario* steckt das lateinische Wort *sal* („Salz"). Die Bedeutung „Lohn" oder „Gehalt" entwickelte sich über die lateinische Bezeichnung *salarium* für die den römischen Legionären zugeteilte Salzration.

Das englische Wort *money* hat deutsche Verwandte in dem Fremdwort monetär und dem umgangssprachlichen Ausdruck „Moneten" für Geld. Alle diese Wörter leiten sich vom Namen der Göttin Moneta (Beiname der Juno) ab, der Göttin des Tempels, der den Römern als Münzstätte diente.

Das Wort „Dollar" stammt von den großen Silbermünzen, die in Joachimsthal, einer Stadt in der alten österreichischen Monarchie, geprägt wurden und Joachimstaler hießen. Das englische Wort *dollar* entstand aus der deutschen Abkürzung „Taler". Die Stadt Joachimsthal gehört nun zur Tschechoslowakei und heißt Jachymow. Heute werden dort zwar keine Silbertaler mehr geprägt, doch wird im Bergwerk von Joachimsthal etwas anderes Wertvolles abgebaut – nämlich Uran!

Das Wort „Mob", im modernen Deutsch nicht mehr ganz so häufig gebraucht wie früher, leitet sich von der lateinischen Wendung *mobile vulgus* her, in der *vulgus* „Volk" oder „Menge" heißt und *mobile* sich auf deren wankelmütigen und wetterwendischen Charakter bezieht. Die Verkürzung des Ausdrucks auf seine erste Silbe ergab das Wort „Mob" in seiner heutigen Bedeutung. Verkürzungen dieser Art kommen recht häufig vor. Auch der österreichische Ausdruck „fesch" ist eine Verkürzung des englischen Wortes *fashionable* (modisch, elegant).

Aus *vulgus* („Volk") ist das Wort „vulgär" entstanden, das ursprünglich nur aussagte, daß jemand dem „gemeinen Volk" angehörte, also nicht von Adel war. In der Bedeutung „Volk" hat *vulgus* nicht überlebt. Die englischen, französischen, italienischen und spanischen Wörter für „Volk“ *(people, peuple, pòpulo* und *pueblo)* sind Abkömmlinge eines anderen lateinischen Wortes – *populus* –, das im Deutschen zu „Pöbel“ degradiert wurde. Die Adeligen wurden im Englischen mit Wörtern bezeichnet, die sich von französisch *gentil* („hochgeboren“ oder „adelig“) aus lateinisch *gentilis* herleiten. Zu dieser Gruppe von Wörtern gehören *gentleman, gentlewoman, gentry, gentle* und einige andere.

Auf einem Irrtum beruht die Bezeichnung „Porzellan“, die über italienisch *porcellana* in die meisten europäischen Sprachen übernommen wurde. Als gegen Ende des 15. Jahrhunderts chinesische und japanische Tonwaren nach Italien kamen, vermutete man, sie seien aus pulverisierten Seemuscheln hergestellt. Der volkstümliche italienische Name der Muschel aber war *porcella*, „Schweinchen“, und so kam es, daß das Schwein dem Porzellan seinen Namen gab.

„Fanatisch“ hängt mit lateinisch *fanum*, „heiliger Ort“, zusammen und ist mit den deutschen Wörtern „Feier“ und „Ferien“ verwandt. Das Adjektiv *fanaticus* bedeutete „von einer Gottheit ergriffen; begeistert; rasend“ und wurde erst zu Beginn des 18. Jahrhunderts in Frankreich zum politischen Wort.

Die „Schule“, ein Lehnwort aus lateinisch *schola*, geht auf das griechische Wort *scholē* zurück, das „Ruhe“, „Muße“, „freie Zeit“ und „Müßiggang“ bedeutete, aber auch die Beschäftigung in den Mußestunden, nämlich das Studium. Studieren war also in der Antike noch eine Form der Freizeitgestaltung!

Das aus dem Englischen entlehnte Wort „Toast“ hat wie im Englischen so auch im Deutschen zweierlei Bedeutung: „geröstetes Brot“ und „Trinkspruch“. Dabei handelt es sich nicht, wie man vermuten könnte, um ein homonymes Wortpaar mit verschiedenen Stammwörtern, sondern um die Bedeutungserweiterung ein und desselben Wortes. Die zweite Bedeutung entwickelte sich aus einem alten englischen Brauch: Wenn jemand an der Tafel einen Trinkspruch sagte, tat er ein Stück geröstetes Brot in seinen gefüllten Weinbecher, ließ ihn dann um den Tisch gehen, wobei jeder einen Schluck daraus nahm, und wenn der Becher zu ihm zurückkehrte, trank er den Rest und aß das Brot. Die Bezeichnung für das Brot *(toast)* wurde schließlich auf den Trinkspruch übertragen. (Nach einer anderen Etymologie soll „Toast" in der Bedeutung „Trinkspruch" von der deutschen Redewendung „stoßt an" kommen.)

Die Hängematte" hat weder mit „hängen" noch mit „Matte" etwas zu tun, obwohl das doch recht naheliegend wäre, sondern kommt von dem indianischen Wort *hamaka,* das die Spanier zusammen mit dem „hängenden Bett" nach Europa brachten. In Spanien heißt das Ding immer noch *hamaca,* im Portugiesischen *maca,* im Italienischen *amaca,* im Englischen *hammock* und im Französischen *hamac.* Nur im Holländischen und im Deutschen wurde das Wort etymologisch umgedeutet und über holländisch *hangmak* und *hangmat* zu deutsch „Hängematte".

Solche Beispiele der Volksetymologie sind sehr zahlreich. Auch der „Seehund" hat nichts mit der „See" zu tun, sondern kommt von dem altnordischen Wort *selr,* „Robbe" (englisch *seal*); der „Rosenmontag" ist eigentlich ein „rasender Montag"; der „Friedhof", den wir mit „ewigem Frieden" assoziieren, hieß ursprünglich *Freithof* („eingefriedeter, umzäunter Hof"), und der „Maulwurf", der ja nicht mit dem Maul, sondern mit den Pfoten wühlt, leitet sich von *moltwerf* („Erdaufwerfer") her.

Das Wort „Putsch" kommt aus dem Schweizer Dialekt und ist auf althochdeutsch *bozan* („stoßen") zurückzuführen.

Putschen hieß in der Schweizer Mundart „knallen“ und kam durch den Züricher Putsch von 1839 in die deutsche Schriftsprache und von da als Lehnwort auch ins Englische.

Sprache ist etwas Lebendiges, das sich beständig ändert. Wörter verschwinden, neue entstehen, Bedeutungen verschieben sich, der Wortsinn wird erweitert oder verengt, abgewertet oder – seltener – aufgewertet. Dieser Prozeß findet in allen lebenden Sprachen statt, da sich die Sprache neuen Gegebenheiten anpaßt und oft auch verschlungene Wege geht. Nachstehend einige Beispiele für englische Wörter normannisch-französischer oder angelsächsischer Herkunft, die seit dem Mittelalter ihre Bedeutung verändert haben:

MODERNES WORT	HEUTIGE BEDEUTUNG	FRÜHERE BEDEUTUNG
naughty	schlimm, unartig	arm, wertlos
dip	(ein)tauchen, (ein)tunken	taufen *(dippan)*
bid	bieten (z. B. bei einer Versteigerung), entbieten, gebieten	beten *(biddan)*
knave	Schurke, Spitzbube	junger Bursche, Diener
dainty	zierlich, zart	wacker, tapfer
lewd	lüstern, sündhaft	unkultiviert
crafty	listig, schlau	weise, klug
nice	nett	närrisch, dumm, ungebärdig
silly	dumm	selig, unschuldig
crude	roh	blutig
hunch	sich zusammenkrümmen	stoßen, schieben
hussy	keckes (oder „leichtes“ Mädchen)	Hausfrau
harlot	Hure	Herumtreiber, nichtsnutziger junger Kerl
farce	Posse, Schwank	Füllung für gebratenes Geflügel; später Einschub zwischen den Akten eines Theaterstückes

rascal	Schurke, Halunke	Mitglied des Pöbels; auch Gesichtsausschlag, verursacht durch Pocken oder Syphilis.

Auch für die deutsche Sprache gibt es zahlreiche Beispiele für derartige Bedeutungsänderungen:

MODERNES WORT	**FRÜHERE BEDEUTUNG**
albern	„allwahr“, wahrhaft, gütig, sanftmütig
frech	mutig, kühn; habsüchtig, gierig
gemein	allgemein (heute noch in Zusammensetzungen wie z. B. „Gemeingut“); gewöhnlich
Gift	Gabe (im Englischen in dieser Bedeutung erhalten; im Deutschen nur noch in dem Wort „Mitgift“)
keck	lebendig, lebhaft (verwandt mit engl. *quick;* erhalten in der eigentlich tautologischen Verbindung „quicklebendig)
Luder	Lockspeise (für Fische)
nervös	„nervig“ im Sinne von kräftig
niederträchtig	demütig, herablassend, leutselig
Offizier (aus lat. *officium)*	höherer Beamter (englisch *officer* hat neben der militärischen auch diese Bedeutung bewahrt)
Plunder	Kleider, Hausgerät
Schimpf	Scherz, Spaß

Interessante Beispiele für die so häufige Bedeutungsabwertung sind auch die Wörter „Kretin“ und „Idiot“. Kretin kommt von französisch *chrétien* (über griechisch *christós,* „der Gesalbte“) und bedeutet „Christ“ oder „christlich“. Da die „Armen im Geist“ immer als besondere Schützlinge Gottes galten, vollzog sich im Lauf der Zeit die Übertragung von *chrétien* über *crétin* auf die Schwachsinnigen. „Idiot“ kommt von griechisch *idios* („eigen“). *Idiotēs* war in der Antike die Bezeichnung für den Unpolitischen, der sich nur für sein

Privatleben interessierte. Erst um 1800 vollzog sich in der deutschen Sprache die Umdeutung zu „Dummkopf" (im Englischen schon vier bis fünf Jahrhunderte früher).

Boudoir kommt von dem französischen Verb *bouder* („schmollen") und bezeichnet – mit typisch französischer *délicatesse* – einen privaten Raum, in dem eine Frau allein sein kann, wenn sie verstimmt ist, und sich „in den Schmollwinkel" zurückziehen möchte.

Das englische Wort *tawdry* („aufgeputzt, protzig") ist ein Überbleibsel aus dem siebenten Jahrhundert, das sich vom Namen der einstigen Königin von Northumbrien und späteren Äbtissin und Schutzheiligen der Insel Ely herleitet – der heiligen Audrey, die Halsketten über alles liebte und sich erst reumütig zeigte, nachdem sie für ihren Stolz und übertriebenen Hang zu kunstvoll gearbeiteten Krägen und Halsketten mit einem Halstumor bestraft worden war. Später wurden auf Jahrmärkten Spitzenkrägen mit dem Namen *„St. Audrey's chains"* („St. Audrey-Ketten") verkauft, und aus dieser Bezeichnung entstand schließlich das Adjektiv *tawdry* in seiner heutigen Bedeutung.

Andere linguistische Relikte aus dem Mittelalter sind weniger direkten Ursprungs. Das britische Wort *loo* (umgangssprachlich für WC, Toilette) kommt von dem französischen Wort für „Wasser" – *eau. Garde à l'eau!* oder *Gardez l'eau!* („Vorsicht, Wasser!"), rief man damals warnend, wenn von oben, aus den oft in Erkern eingebauten Fenstern, Schmutzwasser in die engen, mittelalterlichen Gäßchen hinuntergeschüttet wurde.

Canter, der Ausdruck für den leichten Galopp eines Pferdes, kommt vom Namen der Stadt Canterbury und bezog sich ursprünglich auf den gesetzten Galopp der Pilgerprozessionen auf ihrem Weg zur Kathedrale von Canterbury.

Einige Ausdrücke, die die Jahrhunderte überdauert haben, hängen mit den Bräuchen alter Kriegführung zusammen. Die Redewendung „toben wie ein Berserker" kommt von den wilden Kriegern der altnordischen Sagen – den Berserkern, die so lange zuschlugen, bis sie ihre Feinde buchstäblich in Stücke geprügelt hatten. Eigentlich bedeutet das Wort nichts anderes als „Bärenfell" – *behr sekr* – wurde aber bald zum „Ehrennamen" für die in Bärenfelle gehüllten Krieger.

Die griechische Sprache ist Quelle vieler politischer und militärischer Begriffe oder Ausdrücke, in denen die Erinnerung an einstige Kriege fortlebt. Das Wort „polemisch" beispielsweise kommt von *pólemos* („Krieg"), und „Strategie" von *strategós,* dem griechischen Wort für „General".

Der „Marathonlauf" der olympischen Spiele erinnert an ein historisches Ereignis. Die Länge der Strecke (genau 42,195 km) entspricht der Entfernung Marathon–Athen, die ein griechischer Bote zurücklegte, um die Nachricht vom Sieg der Griechen über die Perser zu überbringen. Der Läufer brach unmittelbar nach dem Überbringen der Siegesbotschaft tot zusammen – verständlich, wo er doch den ganzen Tag in der Schlacht gekämpft hatte und an den beiden vorangegangenen Tagen auch noch von Athen nach Sparta und von dort nach Marathon gelaufen war.

Die Verteidigung des Thermopylenpasses ist ein weltweit bekanntes Beispiel für griechischen Heldenmut. Der Name des Verräters aber, der die Perser auf einem Pfad um den Paß herumführte und es ihnen damit ermöglichte, den Griechen in die Flanke zu fallen, ist in den Wortschatz der griechischen Sprache eingegangen. Sein Name – Ephiáltis – ist der griechische Ausdruck für „Alptraum".

Napoleons Einfall in Rußland im Jahr 1812 hat eine französische Phrase im Russischen hinterlassen, aus der ein

Wort mit der Bedeutung „Nichtsnutz", „Tunichtgut", „Lümmel" wurde. Dieses Wort hat folgende Entstehungsgeschichte: Jedesmal nach der Einnahme eines Dorfes zwangen die Franzosen die Dorfbewohner dazu, zu ihrer Unterhaltung zu singen und zu tanzen, und jeder widerspenstige Russe, der sich weigerte, an diesem Amüsement für die Truppen teilzunehmen, wurde mit der Bemerkung, er sei nutzlos und faul, zur Seite geschoben. *Il ne chantera pas* („er will nicht singen") sagten die Franzosen in solchen Fällen, und aus dieser Phrase wurde das russische Schimpfwort *schanterapa* mit oben erwähnter Bedeutung.

Der englische Ausdruck *nitwit* („Schwachkopf") kommt von der spöttischen Nachahmung eines Satzes, mit dem die Holländer oft auf eine in englischer Sprache gestellte Frage antworteten: *Ik niet wiet* („ich weiß nicht").

Als Rußland im neunzehnten Jahrhundert mit dem Bau seines Eisenbahnetzes begann, waren die russischen Eisenbahningenieure vom Londoner Bahnhof Vauxhall ganz besonders beeindruckt. Sie erwähnten den Namen so oft, daß er schließlich als Ausdruck für „Bahnhof" in die russische Sprache gelangte – *voksal.*

Die (aufklappbare) Oberlichte eines Fensters oder einer Tür heißt im Französischen *vasistas.* Das Wort verdankt seine Entstehung einem linguistischen Mißverständnis. Als im neunzehnten Jahrhundert deutsche Soldaten und Zivilisten immer wieder verwundert auf diese ihnen fremde Art von Klappfenster zeigten und fragten: „Was ist das?", dachten viele Franzosen, dies sei der deutsche Ausdruck für „Oberlichte" und übernahmen den Satz als *ein* Wort in ihre Sprache.

Die „Krawatte", auch „Schlips" genannt, verdankt sowohl ihre Existenz als auch ihren Namen den Kroaten, die in ihrer eigenen Sprache *Hrvatski* heißen. Sie entwickelte sich aus dem

Halstuch der kroatischen Offiziere, an dem vor allem die Franzosen so großen Gefallen fanden, daß sie es sofort kopierten und nach seinen ursprünglichen Trägern *cravate* nannten. Der Brauch wurde zur internationalen Mode und mit ihm auch das Wort, das in leichten Abwandlungen (englisch *cravat,* italienisch *cravatta* oder *croatta* etc.) in fast alle europäischen Sprachen übernommen wurde.

Der französische Ausdruck für ein kleines Café-Restaurant – *Bistro* – entstand nach dem Sieg der Verbündeten über Napoleon I. und deren Einzug in Paris. Wenn die russischen Kosaken auf ihren Pferden über die Pariser Boulevards trotteten, wurden ihnen oft von „Lockvögeln" geschäftstüchtiger Pariser Wirte kleine Lokale angepriesen, in denen sie schnell einen Imbiß nehmen und ihre Pferde inzwischen draußen stehen lassen konnten. Um ihre potentiellen russischen Gäste leichter überreden zu können, hatten die Franzosen das russische Wort für „schnell" – *by stro* – gelernt und gebrauchten es zusammen mit der Gebärde des Essens. Die Kosaken aber dachten, dieses Wort sei die Bezeichnung für ein Schnellimbißrestaurant, was es schließlich, in der Form *Bistro,* auch wurde.

Das Wort „Magenta" als Bezeichnung für Anilinrot geht auf eine Schlacht zurück. Die Farbe, ein tiefes Purpurrot, wurde im Jahr 1859 aus Steinkohlenteer entwickelt und nach der im selben Jahr stattgefundenen Schlacht von Magenta benannt, in der die Österreicher von französisch-italienischen Truppen besiegt wurden, und bei der besonders viel Blut vergossen wurde.

Das Wort „Attest" stammt von lateinisch *attestari* („bezeugen"), das wiederum mit *testimonium* („Zeugnis vor Gericht") verwandt ist. Bereits im alten Rom war es Usus, eine Zeugenaussage vor Gericht durch einen Eid zu bekräftigen. Obzwar die Zeugen unter anderem auch bei ihrem Bart, ihrem Herzen, ihrem Leben, ihrem Vermögen oder ihrer Familie schworen, ist das eigentliche Stammwort aller Ausdrücke aus dieser Wortfamilie (zu der auch das „Testament“ gehört) das Wort *testis* mit der Doppelbedeutung „Zeuge“ und „Testikel“, woraus man schließen könnte, daß der „Schwur bei den Hoden“ besonders ernst genommen wurde. Das Homonymenpaar *testis*-Zeuge/*testis*-Hoden gab den Römern der Antike Anlaß zu einigen literarisch überlieferten Wortspielen.

Die Heimat des Schachspiels, das schon in der frühen Antike beliebt war, ist Indien. Durch die Perser wurde das Spiel den Arabern vermittelt und verbreitete sich über die ganze Welt. Das russische Wort für „Schach“ – *shakmati* – steht der Originalbezeichnung *sha mat* am nächsten, die sich aus dem persischen Wort *sha* und dem arabischen Wort *mat* zusammensetzt und wörtlich bedeutet: „Der Schah ist tot.“ Von diesem Wort leitet sich der englische Ausdruck *checkmate* und sein deutsches Äquivalent „Schachmatt“ her, die allerdings beide nicht das Spiel selbst, sondern dessen Ende bezeichnen. Erst im Mittelhochdeutschen löste sich das Wort *„mat“* langsam aus der Formel *„schach unde mat“* und wurde sozusagen selbständig.

Der Ausdruck „Hokuspokus“, eine Zauberformel, die heute auch die Bedeutung „fauler Zauber“ hat, soll sich im Mittelalter aus der lateinischen Abendmahlformel *hoc est corpus* („dies ist der Leib“) entwickelt haben.

Mumbo Jumbo, der englische Ausdruck für „Schreckgespenst“ kommt aus der Mandingo-Sprache Westafrikas und ist dort die Bezeichnung für einen Zauberer, der böse Geister und die Geister von Ahnen vertreiben kann.

Die Krankheit „Malaria“ hat ihren Namen von italienisch *mal aria* („schlechte Luft“), da sie lange Zeit nicht mit den Moskitos, sondern mit der üblen Luft in den versumpften

Gebieten, die den Moskitos als Brutstätten dienen, in Verbindung gebracht wurde.

„May Day", das internationale Notsignal in der Luftfahrt leitet sich höchstwahrscheinlich von der französischen Wendung *venez m'aider!* („Kommt mir zu Hilfe!") her, die zu *„May Day"* anglisiert wurde, was kürzer ist und sich daher schneller aussprechen läßt.

Der aus der Sprache der Chinook-Indianer stammende amerikanische Slangausdruck *High muck-a-muck* („hohes Tier") geht nicht – wie viele glauben – auf die Bedeutung „großer Häuptling" zurück, sondern ist in Wirklichkeit eine mehr oder weniger phonetische Wiedergabe des indianischen Ausdrucks für „reichliches Essen". Offenbar sind die ersten weißen Besucher einem Irrtum unterlegen und hielten die Bezeichnung für eine festliche Bewirtung für den Titel des Gastgebers.

Ein sehr geläufiger amerikanischer Ausdruck – *potluck* –, der im allgemeinen als Einladung zu einem unzeremoniellen und einfachen Essen aufgefaßt wird, hat bei den Indianern der äußersten Nordwestküste der Vereinigten Staaten und Kanadas genau die gegensätzliche Bedeutung. *Potlach* ist dort die Bezeichnung für ein Festmahl, das zusätzlich noch mit einer Reihe wertvoller Geschenke an die Gäste verbunden ist – wobei der Gastgeber natürlich annimmt, daß diese sich irgendwann mit einer ebensolchen Einladung revanchieren werden.

Eine linguistische Verwandtschaft besteht zwischen der italienischen Stadt Tarent (Taranto), der giftigen Tarantel und dem ausgelassenen italienischen Tanz Tarantella. Im Mittelalter wurde die Stadt Taranto von einer geheimnisvollen Krankheit heimgesucht, die sich unter anderem dergestalt auswirkte, daß die von ihr Befallenen hüpften und sprangen, als würden sie tanzen. Die Ursache dieser Krankheit soll der Biß einer heimischen Spinnenart gewesen sein, die später – nach der Stadt – Tarantel genannt wurde. Der italienische Volkstanz wiederum bekam seinen Namen von der Spinne, da die Tänzer dabei hüpfen, springen und sich drehen, als wären sie – wie seinerzeit die rasenden Kranken – „von der Tarantel gestochen".

Das Wort „Getto" (oder „Ghetto") kommt von der Bezeichnung *il nuovo getto* („die neue Gießerei"), dem Namen des jüdischen Viertels in Venedig, das nach einer benachbarten Kanonengießerei benannt war. Erst später wurde der Ausdruck allgemein als Bezeichnung jüdischer Viertel in den Städten Nordeuropas üblich. Viele Sprachforscher leiten das Wort auch von hebräisch *ghet* („Absonderung, Scheidung"; dazu der jiddische Ausdruck „sich *getten*" = sich scheiden lassen) ab.

Die chinesischen Arbeiter wurden in den Tagen der Vorherrschaft des Westens „Kulis" genannt. Der Ausdruck setzt sich aus den beiden chinesischen Wörtern *Ku* und *Li* zusammen, die „bittere Mühe" bedeuten – eine sehr treffende Bezeichnung für das Leben aus der Sicht eines Kulis.

Der Ausdruck „Rikscha" für den von einem Kuli gezogenen Zweiradwagen ist eine Kurzform des japanischen Wortes *jinrikisha* (oder *jinriksha*), das sich aus den Wörtern *jin* („Mann"), *riki* („Kraft") und *sha* („Wagen") zusammensetzt – wörtlich also: „Mannkraftwagen."

Die „Tantiemen", die an den Verfasser eines Buches, Theaterstückes, Drehbuches und so weiter ausbezahlt werden, sind mit dem Wort „Tand" verwandt. Der Ursprung ist lateinisch *tantum* („soviel"), ein Wort, das in den romanischen Sprachen ins Vokabular der Kaufleute einging und unter anderem spanisch *tanto* („Kaufpreis, Spielgeld") ergab. Im Deutschen hingegen erfuhr es die Degradierung zu „wertlosem Zeug“ und wurde erst später aus dem Französischen in der heutigen Bedeutung „Gewinnanteil“ entlehnt. In der englischen Bezeichnung für diesen Gewinnanteil – *royalty* – steckt das französische Wort *roi* („König“), da der Ausdruck auf eine Maßnahme des lebensfrohen englischen Königs Charles II. zurückgeht, der für seinen illegitimen Sohn, den Herzog von Richmond, eine lebenslängliche königliche Rente aussetzte, womit dieser – obwohl er kein Schriftsteller war – zum ersten Empfänger einer *royalty* wurde.

Die drei Söhne des Noah – Sem, Japhet und Ham – haben großen Sprachfamilien des Nahen Ostens, Afrikas und Europas den Namen gegeben. Im neunzehnten, ja sogar bis weit hinein ins zwanzigste Jahrhundert, wurden die Hauptsprachen der Welt von den Gelehrten in die drei Gruppen Semitisch, Japhetisch und Hamitisch eingeteilt. Erst als sich herausstellte, daß eine ganze Reihe wichtiger Sprachen sich nicht in dieses von der Bibel inspirierte Schema einfügte, kam man langsam von dieser Klassifizierung ab. Was früher als japhetische Sprachen bezeichnet wurde, ist heute der indogermanische Sprachstamm. Die Bezeichnungen Semitisch und Hamitisch werden immer noch gebraucht und oft zu einer Familie zusammengeschlossen. Zu dieser Familie gehören auch die „toten“ Sprachen Akkadisch, Aramäisch, Phönikisch, Karthagisch, Libysch und Altägyptisch sowie einige wichtige lebende Sprachen – Arabisch, Hebräisch, die Sprache der Berber, Amharisch und Somali.

Die Bezeichnung Japhetisch, die früher zahlreiche europäische und asiatische Sprachen umfaßte, beschränkt sich heute auf ganz wenige, geheimnisvolle Sprachen: das Altsumerische, das Georgische, das Tscherkessische und das Baskische, über das es viele Hypothesen gibt, von der eine behauptet, es sei mit den kaukasischen Sprachen verwandt; Sprachforscher glauben in einer der kaukasischen Sprachen sogar einen baskischen Dialekt gefunden zu haben. Der Zusammenhang zwischen

Japhet, dem Sohn des Noah, und diesen Sprachen ist immer noch gegeben – sie stammen aus sehr ferner Vergangenheit und ihre Urheimat ist das Gebiet, in dem die biblische Arche gelandet sein soll.

32

Palindrome, überlange Wörter, Zungenbrecher und historische Wortspiele

Ein Palindrom – vom Griechischen „zurücklaufen" – ist ein Wort oder Satz, die vorwärts oder rückwärts gelesen einen Sinn ergeben.

A MAN, A PLAN, A CANAL – PANAMA!
(„Ein Mann, ein Plan, ein Kanal – Panama!")

Abgesehen von der Zeichensetzung heißt das Palindrom von rechts nach links gelesen genau gleich wie von links nach rechts gelesen. Als Beispiele im Deutschen wären zu nennen:

SCHLAF, SAUM, REGEN

Ein historisches Palindrom aus dem neunzehnten Jahrhundert ist die reuevolle Klage, die den Briten der damaligen Zeit auf Napoleon zuzutreffen schien:

ABLE WAS I ERE I SAW ELBA.
(„Tüchtig war ich, bevor ich Elba erblickte.")

Als Motto für einen Wettbewerb über sehr kurze Palindrome wählte ein Humorist die ersten Worte, die Adam im Garten Eden möglicherweise zu Eva sprach:

MADAM, I'M ADAM.
(„Gnädige Frau, ich bin Adam.")

Ein ungewöhnliches deutsches Palindrom erfüllt die an ein Palindrom gestellten Anforderungen, doch seine Bedeutung ist etwas rätselhaft. Es lautet folgendermaßen:

EIN NEGER MIT GAZELLE ZAGT IM REGEN NIE.

Im alten Rom ergötzte man sich an einem romantischen Palindrom:

ROMA TIBI SUBITO MOTIBUS IBIT AMOR:
(„In Rom wird dich plötzlich die Liebe ereilen.")

Als längstes Wort im Englischen (einige chemische und medizinische Fachausdrücke sind noch länger) gilt im allgemeinen *antidisestablishmentarianism;* es bezeichnet die ablehnende Haltung gegenüber einer Trennung der Kirche Englands von der episkopalen Kirche Schottlands.

Englischsprechende, die Deutsch lernen, werden oft dadurch verwirrt, daß die deutsche Sprache eine Reihe von modifizierenden Bestandteilen aneinanderfügt, wodurch Wörter von oft erstaunlicher Länge entstehen. Aber sogar ein ziemlich langes Wort wie „Einkommensteuerveranlagungskommission" ist eigentlich nicht schwerer zu verstehen als dieselbe Kombination im Englischen, würde sie als ein Wort geschrieben: *income-tax-assessment-commission.*

Aber sogar für die Deutschen scheint es schwierig zu sein, einige Wörter in einem Atemzug auszusprechen, zum Beispiel das Wort „Donaudampfschiffahrtsgesellschaftskapitän".

Das Deutsche ist zweifellos nicht die einzige Sprache, die eine Vorliebe für lange Wörter hegt. Es gibt eine Stadt in

Wales, eine Eisenbahnstation, deren Bahnhofsschild annähernd so lang ist wie der Bahnhof selbst. Sie heißt *Blanfairpwllgwyngyllgogerychwyrndrobwellllandysiliogogogoch.* Das bedeutet „Die-St. Marienkirche-im-Tal-des-weißen-Haselstrauchs-in-der-Nähe-des-schnellen-Wasserstrudels-bei-der-Kirche-St. Dysilius-bei-der-roten-Höhle.“

一 = eins 人 = Mann 中 = China 鸝 = Pirol

Obwohl das Chinesische keine überlangen Wörter aufweist, bestehen manche der Schriftzeichen, die mit anderen auch Zusammensetzungen bilden können, aus besonders vielen Linien oder Strichen, die alle auf festgelegte Weise ausgeführt werden müssen. Manche sind einfach. Das Wort für „eins“ wird mit einem Strich geschrieben, das Wort für „Mensch“ mit zwei Strichen und das Wort für „China“ mit vier. Viele Silben sind jedoch aus einem Dutzend oder mehr Einzelstrichen zusammengesetzt. Um die Silbe zu schreiben, die man für das Zeichen *li* („Pirol“, eine Vogelart) benötigt, sind dreißig Striche erforderlich, eine Meisterleistung der Schriftkunst, die für Ornithologen, die sich Notizen machen, zweifellos ein Problem darstellen würde.

Bei Zungenbrechern in verschiedenen Sprachen werden gern Buchstabenkombinationen verwendet, die eine Besonderheit der jeweiligen Sprache darstellen und bei denen es sogar für Muttersprachler schwierig ist, sie schnell zu sagen – wie im englischen Zungenbrecher: *She sells seashells by the seashore.* („Sie verkauft Meermuscheln am Meeresufer.“)

Bei einem französischen Zungenbrecher, bei dem der *S*-Laut die Hauptrolle spielt, steht das Essen im Mittelpunkt: *Combien de sous sont ces saucissons-ci? Ces saucissons-ci sont six sous.* („Wieviel kosten diese Würstchen da? Diese Würstchen da kosten sechs Groschen.“)

Ein spanischer Zungenbrecher hebt die Bedeutung des rollenden *R* hervor und hat passenderweise rollende Waggonladungen zum Inhalt:

R con r – cigarro
r con r – carril
que rápido corren los carros,
cargados de azúcar, del ferrocaril.

Die Übersetzung der Strophe lautet:
R mit r – Zigarre
r mit r – Eisenbahnwaggon
wie schnell rollen
die mit Zucker beladenen Eisenbahnwaggons.

Ein deutscher Zungenbrecher, der sich zur Einübung der Aussprache des *sch* anbietet, schildert eine recht gefährliche Situation: „Zwei schwarze schleimige Schlangen sitzen zwischen zwei spitzigen Steinen und zischen."

Das Wort „Quiz" wurde 1791 in Dublin ausdrücklich für den Zweck erfunden, eine Wette zu gewinnen. Ein Theaterdirektor namens Daly schloß bei einem Gläschen Wein im Kreis von Bekannten eine Wette ab, er könne in einer Nacht die Sprache um eine neue Wortschöpfung bereichern. Am nächsten Morgen sah man auf Straßen, Gehsteigen, Wänden und Gebäuden eine geheimnisvolle „Wandmalerei". Es war das schlichte Wort *quiz,* das kein Mensch je zuvor gesehen hatte und das niemand kannte. Daly gewann seine Wette, und „Quiz", was soviel heißt wie Ratespiel, ging schließlich in die englische – und später auch in die deutsche – Sprache ein.

Um die Mitte des 19. Jahrhunderts, während der britischen Eroberung Indiens wurde Sir Charles Napier, einem britischen Offizier in Indien, der Oberbefehl über einen Feldzug übertragen, bei dem das Königreich Sind Schritt für Schritt annektiert werden sollte. Obwohl er moralisch mit dieser Annexion nicht ganz einverstanden war, ging er mit gewohnter Tüchtigkeit daran, in dieses Gebiet einzumarschieren und es zu erobern. Um das Hauptquartier der Britischen Ostindienkompanie über den Erfolg seiner Mission zu informieren, sandte er ein Telegramm, das nur aus einem Wort bestand, dem lateinischen Wort *peccavi,* „Ich habe gesündigt“, was auf englisch lautet „I have *sinned*“ und an „I have *Sind*“ („Ich habe Sind“) anklingt. Das war aber nur ein Teil des Wortspiels: In der lateinischen Fassung der Bibel war *peccavi* das Wort, mit dem König David dem Propheten Nathan seine Sünden gestand – ein Hinweis auf die Bibel, der Lord Napiers ethischen Widerstand gegen die Eroberung von Sind unterstrich.

Friedrich der Große von Preußen schätzte die französische Kultur hoch und war ein großer Bewunderer schöner Frauen. Als Huldigung an die französische Kultur ließ er einen bezaubernden Palast in der Nähe von Berlin erbauen, Schloß *Sans Souci* („ohne Sorge“). Bei einer Gelegenheit lud er eine hübsche und lebenslustige Adelige zu einem königlichen Tête-à-tête ein und ließ ihr folgendes rätselhafte Sendschreiben von eigener Hand zukommen:

$$\frac{\text{p}}{\text{venez}} \quad \text{à} \quad \frac{\text{ci}}{100}$$

Die Dame entzifferte diese ungewöhnliche Mitteilung korrekt als *Venez souper à Sans Souci* („Kommen Sie zum Abendessen nach Sans Souci“), indem sie die Buchstabenkombinationen von unten nach oben las und die Linien dazwischen als *sous* („unter“) deutete. Sie antwortete ihm mit nur zwei Buchstaben:

G a

was der König richtig als „G-grand a-petit“, *J'ai grand appétit* („Ich habe großen Appetit“) deutete, eine schlagfertige Erwiderung, die zweifellos königlicher Gunst würdig war.

Nach einem langen und beschwerlichen Feldzug, der im Jahr 1926 endete, besiegten französische Kolonialtruppen schließlich den Anführer des marokkanischen Er-Rif, Abd-el-Krim, der – anfangs mit Erfolg – versucht hatte, Marokko von französischer und spanischer Herrschaft zu befreien. Aus Sicherheitsgründen wurde die Insel Reunion im Südpazifik als Exilort gewählt. Als Abd-el-Krim seinen Verbannungsort erfuhr, reagierte er darauf schlicht mit: *Réunion? Mais avec qui?* („Versöhnung? Aber mit wem denn?")

Während der Christenverfolgungen im Römischen Reich erfanden Angehörige der verbotenen christlichen Religion ein Zeichen, das einen Fisch darstellte – anfangs nur für andere Mitglieder der Sekte erkennbar –, das geschwind in Sand oder Erde geschrieben werden und später geprägt oder sogar schnell in die Luft gezeichnet werden konnte. Das Zeichen des Fisches wurde gewählt im Hinblick auf ein religiöses Wortspiel – die ersten Buchstaben eines jeden griechischen Wortes in der Formel „Jesus, Sohn Gottes, Erlöser" ergeben das griechische Wort für „Fisch", ιχ΄υς *(ikhtus).* Ein weiterer möglicher Grund dafür, daß ein Fisch als Zeichen gewählt wurde, ist, daß der heilige Petrus ursprünglich von Beruf Fischer war.

Ein lateinisches Wortspiel, das sich auf einige Angehörige des germanischen Stammes der Angeln (wie in „angelsächsisch") bezieht, hat sich 1300 Jahre lang erhalten. Der heilige Gregor, der von 590 bis 604 Papst war, fragte nach der Stammeszugehörigkeit einiger neuer Gefangener aus dem Norden, zu denen Kinder mit blauen Augen und blonden Haaren gehörten, die auf dem römischen Sklavenmarkt öffentlich zur Schau gestellt wurden. Als man ihm mitteilte, es seien Angeln, soll er der Überlieferung nach gesagt haben: *Non Angli, sed angeli* („Nicht Angeln, sondern Engel"), ein Kompliment, das sich auf mittelalterlichen Gemälden oft wiederholt hat, wo Engel üblicherweise mit blonden Haaren dargestellt werden.

Die Aristokraten, die vor der Französischen Revolution und der Guillotine flohen (1789–1792), fanden für gewöhnlich Asyl in den Nachbarländern Frankreichs. Von diesen Zufluchtsorten aus planten sie ihre Rückkehr, indem sie, um militärische Unterstützung zu erhalten, Komplotte mit fremden Mächten schmiedeten und Propaganda betrieben, die man heute als politische oder psychologische Kriegführung bezeichnen würde. Eine ihrer kompliziertesten Propagandaschriften nahm Bezug auf den Zustand Frankreichs unter dem revolutionären Regime, wie im folgenden gezeigt wird:

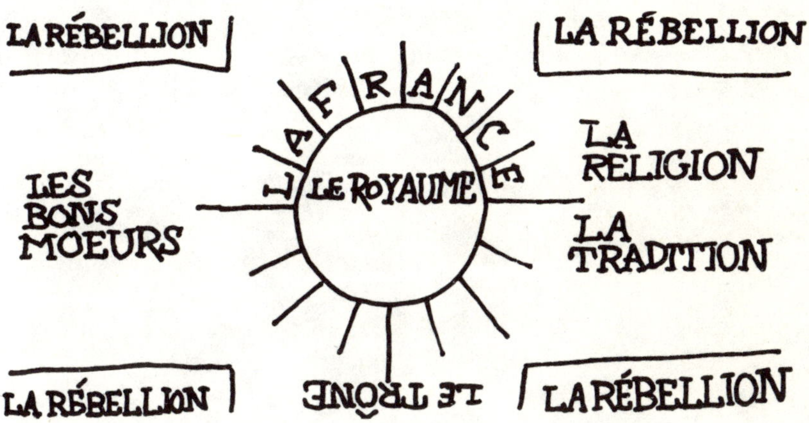

Der Kreis im Zentrum steht für die Sonne. Wenn man von oben nach unten liest, so heißt es oben: *la France divisée* („Frankreich gespalten“); *la religion, la tradition, les bon mœurs – à coté* („Religioin, Brauchtum und gute Sitten beiseite geschoben“); *le trône renversé* („der Thron auf den Kopf gestellt“, „gestürzt“); *la rébellion dans tous les coins* („Rebellion in jedem Winkel“); *et le royaume dans le plus grand des astres* („und das Königreich im größten aller Sterne“). Dieser letzte Teil ist die Krönung dieser Wortspiele, da *le plus grand des astres* genau gleich ausgesprochen wird wie *le plus gran désastre* („die größte Katastrophe“), was nach Meinung der Royalisten dem Zustand Frankreichs ohne König entsprach. Obwohl eine geistreiche Idee, wurde diese Breitseite – wie auch andere ihrer Art – von den Franzosen großteils nicht zur Kenntnis genommen: Die Monarchie wurde erst wiederhergestellt, als die vereinigten Streitkräfte anderer europäischer Länder es den emigrierten Royalisten ermöglichten, nach dem Sturz Napoleons nach Frankreich zurückzukehren.

33
Die Sprache der Revolution

Ein frühes Ergebnis der sozialen Revolution ist die Abschaffung oder Änderung der Titel, der Adelstitel und manchmal der verschiedenen Höflichkeitsformen für „Herr", „Frau" und „Fräulein", deren Anwendung in der Bourgeoisie und in der ganzen Gesellschaft gebräuchlich war. Während der Französischen Revolution von 1789 wurden alle Adelstitel abgeschafft, und die Höflichkeitsformen „Monsieur", „Madame" und „Mademoiselle" ersetzt durch „Bürger", citoyen *für einen Mann,* citoyenne *für eine Frau. Aber diese Neuerung überdauerte die eigentliche Revolution nicht lange. Zur Zeit Napoleons standen Höflichkeitsanreden wieder in Verwendung, und denen, die Napoleon für würdig befand, wurden neue Adelstitel verliehen. Nachdem Napoleon dann besiegt war, kehrten die Träger der alten Adelstitel zurück. Unter weiteren Königen und einem anderen Kaiser gab es in der Folge in Frankreich mehr Adelige als je zuvor.*

Das Wort „Bourgeois", das ursprünglich lediglich eine Person bezeichnete, die in einer Stadt lebte und arbeitete, hat im Lauf der Zeit eine Bedeutungsverschlechterung mitgemacht, sogar innerhalb der Bourgeoisie selbst. Für den Gesellschaftskritiker impliziert das Wort „bourgeois" heute Selbstgefälligkeit, Mangel an Geschmack oder Phantasie und übermäßiges Interesse an Geld. Die Russen der Revolutionszeit übernahmen „bourgeois" als *burschuj* und verwendeten es als Synonym für „Kapitalist".

Das Wort „Kapitalist" wurde in Rußland auf dem Weg über das *Kapital* von Karl Marx bekanntgemacht, das 1847 in deutscher Sprache geschrieben wurde, während Marx sich in England aufhielt. Die russischen Revolutionäre sahen die Bourgeoisie als einen Teil der Gesellschaft an, der ausgerottet werden müßte. Während der Zeit des Bürgerkrieges, der auf die bolschewistische Machtübernahme im November 1917 folgte, bezeichnete man einen Bourgeois, der noch lebte, oft als *nedoresanny burschuj* („ein Bourgeois, dessen Hals noch nicht durchschnitten ist").

Man hat Lenin eine Reihe von Bemerkungen über Kapitalisten und deren Beziehung zur kommunistischen Weltrevolution zugeschrieben. Eine seiner ätzenden Bemerkungen war folgende: „Der Kapitalist ist eifrig darauf bedacht, sich seinen eigenen Strick zu drehen" *(Kapitalíst gotów prodát werjowku na kotóroj jewó powésjat),* eine sprichwörtliche Redensart, deren Wortlaut häufig noch anders ausgedrückt wurde: „Wenn wir den letzten Kapitalisten hängen, wird plötzlich noch einer auftauchen und uns einen Strick verkaufen wollen."

Ein weiterer kurzer Ausspruch, der Lenin zugeschrieben wird, ist die vielsagende Frage *kto kowo?* („Wer wen?") – welche Gruppe wird das gegnerische Wirtschaftssystem bezwingen, begraben oder verdrängen –, womit in aller Kürze die Unwahrscheinlichkeit einer Koexistenz umrissen ist.

Es gab sogar ein zündendes Lied, das während der Jahre der Revolution allseits beliebt war und die Pläne, die man mit der Bourgeoisie hatte, anklingen ließ. Sein Refrain lautete folgendermaßen:

Iß Ananas und kau Wachteln,
Denn dein letztes Stündlein hat geschlagen, *burschuj!*

Es fällt auf, daß sowohl Ananas als auch Wachteln und andere Delikatessen fast so schnell wie der *burschuj* aus Rußland verschwunden sind.

Die Farbe Rot wurde nicht von allem Anfang an zur Farbe der Kommunisten gewählt, sondern war einfach eine Lieblingsfarbe der Russen, wahrscheinlich wegen der Farblosigkeit der russischen Landschaft und des russischen Himmels während der langen Winterzeit. Der Rote Platz *(Krassnaja Ploschtschad)* in Moskau, dem man diesen Namen schon lange vor dem Kommunismus verliehen hatte, heißt auf russisch „schöner Platz"; im Russischen ist „rot" ein Synonym für „schön". In zaristischer Zeit gab es in den meisten Häusern eine besondere Ecke mit einer Ikone an der Wand und einer Hängelampe, wo man einen geehrten Gast bat, auf dem bequemsten Stuhl oder Sofa, Platz zu nehmen *(krássny úgol)*. Ein „rotes Mädchen" *(krássnaja déwotschka)* ist ein sehr hübsches Mädchen, das nicht unbedingt politisch „rot" sein muß. Wenn also die ursprünglichen Revolutionäre die Farbe Rot zur Farbe der Revolution machten, hatten sie eine Farbe gewählt, die der Russe liebte.

Auch in China ist die ausdrucksstarke Farbe Rot gut gewählt, denn dort steht Rot *(hung)* von jeher sprichwörtlich für die Farbe der Freude, des Feierns und der Ehe. Die Farbe Weiß, die in Rußland zur Bezeichnung für die Antikommunisten wurde, wird in China mit Tod und Trauer in Zusammenhang gebracht.

In Rußland sind Zensur und Überwachung der Zivilbevölkerung durch die Geheimpolizei seit jeher üblich und waren in zaristischer Zeit genauso verbreitet wie in der UdSSR. Diejenigen, die gegen die zaristischen Loyalitätsgebote verstießen, endeten für gewöhnlich im „Nordland" – eine ungefähre Übersetzung von „Sibirien".

In den unruhigen Jahren vor dem Ersten Weltkrieg, als die Dynastie sich bemühte, jegliche revolutionäre Aktivität und Propaganda zu unterdrücken, zog ein unverdächtiges Wortspiel, das durch die Veröffentlichung eines Buches ins Leben gerufen wurde, den Zorn der russischen zaristischen Regierung und der Geheimpolizei auf sich. Man entdeckte bald, daß der harmlose Titel des Buches – *Nebukadnezar* – auf russisch ausgesprochen auch „Kein Gott und kein Zar!" *(Nje Bog a nje Zar!)* bedeuten konnte. Das Buch wurde auf den Index gesetzt, und es kam sogar so weit, daß man es taktvoll vermied, bei der Bestellung einer besonders großen Flasche Sekt (international „Nebukadnezar" genannt) diese direkt zu bezeichnen.

Nach der Revolution folgte auf die gefürchtete zaristische Geheimpolizei, die *Ochrana,* die gleichermaßen gefürchtete NKWD, die in der Folgezeit unter verschiedenen anderen Namen bekannt war. Mit dem für die Russen typischen trockenen Humor kam es bald dazu, daß man im Hinblick auf das Schicksal von Leuten, die verschwanden, nachdem die NKWD sie hatte holen lassen oder direkt aufgesucht hatte, sagte, daß die Initialen NKWD in Wirklichkeit für *Nje snaju kogdá wernús domoj* („Ich weiß nicht, wann ich wieder nach Hause kommen werde") stünden.

Männer im Dienste der kaiserlich russischen Armee waren verpflichtet, Offiziere bis zum Rang des Kapitäns mit *Wasche Blagoródije* („Euer Ehren") und noch höhere Ränge bis zum General mit *Wasche Wysókoblagoródije* („Euer hohe Ehren") anzusprechen. Gewöhnliche Offiziere wurden mit *Prewosschodítelstwo* („Höchste Exzellenz") angeredet. Nach der Revolution wurden Militäroffiziere einfach mit *towarisch* („Genosse") angesprochen, gefolgt von ihrem Rang – genau wie das heute der Fall ist.

Ziviltitel wurden völlig abgeändert, obwohl die ehemaligen Höflichkeitsformen für „Herr" und „Frau" – *Gospodín und Gosposchá,* was in Wirklichkeit „Herr" und „Herrin" heißt – immer noch für Ausländer aus nichtsozialistischen Ländern verwendet werden. *Towarisch* ist unter Parteimitgliedern, Beamten, Verwaltungsoffizieren und beim Militär gebräuchlich; die übrigen Russen werden offiziell mit *Graschdanín* („Bürger") oder *Graschdánka* („Bürgerin") angesprochen.

Gewisse „kommunistische" Wörter existierten schon lange vor der kommunistischen Ära. *Sowjet* ist das Wort für „Rat" oder „Beratung". *Towarisch* leitet sich von einem alten Wort für „Geschäft" *(towar)* mit den Nebenbedeutungen „Verbündeter", „Partner", „Kollege" oder „Kamerad" her. *Bolschewik* kommt vom Komparativ von *bolschoj* („groß") – „bolschewistisch" bezog sich ursprünglich auf Personen, die zur „größeren" Division der revolutionären Truppen gehörten, die in der Oktoberrevolution von 1917 (die sich nach dem heute üblichen Kalender in Wirklichkeit im November abspielte) die Macht übernahmen.

Viele politische Begriffe des Kommunismus wurden direkt aus dem Deutschen und Französischen übernommen; die Wörter „Kommunist" und „Kommunismus" stammen aus dem *Kommunistischem Manifest* von Karl Marx. Das russische Wort für „Revolution" in der Bedeutung von sozialer Revolution – *rewoljúzija* – erlangte in der Französischen Revolution von 1792 und in den folgenden regelmäßig stattfindenden Revolutionen allgemeine Geltung, vor allem zur Zeit der Kommune von 1871, einem Ereignis, das die große Bewunderung der Russen erregte, die im Verlaufe ihrer eigenen Revolutionen gegen Zarismus und Kapitalismus immer begeistert die „Marseillaise" gesungen hatten. Die „Marseillaise", die in eine Vielzahl von Sprachen übersetzt wurde, hat bis zum heutigen Tage auf der ganzen Welt ihre wichtige Stellung als Revolutionslied behauptet.

Einige Jahre nach der bolschewistischen Machtübernahme in Rußland stand im Rahmen der programmatischen Loslösung von der imperialistischen Vergangenheit und der orthodoxen Kirche auch die Maßnahme zur Debatte, statt des kyrillischen das lateinische Alphabet einzuführen. Obwohl sich schließlich herausstellte, daß diese Änderung nur sehr schwierig mit dem System der russischen Sprache in Einklang zu bringen war, versuchte man die Durchführung bei den zahlreichen (weit über 100) kleineren Sprachgruppen in Sibirien, Zentralasien und im Kaukasusgebiet. In den frühen dreißiger Jahren schwenkte dann die Politik um und die Grammatiken und Wörterbücher kehrten mit drei bemerkenswerten Ausnahmen, nämlich den lettischen, estischen und finnischen, die das lateinische Alphabet verwenden dürfen, zum kyrillischen Alphabet zurück.

Ein Verstoß gegen die diplomatische Etikette, von Trotzki absichtlich in Form eines privaten Scherzes begangen, ereignete sich während der verworrenen Zeit der bolschewistischen Machtübernahme in Petrograd (heute Leningrad) während und nach den berühmten zehn Tagen, „die die Welt erschütterten". Bei ihren durchgreifenden Veränderungen in den Ämtern und auf dem Personalsektor erließ die neue bolschewistische Regierung eine Reihe von Bezeichnungen für die verschiedenen Behörden, die der Einfachheit halber meist auf ihre Anfangsbuchstaben reduziert wurden. Im Laufe dieser Veränderungen wurde Trotzki ständig von ausländischen Reportern belagert, die die Namen und Anfangsbuchstaben der neuen Abteilungen, insbesondere des Außenministeriums, herauszufinden suchten. Auf wiederholte Fragen nach der Bezeichnung dieses wichtigen Ministeriums antwortete Trotzki schließlich, daß es KMIT heiße, ohne die Bedeutung der Buchstaben näher zu erklären. Die Bezeichnung dieses Ministeriums und seine Entscheidungen erschienen ganz ernsthaft in der Weltpresse. Erst allmählich, als keine weitere Erklärung dieser Bezeichnung abgegeben wurde, regte sich bei den Reportern allmählich der Verdacht, daß etwas nicht stimmen konnte. Später sickerte durch, daß Trotzki einfach die ersten Buchstaben eines aus vier Wörtern bestehenden jüdischen Ausdrucks angegeben hatte, offenbar nicht nur als einen Scherz, sondern um die Gefühle kundzutun, die er und das

Regime den kapitalistischen Ländern und ihren kapitalistischen Zeitungen entgegenbrachten. Der vollständige Wortlaut war nämlich *küss mir im toches,* was auf deutsch „Leck mich am Arsch" heißt.

Die wichtigsten Tageszeitungen in Rußland und in anderen Teilen der UdSSR sind *Prawda* (das heißt „Wahrheit") und *Iswestija* („Nachrichten"). Der gebräuchliche russische Ausdruck für „das ist wahr" ist *éto prâvda!* Einige Leute, die diese Zeitungen kritisierten – entweder Gegner des derzeitigen Regimes oder vielleicht auch Zeitungsleser, die einer realistischeren und weniger propagandistischen Berichterstattung der Weltnachrichten den Vorzug geben würden – haben ein althergebrachtes Wortspiel lebendig gehalten:

„Es gibt keine Nachrichten in der *Wahrheit* und keine Wahrheit in den *Nachrichten*" – *W Prawde njet iswéstij a w Iswestijach njet práwdy.*

Obwohl das Verbum „haben" in den Sprachen der westlichen Welt ein wichtiger Begriff ist, gibt es im Russischen kein genaues Äquivalent dafür. Der Begriff des „Habens" wird im Russischen durch „mir", „dir" usw. ausgedrückt. Der Satz „Ich habe ein Auto" heißt auf russisch: „Mir ist ein Auto."

Das Russische hat kein eigenes Wort für „Geschäft" im kommerziellen Sinn; man verwendet dafür das Wort „Angelegenheit" *(djelo).* Das russische Gegenstück zum englischen Wort „business" meint ausschließlich das Schwarzmarktgeschäft *(biznes).*

Das Wort *mir* bedeutet „Frieden", „Dorf", „die Welt" oder „Universum", je nachdem, in welchem Zusammenhang es verwendet wird. Dazu drängt sich eine interessante Theorie auf: Fördert das Fehlen eines Begriffes für dauerndes Besitzen oder eines exakten Wortes für „Geschäft" psychologisch den russischen Kommunismus mit seinem Vorurteil gegen Privateigentum? Begünstigt die mangelnde Differenzierung zwischen den Wörtern für „Dorf", „Welt" und „Frieden" einen angeborenen Hang, sich weltweit auszudehnen, bis die russische Vorstellung von Weltfrieden Wirklichkeit geworden ist?

Das ursprünglich deutsche Wort „Kommunist" ist in vielen Weltsprachen einfach übernommen worden. Das Russische behält die deutsche Schreibweise bei; eine Reihe anderer Sprachen zeigt nur geringfügige Abweichungen:

Polnisch	*Komunista*
Tschechisch	*Komunista*
Ungarisch	*Komunista*
Griechisch	*Kommunistis*
Schwedisch	*Kommunist*
Kisuaheli	*Komunisti*
Hebräisch	*Komunist*
Malaiisch	*Kominis*
Italienisch	*Comunista*
Spanisch	*Comunista*
Portugiesisch	*Comunista*
Französisch	*Communiste*
Türkisch	*Komünizt*
Zulu	*Ikhomanist*

In einigen orientalischen Sprachen wurde der russische oder vielleicht europäische Beiklang des Wortes„Kommunist" sorgfältig vermieden; statt dessen werden Wörter aus der eigenen Sprache in einer kurzen, anschaulichen Wendung gebraucht, wie im japanischen *kyo-san-shu-gi-sha* („Person mit Gemeinschaftseigentumsideologie") und im Urduwort *ishtrak* („der, der mit seinen Volksgenossen teilt"). Das arabische Wort für Kommunist heißt „Anhänger des gemeinsamen Gebrauchs", aber nachdem das Geschlecht im Arabischen von besonderer Bedeutung ist, muß verdeutlicht werden, ob der Anhänger männlichen Geschlechts *(shuyuaei)* oder weiblichen Geschlechts *(shuyuaeiet)* ist.

Das volksreichste kommunistische Land, China, vermeidet sorgfältig eine Bezeichnung, die auch nur annähernd gleich lauten könnte wie das europäische Wort „Kommunismus" und gebraucht ein chinesisches, das einen Gedanken betont, der beim Großteil der Bevölkerung angenehme Vorstellungen erweckt: *kung ch'an chu i,* was nichts anderes heißt als „Gemeineigentumsideologie". Die Kommunistische Partei ist die *kung ch'an tang* – „Gemeineigentumsgesellschaft" –, eine Bezeichnung, gegen die Menschen ohne Eigentum nichts einzuwenden haben können. Die „kapitalistische Klasse" wird *tse pen chia* – „Haus des Ursprungs des Geldes" – genannt. Der Ausdruck „Bourgeoisie" wurde – anders als die russische Wortübernahme – als *shao tse pen* – „Haus des Ursprungs von wenig Geld" – übersetzt.

Das chinesische Wort für „Revolution", *ko-ming,* was soviel bedeutet wie „Köpfe rollen lassen", gibt ein unmittelbareres Bild einer Revolution als das englische Wort und erinnert an Mao Tse-tungs Äußerung, daß „eine Revolution etwas anderes ist als eine Einladung von Leuten zu einer Abendgesellschaft". Mao hat eine Fülle von revolutionären Ratschlägen und Vorschlägen hinterlassen. Einer davon veranschaulicht besonders treffend die kommunistische Taktik, abwechselnd anzugreifen und zu debattieren und diesen Vorgang so oft zu wiederholen, bis das Ziel erreicht ist. Er sagt dies mit vier Worten: *Ta! Ta! T'an! T'an!* („Kämpft! Kämpft! Redet! Redet!")

Obwohl sich die kommunistische Revolution in China zum großen Teil gegen die traditionellen Sitten und die traditionelle Kultur des alten China richtete, fußte ihr militärisches Gelingen weitgehend auf dem Rat eines chinesischen Militärstrategen, der mehr als 500 Jahre vor Christi lebte, nämlich des Generals Sun Wu, der eine Formel für erfolgreiche Guerillataktik gegen eine Überzahl von Feinden in 16 Worte faßte. Er nannte dieses Konzept die „Acht Strategien", und chinesische, kubanische und vietnamesische Guerillatruppen nahmen sie bei ihrer Taktik der Zermürbung von ursprünglich zahlenmäßig überlegenen Befriedungstruppen, die gegen sie eingesetzt wurden, zum Vorbild. Nachfolgend die „Acht Strategien“ im ursprünglichen Wortlaut von General Sun Wu:

Di jin: wu tiu .... („Feind rückt vor; ich ziehe mich zurück“)
Di jirh: wu shün .... („Feind hält; ich sondiere die Lage“)
Di chuan: wu gung ...... („Feind müde; ich greife an“)
Di yin: wu sui .... („Feind zieht sich zurück; ich folge nach“)

Die sprichwörtlich gewordene russische Version dieses Prozesses von Attacke und Debatte, die Lenin selbst zugeschrieben wird, ist ebenso klar: „Ein Schritt zurück, zwei Schritt vor“ *(Schag nasád, dwa schag á wperjód).*

Seit fast zweihundert Jahren werden die Laute des Chinesischen in den Buchstaben der abendländischen Schrift so ausgedrückt, wie sie Missionare (die zu den ersten abendländischen Menschen gehörten, die Chinesisch lernten) und andere Sprachforscher hörten und ins lateinische Alphabet umsetzten. Die dabei verwendeten Systeme kümmerten die Chinesen wenig, die ihre Sprache weiterhin so sprachen, wie sie dies seit Jahrhunderten getan hatten, unbeeindruckt von jedem System, das von den „Ozeangeistern“ erfunden wurde, um chinesische Wörter zu schreiben.

Das am weitesten verbreitete System für die Transkription des Chinesischen ins Englische, das seit über hundert Jahren in fast allen englischen Büchern und Zeitungen verwendet wird, ist das Wade-Giles-System. Diesem System, das dazu beiträgt, daß das Chinesische weiterhin rätselhaft bleibt, setzt nach bestimmten Buchstaben *(p', t', ek', ch', d'* und *tz')* einen Apostroph, der anzeigen soll, daß sie dem Lautwert des lateinischen Alphabets gemäß ausgesprochen werden; kein Apostroph zeigt jedoch an, daß der Buchstabe anders ausgesprochen werden soll, nämlich als *b, d, g, s, t* und *dsch.* Eine Reihe von anderen Konstruktionen des Wade-Giles-Systems erfordern vorangehende Unterweisung: *hs* wird als *sch* ausgesprochen; *j* ist ein Versuch, ein chinesisches *r* wiederzugeben.

Seit Bestehen der Volksrepublik China ist es üblich geworden, ein neues System zur lateinischen Schreibung des Chinesischen zu verwenden, nämlich *Pinyin* („Transkription"). Seine offizielle Anwendung bei Presseberichten ins Ausland im Jahre 1978 hat zu hektischer Betriebsamkeit in privaten und staatlichen Schreibstuben Chinas geführt, da es eine Änderung der Schreibweise für Landkarten, Bücher und Zeitungsberichte und Verweise oder doppelte Karteien für Aufzeichnungen und Kataloge notwendig machte. Chinareisende und Zeitungsleser gewöhnen sich jetzt langsam an die neue Schreibung der Namen historischer Persönlichkeiten und Orte: *Beijing* für Peking, *Nanjing* für Nanking, *Chonquing* für Tschungking, *Guangzhou* für Kanton. Der Name *Teng Hsia-ping* wird nun Deng Xiaoping geschrieben, der ehemalige Generalissimus *Tschiang* ist zu Xiang geworden, und der Name der berühmten Anführerin der Viererbande, *Tschiang,* wurde während ihrer Inhaftierung in der westlichen Presse zu Jiang Qing.

Die englische Schreibung bekannter Wörter des chinesischen Grundwortschatzes hat sich beträchtlich geändert. „Danke", früher *hsieh, hsieh,* heißt nun *xie, xie.* „Bitte", einst *ch'ing,* ist zu *qing* abgeändert. Diese revolutionäre Schreibreform ist insgesamt logischer als frühere Systeme und bietet vom sprachlichen Gesichtspunkt aus den Vorteil, daß die Chinesen sie selbst erfunden haben.

In Ausbildungsstätten, die auf kommunistische Propagandatätigkeit, psychologische Kriegführung und Guerillataktik spezialisiert sind sowie in sozialistischen Ländern und Ländern der Dritten Welt wird eine Vielzahl von Sprachen gelehrt, da man ihnen für politische und taktische Operationen gegen den demokratischen Block der westlichen Welt Bedeutung zumißt. Die Sprache, die in den Lehrplänen dieser Schulen an erster Stelle steht, ist nicht die Sprache irgendeines großen sozialistischen Landes – wie Rußland oder China – und auch nicht die eines kleinen wie Kuba. Im Gegenteil, die Hauptsprache, die man Revolutionären auf der ganzen Welt beibringt, ist Englisch. Die Gründe liegen auf der Hand: Mit Englisch kann man sich bei fast allen Völkern der Welt in Asien, Afrika und Europa, einschließlich der Britischen Inseln und Nord- und Südamerikas, verständlich machen. Es kann auch für die weltweite Verständigung und für die Zusammenarbeit unter Operateuren, Kadern, Kampftruppen und politischen Parteien verschiedener Nationalitäten eingesetzt werden. So wird schließlich nach der revolutionären Bedeutung des Französischen, Deutschen, Russischen und Chinesischen in der Geschichte nun das Englische als die Sprache der internationalen Revolution angesehen.

34
Militärcodes und sprachliche Tricks

In der immer wichtiger werdenden Wissenschaft der militärischen Kryptologie (der Erstellung und Übersetzung von Codes) ist die Sprache, in der der Code gesetzt ist, besonders wichtig, weil die Buchstabenkombinationen der verschiedenen Sprachen sich voneinander unterscheiden. Vor und während des Zweiten Weltkriegs standen in Japan die Buchstaben – oder die sich darauf beziehenden Zahlen – in den wechselnden Chiffren überhaupt nicht für Buchstaben, sondern für Kana-Silben. Diese Silben sind auch noch nach der Dekodierung sehr schwer zu verstehen, weil die Bedeutung jeder Silbe davon abhängt, wie sie mit anderen Silben zu verschiedenen Wörtern zusammengesetzt wird.

Vor dem Zweiten Weltkrieg entschlüsselten amerikanische Kryptologen den streng geheimen japanischen „Purpurcode", indem sie nach einer Reihe von Experimenten, die auf jahrelangem Abhören von verschlüsselten Radiosendungen fußten, ihre eigene Ausfertigung des japanischen Chiffriergerätes herstellten. Dieses amerikanische Gerät konnte den Radiocode, der vom „Purpurchiffriergerät" ausgesandt wurde, lesen. Aufgrund dieses amerikanischen Erfolges konnte die Chiffrierabteilung des Kriegsministeriums schon vor Pearl Habour Meldungen, die von einem japanischen Diplomaten zum anderen gesandt wurden, entschlüsseln – genug, um daraus schließen zu können, daß die Verhandlungen am kritischen Punkt angelangt waren, obwohl der tatsächliche Angriff auf Pearl Harbor völlig geheim und erst nach einer Funksperre durchgeführt wurde.

Der „Purpurcode“ war ein vermeintlich nicht dechiffrierbarer japanischer Code, der auf dem ursprünglich deutschen Patent der Enigma-Maschine beruhte, die annähernd so groß war wie zwei Schreibmaschinen und eine große Anzahl elektronischer Schaltkreise enthielt.

Im Verlauf des Krieges konnten erfahrene amerikanische Dechiffrierer nach verschiedenen Verbesserungen des amerikanischen Modells der japanischen Maschine die Geheimsignale schließlich schneller als die Japaner lesen, für die sie gedacht waren. Möglicherweise war man im japanischen Hauptquartier davon überzeugt, daß der komplizierte „Purpurcode“ von Ausländern nicht zu dechiffrieren war – nicht nur wegen der Schwierigkeit der japanischen Sprache, sondern auch deshalb, weil der Code indirekte Hinweise und einen Code im Code enthielt. Die Tatsache, daß diese Codemeldungen von den Amerikanern entschlüsselt werden konnten, trug jedoch viel zu den späteren Erfolgen der Amerikaner im Pazifik bei, insbesondere in der Schlacht bei Midway. Admiral Nimitz wußte genauso viel über japanische Flottenaufstellungen, Flottenpläne und Flottenstärke wie die Japaner selbst und konnte seine Streitkräfte gut disponieren und im gegebenen Augenblick hart angreifen, was er auch tat – er versenkte die vier größten Flugzeugträger der Kaiserlichen Flotte bei Midway: der Anfang vom Ende der japanischen Seemacht.

Eine ungewöhnlich günstige Gelegenheit ergab sich für das Hauptquartier der US-Flotte im Pazifik, als eine japanische Meldung abgefangen wurde, in welcher Pläne für eine Inspizierung der militärischen Anlagen der Salomoninseln durch den Oberbefehlshaber der japanischen Flotte, Admiral Yamamoto, ausführlich erörtert wurden. In der Meldung wurden Datum, genaue Uhrzeit und genauer Flugplan genannt. Aber den Amerikanern stellte sich ein Problem: Wenn man den Admiral angriff und abschoß, so könnten die Japaner Verdacht schöpfen, daß die Amerikaner den „Purpurcode“ entschlüsselt hatten, und ihn abändern. Admiral Yamamoto war aber eine so bedeutsame Schlüsselfigur und so wichtig für die japanische Kampfmoral, daß das Kommando erteilt wurde, das Kampfgeschwader des Admirals anzugreifen und den Admiral und seine Begleitflugzeuge abzuschießen. Die Operation verlief erfolgreich, aber das Unternehmen drang nicht an die Öffentlichkeit. Eine Zeitlang wußten die Japaner nicht, was Admiral Yamamoto wirklich zugestoßen war. Der „Purpurcode" wurde nicht geändert.

Eine ähnlich verzweifelte Kommandoentscheidung mußte während des deutschen Luftangriffs auf England im Jahre 1940 gefällt werden. Der deutsche Code, basierend auf dem Prinzip der Enigma-Maschine, der in verschiedenen Einheiten und Hauptquartieren in Verwendung stand, war 1940 von britischer Seite entschlüsselt worden; dies war den Briten wesentlich erleichtert worden durch die Tatsache, daß sie mehrere dieser Maschinen in ihre Gewalt bringen konnten – eine stammte von einem deutschen Unterseeboot, eine von den Lofoteninseln vor der norwegischen Küste (die die Deutschen verloren hatten) und eine von einem abtrünnigen Deutschen, der eigentlich ein Pole war. Als Ergebnis entwickelten die Briten eine spezielle, abgeschirmte Einrichtung namens Ultra, mit der sie mühelos deutsche Codesignale abhören konnten, eine glückliche Entwicklung, die viel zur Rettung Großbritanniens beitrug. Als jedoch über Ultra in Erfahrung gebracht wurde, daß die deutsche Luftwaffe kurz vor der Bombardierung Coventrys stand, mußten die Briten sich entscheiden, ob sie für Coventry starken Luftschutz bereitstellen und damit den Deutschen verraten sollten, daß ihre Geheimpläne abgefangen wurden, oder ob sie dies vermeiden sollten, um weiterhin die Möglichkeit zu haben, wichtige Schlachtpläne abzulesen. Coventry wurde schwer bombardiert, aber das Ultra-Gerät blieb weiterhin geheim.

Die amerikanischen Streitkräfte in Guam benützten Navajo-

Indianer für Funksprüche von Feldkommandos in der Navajosprache, um japanische Mithörer glauben zu machen, daß diese Sprache ein neuer Code sei, damit ihre Entschlüsselungsabteilung sich angestrengt um eine Dechiffrierung bemühte und dadurch lahmgelegt wurde.

Vor Guam war die Navajosprache bereits gelegentlich als Verständigungsmittel im Frontkommando während des Ersten Weltkrieges eingesetzt worden, bis Folgeereignisse darauf hindeuteten, daß jemand in den deutschen Linien, möglicherweise ein zum Kriegsdienst einberufener Universitätsprofessor, die Sprache verstand. Während der Invasion Europas im Zweiten Weltkrieg wurden noch einmal indianische Radio-„Sprecher" verwendet, dieses Mal Mohawks, und zwar in einer Truppeneinheit von General Pattons „Dritter Armee". Aber in diesem Fall gab es offensichtlich keine Deutschen in der Umgebung, die die Mohawk-Sprache beherrschten.

Manchmal wird eine Chiffre zwar richtig übersetzt, aber falsch gedeutet. Als 1943 Vorbereitungen für das Treffen zwischen Churchill und Roosevelt in Casablanca getroffen wurden, erhielten die Deutschen aus spanischer Quelle rechtzeitig einen Wink, daß das Treffen in Casablanca stattfinden werde. Aber der Mann, der die Meldung entschlüsselte, deutete das Wort als *Casa Blanca* – „Weißes Haus" –, ein Ort, an dem ein solches Treffen üblicherweise stattfindet.

Trotz seines militärischen Genies hat Napoleon seine beiden letzten Schlachten – Leipzig und Waterloo – vielleicht aufgrund von Schwierigkeiten mit Militärcodes verloren, wobei das Problem nicht darin bestand, daß der Feind sie abgefangen hatte. Nach dem Rückzug aus Moskau hatte er offenbar den Befehl erteilt, sie abzuändern, da man befürchtete, daß die Codes und diejenigen, die sie entschlüsselten, den verfolgenden Russen in die Hände gefallen waren. Die neuen Codes, die er in Leipzig erstellen und verwenden ließ, waren so unklar, daß seine eigenen Generäle sie nicht ganz verstanden, was für die Franzosen katastrophale Folgen hatte.

Nach dem Ersten Weltkrieg wurde eine Anzahl von deutschen Kriegswaisen nach Norwegen gesandt, um dem Hungertode im Nachkriegsdeutschland zu entgehen. Diese Waisen, die als norwegische Staatsbürger aufwuchsen und perfekt Norwegisch sprachen, erwiesen sich als wichtige Hilfe in der Fünften Deutschen Kolonne und bei der deutschen Invasion Norwegens im Zweiten Weltkrieg.

Im Jahre 1941 war ein italienisches Kommando, das gegen die Griechen kämpfte, in unmittelbarer Gefahr, von zwei jugoslawischen Divisionen vernichtet zu werden, die sich im Vormarsch nach Süden befanden, um ihnen in den Rücken zu fallen. Die findigen Italiener faßten zwei Meldungen auf serbokroatisch ab, verschlüsselten sie im jugoslawischen Code und gaben sie als Funkmeldungen mit der Unterschrift eines jugoslawischen Generals an die zwei Divisionen durch, die auf sie zumarschierten. Die Meldungen erteilten den Befehl, daß beide Divisionen sich nach Norden zurückziehen und an unterschiedlichen Punkten neue Befestigungen vorbereiten sollten – was sie auch taten und damit die italienischen Streitkräfte ungewollt vor einer Katastrophe bewahrten.

Während der Ardennenoffensive sandten die Deutschen widersprüchliche Befehle an US-Truppen aus, und die US-Streitkräfte wurden sogar von einer Anzahl falscher Militärpolizisten, Deutschen in US-Uniformen, durchsetzt, die den Verkehr regelten und so ein Verkehrschaos schaffen sollten. Alle eingesickerten Deutschen sprachen amerikanisches Englisch; einige von ihnen hatten in den Vereinigten Staaten gelebt, andere hatten Auffanglager besucht, um ihr amerikanisches Englisch zu vervollkommnen und sich das typisch amerikanische Benehmen anzueignen. Als die Amerikaner von dieser Einsickerung Kenntnis erhielten, wurde stichprobenartig überprüft, ob die Militärpolizisten wirklich Amerikaner waren. Soldaten verlegten sich darauf, Verdächtige aufzugreifen und sie über Fakten zu befragen, über die jeder echte Amerikaner Bescheid wissen sollte. Manchmal verlangte man Auskunft darüber, wie hoch die durchschnittliche Trefferzahl bekannter Baseballspieler war, manchmal stellte man Fragen über Comic Strip-Figuren, z. B. wie der Hund von Little Orphan Annie, die Freundin Popeyes oder der Ehemann Blondies hießen. Richtige Antworten waren oft der Ausweis, der das Überleben ermöglichte.

Eine andere Faustregel – oder besser „Zehenregel" – wurde oft auf Japaner angewendet, die auf pazifischen Inseln gefangengenommen worden waren und behaupteten, Chinesen, in Amerika geborene Japaner oder harmlose Eingeborene zu sein. Verdächtige mußten ihre Schuhe ausziehen, damit man ihre ersten beiden Zehen untersuchen konnte. In den vierziger Jahren hatten Japaner, die in Japan aufgewachsen waren, von Kind auf hölzerne *geta* – Sandalen mit einem Riemen zwischen den ersten beiden Zehen – getragen, was zur Folge hatte, daß ein deutlicher Zwischenraum zwischen den Zehen entstand. Eine weitere rasche Stichprobe sprachlicher Natur bestand darin, den Verdächtigen das Wort *lalapaloosa* aussprechen zu lassen. Entweder schrieb man das Wort auf ein Blatt Papier und ließ es den Verdächtigen laut lesen, oder man verwendete es als Parole innerhalb der Militäreinheiten. Japaner, die nicht Englisch als Muttersprache haben, sprechen das *l* meist wie ein *r* aus (bei Chinesen ist es umgekehrt, sie sprechen das *r* wie ein *l* aus).

Die Taktik, den Feind an seiner Aussprache zu erkennen, geht bis in älteste Zeit zurück und findet sich in der Bibel (Richter 12 : 4–7). Die Gileaditer, die mit den Efraimitern im Kampf lagen, „besetzten die nach Efraim führenden Übergänge über den Jordan. Und wenn ein efraimitischer Flüchtling kam und sagte: ‚Ich möchte hinüber!', fragten ihn die

Männer aus Gilead: ‚Bist du ein Efraimiter?' Wenn er nein sagte, forderten sie ihn auf: ‚Sag doch einmal ›Schibbolet‹.' Sagte er dann ‚Sibbolet', weil er es nicht richtig aussprechen konnte, ergriffen sie ihn und machten ihn an den Furten des Jordan nieder. So fielen damals zweiundvierzigtausend Mann aus Efraim."

Die Vernichtung großer russischer Armeen durch die Deutschen im Jahre 1915 in der Schlacht bei Tannenberg während des Ersten Weltkrieges schwächte das zaristische Rußland und war letztlich die Ursache für die russische Niederlage und die sich daraus ergebende Revolution. Die russische Niederlage bei Tannenberg war in erster Linie darauf zurückzuführen, daß die Deutschen Kenntnis von den russischen Plänen hatten, und zwar vom kaiserlichen Hauptquartier bis zur niedrigsten Truppenebene. In der ersten Begeisterung, die die Invasion Deutschlands durch die Russen begleitete, planten die Russen, die deutschen Streitkräfte in Ostpreußen zwischen zwei riesigen russischen Armeen einzuschließen. Es fehlte den Russen jedoch an Telefonanlagen, und sie verwendeten auch die Militärcodes nachlässig; ungenügend ausgebildete russische Einheiten begannen einander unverschlüsselte Funkmeldungen zu senden, wohl in der Annahme, daß die gegnerischen Deutschen nicht Russisch verstanden. Dies taten die Deutschen jedoch sehr wohl, und so konnten sie sich darauf konzentrieren, die russischen Armeen nacheinander zu schlagen; dabei wurden den Russen so schwere Verluste zugefügt, daß die anfängliche russische Begeisterung für den Krieg und das Vertrauen auf den Sieg zu schwinden begannen.

Ein überaus erfolgreicher sprachlicher Trick gelang der US-Armee kurz vor der Invasion der „Festung Europa" durch die Alliierten. Unter strenger Geheimhaltung absolvierten Truppen im Gebiet um Boston ein Winterkriegs- und Überlebenstraining und nahmen an Intensivkursen in Grundlagennorwegisch teil, wobei besondere Betonung auf den Militärwortschatz gelegt wurde. Das ganze Militärpersonal, das mit dem Training in Zusammenhang stand, wurde ständig an die Strafe erinnert, die ein Bruch der Sicherheitsklassifikation STRENG GEHEIM nach sich ziehen würde. Alle zivilen Spezialisten – wie z. B. Schilehrer und Norwegischlehrer, die sich aus den ganzen Vereinigten Staaten rekrutierten – mußten sich sorgfältigen Sicherheitskontrollen unterziehen. Als das Unternehmen beendet war, erhielten die Truppen Winterausrüstung, einschließlich Skis, und wurden auf einen Konvoi von Transportschiffen verfrachtet. Nach einigen Tagen auf See wurde die Winterausrüstung wieder eingezogen und gegen Sommeruniformen und Sommerausrüstung eingetauscht – Ausrüstung, die sich für die Invasion Tunesiens besser eignete. Tunesien war nämlich von allem Anfang an das Truppenziel gewesen – während zur selben Zeit deutsche Verstärkungen in Norwegen auf sie warteten. Diejenigen, die dieses Unternehmen geplant hatten, würden einem von Mao Tse-tung geprägten Aphorismus mit Sicherheit zustimmen: „Du willst, daß etwas bekannt wird? Sag' den Leuten, daß es streng geheim ist."

Eine britische Armee-Einheit aus Kolonialindien wurde während Rommels Vormarsch in Nordafrika gefangengenommen und von einem kleinen Kontingent von Truppen des deutschen Afrikakorps bewacht. Bevor der britische Kommandeur, ein Major, von seinen Leuten abgesondert wurde, um in einem Kriegsgefangenenlager für Offiziere interniert zu werden, bat er um die Erlaubnis, sich von seinen Truppen zu verabschieden, mit der Begründung, daß er jahrelang mit ihnen in der indischen Armee gedient hatte. Nachdem man ihm dies gestattet hatte, sprach er einige Worte, die Abschiedsworte zu sein schienen: *Jub main ishara kara asi khamla karna!* – „Greift an, sobald ich das Signal gebe!" Dann gab er unverzüglich das Signal, denn er wußte, daß seine Truppen zwar keine Gewehre mehr hatten, aber wohl – wie das bei den Sikhs religiöser Brauch ist – ihre Messer am Leib trugen. Nach einem Nahkampf mit den Messern, Mann gegen Mann, flohen die

Einheit und ihr Kommandeur, um erneut am Kampf teilzunehmen.

Aufgrund ihrer aus verschiedensten Nationen und Rassen zusammengesetzten Bevölkerung sind die Vereinigten Staaten mehr als alle anderen Nationen in der Lage, Agenten und Infiltranten für die sogenannte „unkonventionelle Kriegführung“ auszubilden. Angehörige von Ausländergruppen aus allen Teilen der Welt haben sich vor allem in Großstädten seit Generationen ihre sprachliche und nationale Volkszugehörigkeit bewahrt. Bei der Ausbildung von Amerikanern der zweiten und dritten Generation sollte jedoch sorgfältigst darauf geachtet werden, daß sie mit den existierenden Gegebenheiten in jedem Gebiet, in dem sie eingesetzt werden sollen, vertraut sind. Sie müssen darauf vorbereitet sein, die dort vorherrschende Variante der ihnen bereits geläufigen Sprache zu beherrschen und von derzeit *dort üblichen* lokalen Sitten und Gebräuchen unterrichtet sein. Im Zweiten Weltkrieg verrieten sich italienisch- oder französischstämmige amerikanische Agenten nicht nur dadurch, daß sie auf aktuelle, allen Bewohnern eines Ortes vertraute Kommentare nicht richtig reagierten, sondern auch durch die Art und Weise, wie sie ein Messer oder eine Gabel hielten oder eine Zigarette rauchten. Manche Amerikaner arabischer Herkunft, von denen Nordafrika und der Mittlere Osten durchsetzt waren, fügten sich vortrefflich in die dortige Bevölkerung ein, kannten aber die einfachsten Anweisungen an Kamele nicht, die im ländlichen Bereich immer noch ein wichtiger Teil des täglichen Lebens waren.

35
Geheimsprachen, Verbrecherjargon und Slang

Slang, Jargon und Argot sind verschiedene Spielarten desselben linguistischen Phänomens, nämlich einer spezialisierten Sprache oder eines spezialisierten Wortschatzes, der von Mitgliedern einer bestimmten Gruppe verwendet wird, um sich ungezwungen ausdrücken zu können und üblicherweise mit der Absicht ersonnen wurde, nur für Mitglieder der Gruppe verständlich zu sein.

„Jargon" stammt vom altfranzösischen Wort *jargoun,* „zwitschern", dem Geräusch, das Vögel machen und das für Menschen unverständlich ist. *Argot,* das französische Wort für Slang, kann auf ein altfranzösisches Wort mit der Bedeutung „reißen" zurückgeführt werden, das von der zerlumpten Kleidung von Bettlern und Dieben herrührt, die im Mittelalter als erste einen *argot* entwickelten.

Ein Großteil der für viele unverständlichen Ausdrücke der Gaunersprache wurde entwickelt und ständig verändert, damit Gesetzeshüter oder mögliche Opfer, die Gesprächsfetzen aufschnappten, nichts verstehen konnten. Zahlreiche amerikanische Slangwörter entstanden in Gefängnissen oder kriminellen „Erwerbszweigen", wie z. B. Schmuggel, illegaler Handel mit Alkohol, Prostitution und – seit kurzem – Drogenhandel. Ein Großteil dieses Wortschatzes setzt sich aus Ersatzwörtern für Polizei, Geld, Feuerwaffen, Sex, verschiedene Arten von Verbrechen, Opfer und Strafen zusammen. Sobald ein Wort allgemein verständlich geworden ist, wird es gewöhnlich abgeändert.

Gelegentlich scheint die übersetzte Form eines Slangausdrucks in einer anderen Sprache auf. Das amerikanische Wort *bread* („Brot") für „Geld" wird auch im Französischen in derselben Bedeutung verwendet *(pain)*. *To pinch* in der Bedeutung von „verhaften" existiert auch im Französischen *(pincer)* in denselben Grund- und Nebenbedeutungen.

Slangausdrücke, die Verbrechen bezeichnen, dringen oft wegen ihrer witzigen Nebenbedeutungen, die manchmal voll schwarzen Humors sind, in die allgemeine Umgangssprache ein. *To go west* („Nach Westen gehen") wird zwar üblicherweise mit den Ewigen Jagdgründen in Verbindung gebracht, in die Indianer nach ihrem Tod eingehen, scheint aber eigentlich aus der Häftlingssprache des Newgate-Gefängnisses in London zu stammen. Das Westtor führte zum Schafott, und so erlangte der Ausdruck *to go west* allmählich die Bedeutung einer Reise ohne Wiederkehr.

Ein Beispiel für die Gaunersprache, das gut auf die achtziger Jahre des zwanzigsten Jahrhunderts paßt, ist der Ausdruck *square grouper* („viereckiger Barsch") – ein Barsch ist ein großer Warmwasserfisch –, der sich auf Marihuanaballen bezieht, die auf Booten in die Vereinigten Staaten eingeschmuggelt werden, die wie Fischerboote aussehen.

Ein kompliziertes Beispiel reimender Slangausdrücke entstand unter Londoner Sträflingen und wurde durch die Deportation dieser Sträflinge auf Schiffen in Strafkolonien verbreitet. Bei diesem System wird das letztere von zwei miteinander verbundenen Wörtern so gebraucht, daß es sich mit dem Wort reimt, das der Sprecher zu verheimlichen sucht. So wird *gin* („Gin") durch *needle and pin* (beides Ausdrücke für „Nadel") wiedergegeben, *crook* („Gauner") durch *babbling brook* („plätschernder Bach"), *wife* („Frau") durch *storm and strife* („Sturm und Kampf") und *money* („Geld") durch *bees and honey* („Bienen und Honig"). Das ursprüngliche Wortpaar für *girl*

(„Mädchen“) war *twist and twirl* („wirbeln und drehen“), und durch weitere Verschlüsselung erlangte das nicht reimende Wort *twist* die Bedeutung *girl.* Im Falle von *bacon and eggs* („Speck und Eier“) für *legs* („Beine“) steht nun *bacon* für *legs,* was dem Bemühen entspricht, den Code zu verkomplizieren.

Eine etwas mühsame Geheimsprache, die schnell gesprochen werden kann und eine gewisse Zeitlang für die Polizei und für andere unverständlich ist, wird in den südöstlichen Städten Südamerikas verwendet. Sie besteht darin, daß man einige oder alle Wörter von rückwärts ausspricht. Dadurch, daß das Spanische so viele Vokale hat, hören sich die schnell in umgekehrter Richtung gesprochenen Wörter wie normale Wörter an. *Mujer* („Frau“) wäre demnach *rejum, carcel* („Gefängnis“) wäre *lecrac, matar* („töten“) wäre *ratam* und *escapar* („fliehen“) *rapacse.* Ein in Buenos Aires beliebter Tango hatte einen geheimnisvollen Namen, *Samsemoton,* bis Zuhörer herausfanden, daß es einfach *¡No tomes más!* – „Trink nicht mehr!“ – in umgekehrter Reihenfolge war.

In den meisten Sprachen gibt es Sprachtricks, die vielleicht anfangs in Gefängnissen als verschlüsselte Gespräche entstanden, um die Wachen irrezuführen. Die meisten sind leicht zu verstehen, wie das sogenannte *Pig Latin* („Schweinelatein“) im Englischen: der Anfangsbuchstabe wird an das Ende des Wortes gestellt, und darauf folgt *ay. Let's go!* („Gehen wir!“) wird auf diese Weise zu *Etslay ogay!* Eine französische Geheimsprache stellt *av* vor Vokale – so wird Paris zu *Pavaravis.* Das Deutsche besitzt eine Geheimsprache, in der jede Silbe wiederholt wird, wobei jedoch der erste Buchstabe der wiederholten Silbe zu *b* umgeändert wird („Kindergarten“ wäre also *Kinbinderbergarbartenben*). Jede dieser Geheimsprachen kann nur dann wirkungsvoll eingesetzt werden, wenn sie genügend schnell gesprochen wird, um die Zuhörer zu verwirren.

Geheimsprachen der Unterwelt gibt es in Großstädten auf

der ganzen Welt. In Indien existieren sogar besondere Diebssprachen, und die überall anzutreffenden Zigeuner verwenden vielleicht heute noch den Wortschatz einer dieser Sprachen. Das Wort *Gypsy* („Zigeuner") ist eine Umformung von *Egypt* („Ägypten"), das die Zigeuner angeblich auf ihrer Wanderung von Indien nach Europa durchquert haben. *Pal* („Kumpel, Freund") ist ein Zigeunerwort, das in das umgangssprachliche Englisch aufgenommen wurde. Ein Zigeunerwort für „Gefängnis" – *staripen* – ist zum englischen Slangausdruck für „Gefängnis", nämlich *stir,* geworden.

Obwohl die Polizisten sich im allgemeinen die Verbrechersprache zunutze gemacht haben, indem sie sie selber erlernten, ist in Papua auf Neuguinea von den einheimischen Polizeibeamten eine vollständige Polizeisprache entwickelt worden. Der Name dieser Sprache scheint sogar ordnungsgemäß in der Liste der verschiedenen Sprachen auf: *Polis-motu* („Polizeisprache"). Bisher wurde jedoch nicht bekannt, ob dortige kriminelle Subjekte bereits versucht haben, sie zu erlernen.

Eine Anzahl von Slangausdrücken aus der Verbrecherwelt sind in die englische Umgangssprache aufgenommen worden. Manche von ihnen weisen einen interessanten sprachlichen Hintergrund, oft historischer Art, auf.

kidnap („entführen") ..... eine Kombination von *kid* („kleine Ziege, „Kind") und *napper* („Dieb").

Mafia: .... sizilianisches Dialektwort; wahrscheinlich aus arabisch *mah'yah* („großspurig").

big shot („großes Tier") .... das Projektil einer 90-mm-Kanone, die von Garibaldi gegen die Österreicher eingesetzt wurde; ins Englische übersetzt durch italienische Einwanderer, die Garibaldi verehrten.

hijack („ein Flugzeug entführen"): leitet sich her von der lässigen, aber unter

Umständen tödlichen Aufforderung des Wegelagerers an den Postkutscher, die Hände über den Kopf zu heben: *Hands up high, Jack!* („Hände hoch, Jack!").

derrick („Hebekran"): .... Derrick war ein berühmter englischer Henker, der um 1600 sein Gewerbe ausübte. Sein Name war bei Verbrechern und anderen so berüchtigt, daß er im Diebsjargon für alles gebraucht wurde, was zum Hochziehen oder Heben verwendet wurde.

yen („dringendes Bedürfnis"): .... vom chinesischen Wort (Opium) „rauchen"; bedeutet heute ein unstillbares Verlangen.

cop („Polizist"): ... Anfangsbuchstaben von *constable on patrol* („Polizist auf Patrouille") – nicht von Kupferknöpfen oder einem Kupferabzeichen herzuleiten.

gat („Revolver"): .. von *Gatling gun* („Revolverpistole"), Vorläuferin der Maschinenpistole.

thug („Schurke"): aus der Hindusprache, zur Beschreibung einer religiösen Sekte, deren Mitglieder sich mit arglosen Reisenden anfreundeten und sie anschließend umbrachten, ausraubten und verscharrten.

goon: .... aus der Hindusprache für „gedungener Mörder", *goonda* (nicht eigentlich für religiöse Zwecke).

hoodlum („Rowdy", „Gangster"): .... ursprünglich Mitglieder von irischen Sicherheitstrupps (Volksjustiz), die in San Franzisko gewaltsam gegen chinesische Arbeiter vorgingen. *Hoodlum* ist angeblich *Muldoon* in umgekehrter Reihenfolge und noch dazu falsch geschrieben.

vandal („Vandale"): .... leitet sich von den Vandalen her, einem germanischen Stamm mit einem besonderen Hang zur Zerstörung, der dem untergehenden Römischen Reich den Todesstoß versetzte.

hash („Hasch"): .. Kurzform für „Haschisch"; Haschisch hat einen wichtigen Beitrag zur heutigen Sprache geleistet, nämlich das Wort *assassin* („Meuchelmörder"), das sich von *hashishin* („die Haschischraucher") herleitet, das im Mittelalter eine auserwählte Gruppe von potentiellen Mördern bezeichnete, die unter dem Schutz des sogenannten Alten Mannes vom Berge, dem religiösen und politischen Anführer einer islamischen Schia-Sekte in Nordpersien, standen. Im Schutze seiner Bergfestung stellte er die jungen Männer, die sein Werkzeug waren, mit Haschisch, Frauen und anderen Genüssen zufrieden und brachte sie zu der Überzeugung, sie seien gestorben und im Paradies. Diese Mörder wurden von Zeit zu Zeit auf die „Erde" zurückgeschickt, mit dem Auftrag, diejenigen zu ermorden, die auf der Liste des Alten Mannes vom Berge standen. Wenn sie den Auftrag erfolgreich ausführten und nicht selbst während des Mordversuchs getötet wurden, wurden sie wieder ins „Paradies" eingelassen, das sie – wie der Alte Mann ihnen versicherte – nur für kurze Zeit verlassen hatten.

Der Verbrecherjargon aus den Vereinigten Staaten hat weitreichend Anklang in anderen Sprachen gefunden, wie zum Beispiel in den französischen Wörtern *le gangster, le hold-up, le racket* und *le kidnap.*

Der Militärjargon übte auf zweifache Art und Weise Einfluß auf Sprachen aus, einerseits, indem er in die Sprache des besetzten Landes eindrang, und andererseits, indem er Wörter aus der Sprache des besetzten Landes in die Muttersprache überführte. Beispiele für Militärjargon, der in die Sprachen des besetzten Landes eingedrungen ist, bestehen in den romanischen Sprachen fort, die immer noch Slangausdrücke enthalten, die von römischen Legionären verwendet wurden:

DEUTSCH	Kopf	Bein	Pferd
LATEINISCH	caput	crus	equus
LEGIONÄR-JARGON	testa („Plutzer“)	gamba („Huf“)	caballus („Klepper“)
FRANZÖSISCH	tête	jambe	cheval
ITALIENISCH	testa	gamba	cavallo

Von diesen drei Wörtern haben das Portugiesische und das Spanische nur das Wort für „Pferd“ *(cavalo, caballo)* bewahrt. Das italienische *gamba,* pluralisiert zu *gams,* ist im amerikanischen Englisch zu einem Slangausdruck für „Beine“ geworden, insbesondere für weibliche.

Militärische Besetzung beeinflußt die Sprache des jeweiligen Landes proportional zur Dauer der Besetzung. Das ist ein Grund dafür, daß es viel mehr englische Ausdrücke im Japanischen und im Deutschen gibt als umgekehrt. In früheren Zeiten jedoch wurde die Sprache der Besetzer zur vorherrschenden Sprache des Landes – Englisch in Indien, Französisch in Indochina und Englisch oder Französisch in verschiedenen Teilen Afrikas.

Besatzungstruppen schnappen für gewöhnlich gewisse wichtige Ausdrücke auf, die in den Slang übernommen werden und – werden sie nur lange genug verwendet – schließlich in die Sprache eindringen. Arabische, von französischen Soldaten verwendete Wörter, die in die französische Umgangssprache eingedrungen sind, sind unter anderem *toubib* („Arzt“), *baroud* („Kampf“), *kif-kif* („es ist egal“), *maboul* („verrückt“), *bled* („trockenes Ödland“) und *blédard* (ein Soldat, der den größten Teil seines Militärdienstes im *bled* abdient). Alle diese Ausdrücke zeigen das harte Militärleben auf.

Ausdrücke in Hindustani, die von den britischen Truppen aus Indien mitgebracht wurden, sind zum Beispiel: *veranda* („Veranda“), *punch* („Punsch“), *tiffin* („Gabelfrühstück“), *bungalow* („Bungalow"), *curry* („Curry"), *bearer* („Träger, Diener"), *pajamas* („Pyjamas") und *jodhpurs* („Reithose"), die alle einen recht angenehmen Lebensstil schildern.

Als eine wirksame Kraft bei der Entwicklung eines neuen Bestandes an Slangausdrücken im amerikanischen Englisch hat sich die weltweite Expansion des Jazz und der Rockmusik mit einem differenzierten Slangwortschatz für Begriffe aus der Musik erwiesen. Die Bezeichnungen für diese Musik – Jazz, Rock, Rock 'n' Roll, Boogie – und die Wörter „Swing" und „Jive" hingen ursprünglich alle mit dem Geschlechtsakt zusammen, ein Zufall, der dem allgemeinen Erfolg dieser Musik durchaus nicht abträglich war. Songtitel sind in den meisten Ländern ohne Übersetzung im Umlauf, wodurch gleichzeitig das Slangvokabular und die englische Umgangssprache verbreitet werden (Französisch: *le jazz hot* und *un slow* für einen Blues).

Das Englische umfaßt über eine Million Wörter, und davon werden 100.000 als Slang betrachtet. Die besondere Sprache, die gerade „in" ist, mit einer bestimmten Aktivität in Zusammenhang steht und von den Mitgliedern einer Gruppe verwendet, aber von Außenseitern nicht verstanden wird, ist Jargon oder Slang – und zwar so lange, bis sie so allgemein verwendet wird, daß sie als anerkannte, übliche Sprachform in die englische Sprache eindringt. Mit der Entwicklung neuer Aktivitäten werden ständig – sei es in den freien Berufen, in der Industrie, in der Kunst oder in den Medien – neue Wörter und Ausdrücke gebildet. Ein Teil des neuen Jargons, der sich im Augenblick in der Weltraumfahrt, in der Roboterforschung und in der Transistoren- und Computerindustrie entwickelt, wird im englischen Sprachraum bald allgemein akzeptiert sein, während ältere Slangausdrücke zum alten Eisen geworfen werden.

Einige Slangwörter und Slangausdrücke bestehen schon seit

Jahrhunderten, ohne jemals wirklich in der Hochsprache akzeptiert worden zu sein. Shakespeare verwendete eine Anzahl von populären Ausdrücken, die immer noch in Verwendung stehen, aber heutzutage etwas altmodisch anmuten: *Tell it to the marines!* („Das kannst du deiner Großmutter erzählen!"), *Beat it!* („Hau ab!"), *Oh boy!* („Junge, Junge!"), *not so hot* („nicht so ungeduldig"), *it's Greek to me* („das kommt mir spanisch vor") und der Ausdruck aus Backfischzeiten, *flaming youth* („in der Blüte der Jugend"), der heute fast so überholt ist wie das Zeitalter Elisabeths I.

Wenn ein Slang nicht in die allgemeine Umgangssprache eindringt, stirbt er und bleibt lediglich als kurioses Überbleibsel einer gewissen historischen Phase in der Sprachentwicklung erhalten. Der Ausdruck *twenty-three skiddoo* („dreiundzwanzig und abhauen!"), der in den frühen zwanziger Jahren in Amerika allgemein bekannt war, ist ein Beispiel dafür. In der Dreiundzwanzigsten Straße in New York steht vor einem Park das „Bügeleisen-Gebäude", einer der ersten Wolkenkratzer, der in etwa wie ein Bügeleisen oder ein Tortenstück aussieht. Seiner Lage wegen zieht es an der Ecke des Hauses, und die Frauenröcke wurden leicht vom Wind hochgeblasen – zur allgemeinen Bewunderung eines dort für gewöhnlich herumlungernden Publikums, das regelmäßig von der Polizei verjagt wurde und diese Warnung ins Leben rief.

Slangausdrücke verschwinden, wenn sich die historischen Verhältnisse ändern. Ein sehr alter französischer Ausdruck für die Verurteilung zur Zwangsarbeit als Ruderer auf einer Galeere war „die große Prärie mit der Sense abmähen" *(faucher la grande prairie),* wobei die Sense für das große Ruder und die „große Prärie" für das Meer standen.

In mehreren mittel- und südamerikanischen Ländern gibt es eine Anzahl von angeblichen Slangausdrücken, die in Wirklichkeit gar kein Slang sind, sondern etwas abgeänderte

Überbleibsel der indianischen Sprachen, die vor der Eroberung durch die Spanier gesprochen wurden. Diese Slangüberreste werden in Mexiko und in Mittelamerika verwendet (aus der Azteken- und Mayasprache), in den ehemaligen Inkaländern Südamerikas entlang der Westküste und des Zentralplateaus (aus der Ketschua- und Aymarásprache) und in Paraguay (aus der Guaranísprache, die noch immer weitverbreitet ist). In Mexiko nennt man einen Wucherer noch heute *coyote,* und für bestimmte Tiere verwendet man noch eher die aztekischen und nicht die spanischen Bezeichnungen: *zopilote* („Geier"), *tecolote* („Eule") und viele andere. Die letzten zwei Buchstaben *te* in diesen Wörtern stehen anstelle der Endung *tl* in der Aztekensprache, ähnlich modifiziert auch in anderen Wörtern, mit denen Amerikaner vertraut sind, wie zum Beispiel *chocolatl* („Schokolade") und *jitomatl* („Tomate"). Ein weiteres interessantes Beispiel für aktuellen mexikanischen Slang ist das Wort *escuincle* („Kind") aus dem aztekischen *xolo-escuintle,* eine Hundeart – ein dicker Chihuahua –, die oft als Essen diente. Die Hunde überlebten die spanische Eroberung nicht. Ein weiteres Beispiel im mexikanischen Spanisch ist *cuate* in der Bedeutung von „Freund" oder „Kumpel", das sich vom aztekischen *cuatl,* „Zwilling", herleitet.

Posh in der Bedeutung von „elegant" oder „luxuriös" soll sich auf den ersten Buchstaben der Wendung *port out – starbord home* („Backbord Richtung Meer – Steuerbord Richtung Heimat") herleiten, was sich auf die Schiffskabinen (diejenigen auf der Nordseite, die nicht der Sonne zugewandt waren) bezieht, die während der windstillen Schönwettertage der britischen Herrschaft in Indien britisches Kolonialpersonal zwischen Großbritannien und Indien hin- und hertransportierten.

Ein anderes Slangwort, das vielleicht Hunderte von Jahren alt ist, ist nicht nur heute noch gebräuchlich, sondern könnte ohne weiteres eines der am häufigsten geäußerten Wörter auf unserem Planeten sein, nämlich „O. K.". Fast jeder, ob er nun Englisch spricht oder nicht, versteht es, obwohl hinsichtlich seines Ursprungs beträchtliche Zweifel herrschen. Es ist auf ein algonkinisches Wort, das Zustimmung oder einen Gruß ausdrückt, zurückgeführt worden, nämlich *okeh.* Eine andere Theorie erklärt seine Herkunft als falsche Schreibung der Anfangsbuchstaben von *all correct* („alles richtig"), die angeblich von Präsident Andrew Jackson zum Zeichen verwendet wurde, daß er ihm vorgelegte Dokumente billigte. Es wurde während der Wahlkampagne von Präsident Martin Van Buren verwendet. Van Buren wurde in Kinderhook, New York, geboren und oft als *Kinderhook Fox* („Fuchs von Kinderhook") bezeichnet. Während der Wahlschlacht wurde er vom demokratischen OK-Klub unterstützt, wobei das „OK" für *Old Kinderhook* stand; so gesehen wäre das Wort demokratischen Ursprungs. Eine erfreulichere Erklärung (zumindest für Rumtrinker) wäre es, das Wort auf die an das Französische angelehnte Aussprache eines ausgezeichneten Rums aus den Kolonien, *Aux Cayes* („an den Kais"), zurückzuführen. Dieser in Haiti hergestellte Rum war so gut, daß die Leute, die ihm in höchster Zufriedenheit zusprachen, seinen Namen auf alles anwendeten, das sie für gut oder vollkommen hielten.

36
Weltraumsprachen

Gesetzt den Fall, wir nehmen Kontakt mit Wesen aus anderen Welten auf – welche Sprachen werden wir dann verwenden, um uns mit ihnen zu verständigen? Die Hauptsprachen, die bisher von Erdsatelliten verwendet wurden, sind Englisch und Russisch, die Sprachen, derer sich Astronauten bedienen, wenn sie mit Sendekontrollstationen sprechen.

Satellitenmeldungen werden üblicherweise in Digitalcodes durchgegeben, die entschlüsselt werden, sobald sie auf der Erde empfangen werden. Eine berühmte Ausnahme war der erste chinesische Satellit, der ununterbrochen folgende Meldung aussandte: *Tung fang hung – Mao Tse-tung,* was soviel heißt wie „Der Osten ist rot – Mao Tse-tung".

Die von Amerika gestarteten Weltraumversuchsraketen *Pioneer 10* und *11* und *Explorer 1* und *2,* die sich nun den äußeren Grenzen unseres Sonnensystems nähern, werden die englische Sprache und andere Sprachen über das Sonnensystem hinaus in die entfernten Bereiche unserer Galaxis und möglicherweise noch weiter tragen. *Explorer 2* sendet an außerirdische Lebewesen Aufzeichnungen der Sprachen der Erde aus, Botschaften von politischen Führern der Erde, mathematische Formeln, Geräusche von der Erde und eine Versicherung der friedlichen Absichten, die von Präsident Carter auf Tonband aufgenommen wurden. *Pioneer 10* enthält Abbildungen der die Erde beherrschenden Spezies (einen nackten Mann und eine nackte Frau), ein Diagramm des Empfängnisvorganges und nähere Information über das Wasserstoffatom, in der Annahme, daß intelligente Lebewesen, die durch diese Botschaft erreicht werden können, sie verstehen und versuchen werden, mit dem Sender in Verbindung zu treten.

Die Namen der Planeten und viele Bezeichnungen der Sterne und Sternkonstellationen kommen aus der griechischen und römischen Mythologie und sind von fast allen Ländern der Erde übernommen worden. Die Wörter „Astrologie" und „Astronomie" kommen beide aus dem Griechischen, wobei „Astronomie" „Anordnung der Sterne" und „Astrologie" „Sprache der Sterne" bedeutet.

Die Zonen zwischen Erde und Weltall werden „Sphären" (vom griechischen Wort *sphaira,* „Kugel") genannt:

„Atmosphäre" .... „Wasserdampfsphäre"
„Troposphäre" .... „kreisende Sphäre"
„Stratosphäre" .... „sich ausdehnende Sphäre"
„Ionosphäre" .... „violette Sphäre"

„Galaxis" kommt aus dem Griechischen *galaxia,* „Milchkreis", und bezieht sich auf die Milchstraße, und „Kosmos" leitet sich vom griechischen Wort für „Ordnung" her.

Die moderne Astrologie befaßt sich großteils mit den Konstellationen des Zodiakus – Fische, Skorpion, Stier, Steinbock usw. Das Wort „Zodiakus" kommt aus dem Griechischen und heißt „Tierkreis".

Die Planeten werden nach den römischen und griechischen Göttern und Göttinnen benannt, wobei heute die römischen Versionen der Namen in Verwendung stehen. Die Griechen identifizierten die Erde mit einer griechischen Göttin, Gaia.

Dem alten Volksglauben nach waren die Planeten die Wohnsitze der Götter, nach denen sie benannt waren, oder sie stellten die Götter selbst dar, obwohl fortschrittliche Denker wie Plato meinten, daß man den Sternen die Namen der Götter, Tiere und Ungeheuer aus der Legende gegeben hatte, um sie leichter im Gedächtnis zu bewahren.

Im Fernen Osten werden die Hauptplaneten – mit einer Ausnahme – mit anderen Phänomenen assoziiert:

ABENDLÄNDISCH	OSTASIATISCH
Merkur	Wasserstern
Mars	Feuerstern
Venus	Goldstern
Saturn	Erdstern
Jupiter	Holzstern
Neptun	Stern des Meereskönigs

Arabische Astronomen, die während des „finsteren Mittelalters" in Europa die Wissenschaft der Astronomie lebendig erhielten, gaben vielen der Sterne erster Größe (die hellsten) Namen wie die folgenden:

Altair	(„Flieger")
Aldebaran	(„Begleiter")
Deneb	(„Schwanz")
Beteigeuze	(„Riesenschulter")
Rigel	(„Fuß")

Mit der zunehmenden Reichweite moderner Teleskope sind so viele Tausende neuer Sterne, Konstellationen und sogar neuer Galaxien in Sichtweite gekommen, daß Bezeichnungen aus der klassischen Tradition knapp geworden sind, so daß die Entdecker die neuen Sterne und Novas mit Buchstaben- und Zahlenkombinationen belegen. Die Namen neuentdeckter Himmelskörper sind im Internationalen Astronomischen Verzeichnis angeführt. In Toronto/Kanada ist jedoch in Anlehnung an den Verkauf von „Lieblingsfelsen" eine „Sternebenennungsgesellschaft" gegründet worden, die einen Stern gegen eine Summe von 30 Dollar nach einer bestimmten Person benennt und ihn zusammen mit dem Standort des Sterns in einem neuen Buch der Sternennamen verzeichnet.

Der erste russische Satellit hatte einen neutralen Namen, nämlich *Sputnik,* eine Kombination von *put'* („reisen"), *s* („mit") und *nik* (ein Diminutivsuffix, das eine Person bezeichnet) – mit anderen Worten, „ein Reisender, der begleitet" oder „ein Mitreisender".

Von den mehreren Tausend während der letzten fünfzehn Jahre erfolgreich gestarteten Raumsatelliten befinden sich mehr als tausend noch in ihrer Umlaufbahn. Obwohl die Satelliten von vielen Nationen abgeschossen worden sind, einschließlich Amerikas, der UdSSR, Englands, Australiens, Kanadas, Frankreichs, Deutschlands, Japans, Chinas, der Niederlande, Spaniens, Italiens und Indiens, verschiedener Vereinigungen von Ländern und Industrien und sogar einzelner Gesellschaften, tragen sie keine politische Kennzeichnung, sondern im allgemeinen Namen, die sich auf den Weltraum, auf die Forschung, das Wetter beziehen oder einfach nur Buchstaben- und Zahlenkombinationen darstellen. Ähnlich ist man bei der Benennung neuer Himmelskörper oder wahrnehmbarer Bereiche auf den Planeten vorgegangen.

Vor kurzem jedoch haben die Sowjets von ihnen entdeckte Asteroiden nach Helden der Russischen Revolution benannt. Als Gegenzug haben amerikanische und europäische Astronomen einen neuen Asteroiden nach Andrej Sacharow, einem sowjetischen Dissidenten, benannt.

Es bleibt zu hoffen, daß künftige Propagandawettbewerbe im Weltraum unterbleiben und daß bestimmte Leute – wenn sie schon unsterblich gemacht werden sollen – nicht aus politischen, sondern aus anderen Gründen ausgewählt werden – vielleicht weil sie die positive Seite menschlichen Strebens verkörpern. Am siebenten Jahrestag der Unabhängigkeit Kenias im Jahre 1970 wurde vom Zentrum für Weltraumforschung ein Satellit von Kenia aus gestartet. Er wurde Uhuru genannt – in Kisuaheli das Wort für „Freiheit“.

Schätzt man die zukünftige Bedeutung der Weltraumsprachen ab, muß man auch mit der Möglichkeit rechnen, daß es auf den unendlich vielen Planeten, die wahrscheinlich die Millionen von Sonnen in unserer eigenen Galaxis umkreisen, vielleicht schon eine Anzahl von Weltraumsprachen gibt. (Niemand hat je Planeten gesehen, die eine andere Sonne als die unsere umkreisen, aber zieht man die Zahl der Planeten in Betracht, die alle Sonnensterne unserer Galaxis umkreisen, dann besteht durchaus die Möglichkeit, daß es auf Hunderten von diesen Millionen Planeten Leben gibt und daß auf vielen Millionen von ihnen eine genauso hoch entwickelte oder noch höher entwickelte Zivilisation existiert.) Welche Sprachen oder Kommunikationsformen die Bewohner solcher Planeten auch immer verwenden – vielen angesehenen Wissenschaftlern ist bereits der Gedanke gekommen, daß wir auf der Erde seit langem schon außerirdische Kommunikationssignale vernehmen, ohne sie zu erkennen. Lichtzeichen oder Radiosignale, die seit Beginn des gegenwärtigen wissenschaftlichen Zeitalters beobachtet werden, beinhalten vielleicht auch intergalaktische Kommunikationsformen und nicht nur Radiowellen, die durch die Umdrehungen von Planeten oder durch kreisende Sterne erzeugt werden.

Guglielmo Marconi, der die drahtlose Telegraphie erfand und weiterentwickelte, äußerte im Jahre 1920 die Meinung, daß nicht identifizierte Radiosignale über dem Atlantik, die in Amerika, Europa und auf dem Ozean aufgefangen wurden, Signale von einem anderen Planeten sein könnten.

Ein Vorschlag, den Karl Friedrich Gauß, ein berühmter Mathematiker und Astronom der ersten Hälfte des neunzehnten Jahrhunderts, unterbreitete, war typisch für den in der

Anfangszeit von Wissenschaft und Technik brennenden Wunsch, mit anderen Planeten in Verbindung zu treten. Zu einer Zeit, da eine Reihe von Astronomen, darunter Percival Lowell, meinten, die Planeten, vor allem der Mars, seien bewohnt, schlug Gauß vor, man solle geometrische Botschaften auf die Erdoberfläche zeichnen, in der Hoffnung, daß sie im Weltraum gesehen und als das Werk intelligenter Wesen gedeutet würden. Er schlug vor, daß in einem Waldgebiet Sibiriens riesige Schneisen in Form eines rechtwinkligen Dreiecks herausgehauen und mit Weizen bepflanzt werden sollten, um besser sichtbar zu sein, und daß man diesen Vorgang mit großen Quadraten und anderen geometrischen Figuren wiederholen und dann andere Planeten beobachten sollte, um zu sehen, ob sich eine ähnliche Botschaft auf deren Oberfläche zeigen würde – was als Zeichen für die Erwiderung unserer Signale und für die Kommunikationsbereitschaft zu deuten wäre.

Nikola Tesla, ein kroatischer Wissenschaftler, der das Drehmagnetfeld erfand und vielen modernen technischen Entwicklungen in der Elektrizität den Weg bahnte, prophezeite, daß die erste erkennbare Botschaft aus dem Weltall, die einfache arithmetische Reihe 1, 2, 3, ausgedrückt durch Radiosignale oder andere Mittel, sein werde. Er hatte selbst eine Reihe von nicht identifizierten periodischen Impulsen beobachtet und bemerkte dazu: „Ich bin immer mehr davon überzeugt, daß ich der erste war, der den Gruß eines Planeten an einen anderen vernommen hat."

Da immer mehr Radiosignale aus dem Weltraum empfangen werden – wobei sich unter Umständen herausstellen kann, daß nicht alle durch Rotation entstehen –, ist es zu einer Reihe von Meldungen gekommen, daß Botschaften aus dem All entdeckt wurden. Im Zuge des sogenannten Ozma-Projekts, das 1969 in Greenbank, Tennessee, durchgeführt wurde, richtete ein Astronom namens Frank Drake das Radioteleskop von Greenbank auf den Stern Tau Ceti, der für einen Stern relativ nahe ist und sich im Sternbild des Wals befindet. Er stellte regelmäßige Signale fest – acht pro Sekunde –, die zwei Wochen lang andauerten. Aber als er das Teleskop vom Stern Tau Ceti wegschwenkte, empfing er dasselbe Signal, was darauf hindeutete, daß es wahrscheinlich von einem Ort auf der Erde kam.

Im Jahre 1965 erregten russische Astronomen großes Aufsehen, als sie berichteten, Botschaften vom Quasar CTA 102 in einem regelmäßigen Zyklus von 100 Tagen empfangen zu haben, obwohl dieser Bericht später als falsch abgetan wurde. Trotz dieser zeitweiligen Enttäuschungen arbeiten das Observatorium von Greenbank in Tennessee, die riesige Teleskopanlage in Arecibo in Puerto Rico, das Nationale Radioastronomieobservatorium in New Mexico und andere Systeme auf der ganzen Welt weiterhin als „Horchposten des Universums".

Wenn außerirdische Wesen bereits in die Erdatmosphäre eingedrungen sind, wie Millionen Menschen und manche Astronomen glauben, wäre es am wahrscheinlichsten, daß sie sich mit uns – oder wir uns mit ihnen – über die Mathematik und Geometrie und über bestimmte allgemeingültige Konstanten wie die Lichtgeschwindigkeit oder die Wellenlänge des Wasserstoffatoms verständigen. Mehrere europäische Weltraumforscher haben darauf hingewiesen, daß auf UFO-Landeplätzen in Frankreich, Italien und Spanien Botschaften eingeprägt sind, die angeblich von landenden UFOs in die Erde gebrannt wurden. Diese Abdrücke wurden gemessen, und in der französischen Presse wurde berichtet, daß sich Werte ergaben, die äquivalent sind mit der Zahl Pi (3,14159 . . .), dem „Goldenen Schnitt" (1,618 . . .) und ihren Quadratwurzeln, als ob die fremden Intelligenzen an der Bevölkerung eines möglicherweise zivilisierten Planeten Erkennungssignale testen wollten. Bis zum Erhalt von umfangreicherem überzeugendem

Beweismaterial ist es interessant, die Vermutung anzustellen, daß ein mathematischer Dialog vielleicht schon in Gang gesetzt ist.

37
Englisch gegen Amerikanisch

Seit George Bernard Shaw Großbritannien und die Vereinigten Staaten als „Nationen, die durch eine gemeinsame Sprache voneinander getrennt sind", bezeichnete, ist geraume Zeit verstrichen. Und trotz einer gewissen Annäherung zwischen den beiden Hauptvarianten des Englischen sind bestimmte Unterschiede dem Englischlernenden aus dem Ausland und sogar dem englischen Muttersprachler selbst noch immer ein Ärgernis.

In Großbritannien publizierte amerikanische Bücher werden üblicherweise vor der Veröffentlichung neu gesetzt, nicht wegen der amerikanischen Slangausdrücke, sondern wegen bestimmter Unterschiede bei der Schreibung von Wörtern, die sich in beiden Varianten finden. Dazu gehören die britische Verwendung von *u* in Wörtern wie *colour* („Farbe"), *honour* („Ehre"), *labour* („Arbeit, Mühe"), *neighbour* („Nachbar"), die Verwendung von *c* statt *s* in Wörtern wie *defence* („Verteidigung") und *offence* („Beleidigung"), die Verbindung *ise* wie im britischen Englisch *practise* („üben") statt *ize* oder (im amerikanischen *practice*) *ice*. Die Engländer verwenden *re* statt *er* (*theatre,* „Theater", *centre,* „Zentrum"), schreiben *check* („Scheck") als *cheque, tire* („Autoreifen") als *tyre* und verwenden bestimmte Adverbien *(whilst,* „während", statt *while),* die die meisten Amerikaner altmodisch finden.

Eine weitere Abweichung innerhalb der englischen Sprache bildet der Dialekt, der regional verschieden ist und die gemeinsame Sprache nicht weiter beeinflußt. Die meisten Dialektunterschiede sind nicht so ausgeprägt, daß man den Dialekt nicht versteht oder nicht verstanden wird, wenn man ihn spricht. Ausnahmen sind der Dialekt im schottischen Hochland und auf den nördlichen Inseln vor der Küste Großbritanniens, der amerikanische Gullah-Dialekt der Farbigen auf den Sea-Inseln vor der Küste Georgias, Süd-Carolinas und Floridas – der die Wörter *juke* (wie in *jukebox,* „Musikautomat") und *voodoo,* „Hexenzauber", zur englischen Sprache beitrug – und die englischen Dialekte der Karibischen Inseln. In den Vereinigten Staaten gibt es keine echten Dialekte, sondern eher Sprachinseln, wo andere Sprachen sich mit dem Englischen vermischt haben: Spanisch im Südwesten der Vereinigten Staaten, Deutsch in Mittel-Pennsylvania, woraus das „Pennsylvania-Deutsch" entstand, und Cajun (eine alte Form des Französischen) in den stromaufwärts gelegenen Gemeinden Louisianas. Auch in Großstädten findet man von ethnischen Minderheiten geschaffene Sprachkreise, die aber lediglich Sprachinseln darstellen. Das allgemein gebräuchliche amerikanische Englisch wird durch Rundfunk, Film und Fernsehen immer stärker standardisiert.

Bis zum Ende des neunzehnten Jahrhunderts war Großbritannien noch in eine Anzahl von echten Dialektgebieten geteilt, und manche dieser Dialekte waren für einen Sprecher des Standard-Englisch nahezu unverständlich. Das britische Standard-Englisch ist nun dank derselben Einflüsse, die das Englische in Amerika standardisiert haben, heute fast überall auf den Britischen Inseln verständlich. Bestünde diese Vereinheitlichung nicht, so strebten die englischen Dialekte – wie zum Beispiel die Dialekte in Somerset, Sussex, Lancashire, Devonshire, Dorset, Sheffield, Westmoreland, Yorkshire, Wiltshire, Norfolk, Northumberland und Cornwall – noch immer eine Entwicklung zu Sondersprachen an.

Louis-Lucien Bonaparte, der friedliebender und mehr der Wissenschaft ergeben war als sein berühmter Onkel, verfaßte zum Zwecke von Bibelübersetzungen eine Studie über diese englischen Dialekte, die er sogar als potentielle Sprachen betrachtete.

In den Vereinigten Staaten kommen die Sprachinseln auf den Sea-Inseln, wo Gullah gesprochen wird, und auf den Ozarks, wo sich eine Form des elisabethanischen Englisch erhalten hat, einem Sonderdialekt am nächsten. Der Grund, warum er sich erhalten hat, war die Isolation seiner Sprecher, die an der Form des Englischen festgehalten haben, die ihre Vorfahren vor Hunderten von Jahren nach Amerika gebracht hatten, genau wie die französische Bevölkerung Kanadas ihr europäisches Spracherbe bewahrt hat. Wenn die Isolation aufgehoben ist, verschwinden die Dialekte zumeist, wenn sich auch regionale Spracheigenheiten bedeutend länger halten.

Der britische Akzent klingt für die Amerikaner im allgemeinen schöner als der amerikanische Akzent für die Briten. Das ist vielleicht eine sprachliche Ehrenbezeigung Amerikas an das Land, das die Sprache ausformte und das Gebiet zuerst besiedelte. (Aber die sprachliche Ehrenbezeigung wird von Zeit zu Zeit durch Groll gegen das Mutterland abgeschwächt – zum Beispiel als „Big Bill“ Thomson 1927 bei seiner dritten Kandidatur für das Amt des Bürgermeisters von Chicago König Georg V. androhte, ihm bei Gelegenheit einen Faustschlag auf die Nase zu versetzen.)

Unterschiede im Wortschatz zwischen dem britischen und amerikanischen Englisch sind hauptsächlich bei Wörtern zu beobachten, die im Alltagsleben verwendet werden. Die Wörter selbst sind den Amerikanern vertraut; was ihnen nicht vertraut ist, ist die Art und Weise, wie sie in Großbritannien gebraucht werden. Oft verblüfft die Amerikaner die britische Verwendung eines bekannten Ausdrucks; wenn zum Beispiel eine Dame sagt, sie sei *really knocked up* („wirklich schwanger“), so meint sie damit einfach, daß sie sehr müde ist.

Übersetzungsbüros auf dem europäischen Kontinent unterscheiden so deutlich wie möglich (und oft fälschlich) zwischen britischem und amerikanischem Englisch. Man fragt einen Kunden üblicherweise, welche dieser „Sprachen" bei der Übersetzung seines Materials verwendet werden soll. Eine solche Unterscheidung ist zwar für die Industriefachsprache und besonders für Maschinenteile begründet, aber die beiden Sprachen gleichen sich trotzdem mehr und mehr aneinander an. Die Engländer und die Amerikaner haben seit jeher eine gemeinsame Literatur, in früheren Zeiten hauptsächlich die Literatur Großbritanniens, obwohl heute ein ausgewogener literarischer Einfluß über den Atlantik hinweg zu vermerken ist.

Ein Amerikaner braucht eine Zeitlang, bis er sich an eine Anzahl von britischen Ausdrücken für Autos und Straßen gewöhnt hat. Eine „doppelte Fahrbahn" wird im britischen Englisch *dual carriageway,* im amerikanischen Englisch *divided highway* genannt, eine „Überführung" im Amerikanischen *overpass,* im britischen Englisch recht phantasievoll *flyover.* „Kreisverkehr" heißt im amerikanischen Englisch *traffic circle,* im britischen Englisch *roundabout* oder *turnabout,* außer in einigen größeren Städten, wo er *circus* genannt wird. Die „Motorhaube" eines Autos ist im amerikanischen Englisch ein *hood,* im britischen Englisch *bonnet,* der „Kofferraum" *trunk* bzw. *boot,* „Zündkerzen" sind *spark plugs* bzw. *sparking plugs.* „Polizist" heißt im amerikanischen Englisch *cop,* im britischen Englisch *bobby* – und das Strafmandat, das er jemandem verpaßt, heißt in beiden Varianten *ticket.*

Beträchtliche Wortschatzunterschiede finden sich bei anderen Begriffsklassen:

BERUFE

AMERIKANISCH	BRITISCH	DEUTSCH
ticket agent	*booking clerk*	Schalterbeamter
travelling salesman	*commercial traveller*	Handelsreisender
trial lawyer	*barrister*	Rechtsanwalt (für höhere Gerichte)
lawyer	*solicitor*	Rechtsanwalt (nur f. best. Gerichte)
coach (Sport)	*trainer*	Coach, Trainer
elevator	*lift*	Lift
elevator operator	*liftman*	Liftboy
garbage collector	*dustman*	Müllabfuhrmann
hardware dealer	*ironmonger*	Eisenhändler
white-collar worker	*black-coat worker*	Facharbeiter
cleaning lady	*charwoman*	Reinemachefrau
druggist	*chemist*	Apotheker
nurse	*sister*	Krankenschwester
bouncer	*chucker-out*	Rausschmeißer

HAUSHALTSARTIKEL, KLEIDUNG, FREIZEIT

AMERIKANISCH	BRITISCH	DEUTSCH
installment plan	*hire purchase plan* oder *never-never*	Ratenzahlung
baby carriage	*pram (perambulator)*	Kinderwagen
check stub	*check counterfoil*	Kontrollabschnitt eines Schecks
water heater	*geyser*	Heißwasserspeicher
apartment	*flat*	Wohnung
garbage can	*dustbin*	Abfalleimer
transom	*fanlight*	durch Sprosse geteiltes Fenster
wrench	*spanner*	Schraubenschlüssel
theater seats	*theatre stalls*	Theatersitze
TV	*telly*	Fernsehen
run for election	*stand for election*	für die Wahl kandidieren

nothing	*nil*	null
soccer	*football*	Fußball
long-distance call	*trunk call*	Ferngespräch
spool of thread	*reel of cotton*	Zwirnspule
run	*ladder*	Laufmasche
sneakers	*plimsolls*	Turnschuhe
raincoat	*mackintosh*	Regenmantel
sweater	*pullover*	Pullover
suspenders	*braces*	Hosenträger
garters	*suspenders*	Strumpfbänder
rubber boots	*gumboots*	Gummistiefel

NAHRUNG

AMERIKANISCH	BRITISCH	DEUTSCH
tenderloin	*undercut*	Lendenstück
rare	*underdone*	nicht durchgebraten
roast	*joint*	Bratenstück
string bean	*French bean*	grüne Bohne
candy store	*sweet shop*	Süßwarenladen
biscuit	*scone*	weiches Brötchen
cookie	*biscuit*	Keks
dessert	*sweet*	Nachtisch
hot cereal	*porridge*	heißer Haferbrei

Ebenso wie im englischen und amerikanischen gibt es auch im deutschen Sprachraum Unterschiede in der Wortwahl bei Begriffen und Gegenständen des täglichen Gebrauchs. Zwar kam es im Lauf der Zeit durch die Medien und Handelsbeziehungen zu einer Angleichung an eine allgemeine deutsche Verkehrssprache, doch haben sich die Eigentümlichkeiten der regionalen Umgangssprachen im Wortschatz bewahrt. Setzt sich zum Beispiel der Deutsche zu seinem Abendbrot, so bevorzugt der Österreicher das Nachtmahl. Verzehrt der Österreicher mit Genuß Paradeiser, Marillen oder Ribiseln, so schätzt der Deutsche Tomaten, Aprikosen und Johannisbeeren. Zum Kaffee serviert man in Deutschland ein Hörnchen, zur Jause in Österreich ein Kipferl, sofern nicht beide vom französischen Croissant ersetzt werden.

Obwohl es natürlich in den einzelnen Dialekten zu weiteren Differenzierungen kommt, kann man doch mit gutem Recht folgende Beispiele anführen:

DEUTSCH	ÖSTERREICHISCH
kämmen	frisieren
sprechen	reden
pflügen	ackern
sich sputen	sich tummeln
sich ausruhen	sich ausrasten
Möhre	Karotte
Kartoffel	Erdapfel
Pilz	Schwamm
Meerrettich	Kren
Rotkohl	Blaukraut
Wacholder	Kranabit
Sahne	Obers
Hefe	Germ
Quark	Topfen
Stuhl	Sessel
Schrank	Kasten
Kissen	Polster
Laken	Leintuch
Mütze	Haube
Sperling	Spatz
Streichholz	Zündholz
Eimer	Kübel
Sonnabend	Samstag
Klempner	Spengler
Schreiner	Tischler
Metzger	Fleischhacker
Töpfer	Hafner

Freilich hat gerade der Fremdenverkehr dafür gesorgt, daß es zu einem Austausch der Begriffe kommt, doch wird der Knabe in Deutschland immer ein Junge bleiben und in Österreich ein Bub.

Englisch ist heute die Sprache, die am häufigsten erlernt

wird. Als vorherrschende Berufs-, Geschäfts- und Reisesprache bietet sie als Zweitsprache viele berufliche und geschäftliche Vorteile. Schüler auf dem europäischen Kontinent, in Südamerika und in Asien erlernen diese Sprache immer öfter mit Hilfe amerikanischer Lehrer, um die amerikanische Redeweise verstehen zu können (die angeblich für einen Ausländer schwieriger ist als die britische) und um sich eine amerikanische Aussprache anzueignen. Interessanterweise versuchen Ausländer, die Englisch lernen, sich eine amerikanische Aussprache anzueignen, während die britische Aussprache von den Amerikanern noch immer sehr bewundert wird.

38

Der Export englischer Wörter

Seit den vierziger Jahren des zwanzigsten Jahrhunderts hat sich die englische Sprache nicht nur über alle Weltteile verbreitet, sondern englische Wörter haben auch den Wortschatz der meisten wichtigen Sprachen durchsetzt. Viele der Sprachen, die englische Wörter übernehmen, verfügen bereits über einen Wortschatz, der die Idee des englischen Wortes vollkommen ausdrücken kann, aber englische Wörter werden übernommen, weil sie kürzer sind und weil sie durch Touristen, Geschäftsreisende, Werbefilme und Fernsehen einen immer größeren Bekanntheitsgrad erreichen.

Seit dem Ende des Zweiten Weltkrieges sind so viele englische Wörter ins Französische eingedrungen (1.500 sind allgemein in Gebrauch, und die Gesamtsumme beläuft sich laut einer vor kurzem erfolgten Übersicht über die Wörterbücher auf 2.600), daß die französischen Sprachautoritäten ständig mit Versuchen beschäftigt sind, das Französische rein zu erhalten. Es ist historisch interessant, daß das Französische – durch die normannische Eroberung Englands – 40 bis 45 Prozent aller englischen Wörter beigesteuert hat; trotzdem reagiert man in Frankreich auf die Invasion englischer Wörter mit entschlossenem Widerstand.

Britische Exporte nach Frankreich umfassen *le week-end* („Wochenende"), *le shake-hand* („Händeschütteln"), *le five o'clock tea* („Fünfuhrtee"), *le building* („Gebäude"), *le sandwich* („Sandwich"), *le smoking* („Smoking"), *le fair play* („faires Spiel"), *le dancing* („Tanzlokal"), *le camping* („Campingplatz"), *le football* („Fußball").

Amerikanische Wörter sind meist erst kurz ins Französische übernommen worden, wie zum Beispiel *le businessman* („Geschäftsmann“), *le drugstore* („Drogerie“), *le snack-bar* („Imbißstube“), *le gangster* („Gangster“), *le racket* („Tennisschläger“), *le parking* („Parkplatz“), *le gag* („Gag“), *le gadget* („Gerät“), *le bluff* („Bluff“), *le star* („Star“), *le boy-friend* („Freund“) und *le mobile-home* („Wohnwagen“), alle männlichen Geschlechts. Die Feminina sind *la girl* („Mädchen“), *la scriptgirl* („Skriptgirl“), *la covergirl* („Titelbildmädchen“) und *la starlette* („Filmsternchen“).

Nach Meinung der Linguisten dürften nur für solche schwer übersetzbaren Ausdrücke wie *le gang* („Bande“), *le job* („Job“), *le cowboy* („Cowboy“), *le far-west* („der Wilde Westen“), *le jazz* („Jazz“), *le derrick* („Kran“), *le bulldozer* („Planierraupe“), *le hot-dog* („Hot Dog“), *le hold-up* („Überfall“), *le cash* („Bargeld“), *le self-service* („Selbstbedienungsrestaurant“) und *la baby-sitter* („Babysitter“) Ausnahmen gemacht werden.

Ein Versuch, ein französisches Wort für „Striptease“ zu finden, ergab einen Zungenbrecher: *déshabillage agacerie* – „Entkleidungsneckerei“. Für „Stripteasekünstlerin“ wurde das Wort *effileuse* („eine Frau, die Stück für Stück Gewebe auftrennt“) vorgeschlagen. Beide Wörter wurden aufgegeben, und das Wort ist immer noch *le strip-tease.*

Besonders berücksichtigt wurde von französischen Sprachexperten das Wort *cocktail.* Sie entschieden sich dafür, daß es beibehalten werden solle, da es möglicherweise ohnehin eine französische Erfindung war. Es wurde jedoch empfohlen, es als *coqueteyle* zu schreiben, eine Entscheidung, die von der „Schikkeria“ erfolgreich abgelehnt wurde.

Die Deutschen übernehmen englische Wörter ohne Schwierigkeit und ohne irgendein besonderes Vorurteil, da deutsche

Sprachgelehrte das Englische in jedem Fall als Zweig des Germanischen ansehen.

Unter den mehr als tausend englischen Wörtern in der modernen deutschen Sprache – jedes davon mit seinem maskulinen, femininen oder neutralen bestimmten Artikel („der, die, das“) oder mit der Pluralform („die“) – sind „der Bestseller“, „der Manager“, „das Hobby“, „das Apartment“, „die Cocktail-Party“, „der Bartender“, „der Drink“, „der Cocktail“, „der Boss“, „der Job“, „der Gangster“, „der Computer“, „der Clown“, „der Teenager“, „das Baby“, „der Babysitter“, „das Kleenex“, „das Make-up“, „die Chips“, „der Toaster“, „der Swimming-pool“, „Start“, „Stop“ und „TV“, „Rollerskating“ und „Jogging“. Letztere beiden werden nicht als Substantive betrachtet, sondern einfach als Teil der verbalen Konstruktion.

Einige Neuprägungen im Deutschen verbinden Deutsch und Englisch: „Buttondownhemd“ („Knöpfhemd“).

In seltenen Fällen wird ein englisches Wort gekürzt (ein unwahrscheinliches Kunststück im Deutschen), wie z. B. bei einem Wort, das als Bezeichnung für einen jungen Menschen dient, der 20 Lebensjahre hinter sich hat – „der Twen“ („jemand in den Jahren zwischen 20 und 30“).

Viele Wörter, die die Liebhabereien der Teenager beschreiben, sind gleichfalls allgemein in Verwendung – „die Jeans“, „die Boots“, „das Sweatshirt“, „das T-Shirt“, „die Shorts“, „der Taperecorder“, „das Tapedeck“, „der Rock and Roll“, „der Stereo“ und „die Party“.

Das seit langer Zeit existierende deutsche Wort für *grapefruit,* „die Pampelmuse“, ist unter dem Einfluß amerikanischer Kurzformen durch „die Grape“ verdrängt worden.

Englische Adjektiva – *single* („ledig"), *happy, simple* und *super!* – werden alle ohne Fallendungen im Deutschen verwendet.

Amerikanische Slangausdrücke, von denen sich einige von einer sich immer weiter verbreitenden Drogenkultur herleiten, haben gleichfalls in der deutschen Umgangssprache allgemeine Verbreitung gefunden: „in" („auf dem laufenden"), „cool" („beherrscht, kühl"), „down" („deprimiert"), „high" („in gehobener Stimmung"), „die Mafia" und „der Trip" („Drogenreise").

Baseball ist in mehreren spanischen Ländern ein beliebtes Spiel, und amerikanische Ausdrücke für dieses Spiel sind mit Schreibänderungen übernommen worden: *béisbol, jonrón* (*home run,* „Lauf um sämtliche Male"), *aut (out), batero* (*batter,* „Schläger"), *al bate* (*at bat,* „am Schlag") und *estraik* (*strike,* „schlagen").

Andere spanische Ausdrücke aus der Umgangssprache, die aus dem Englischen übernommen wurden, umfassen *yanqui* (nicht immer sehr schmeichelhaft), *suéter* („Pullover"), *boxeo* („Boxen"), *nócaut* (K. O.), *pancakes* („Pfannkuchen") – und andere amerikanische Gerichte – und die allgegenwärtigen *jeans,* oft *yiens* geschrieben.

Eine Reihe von englischen Wörtern sind in das Italienische integriert worden. Sie betreffen hauptsächlich Film, Fernsehen und Einkauf, und jedem dieser Wörter ist ein italienischer bestimmter Artikel hinzugefügt (diese Reihung umfaßt *il,* mask., *la,* fem. und *lo,* mask., vor einem Doppelkonsonanten).

il supermarket
il luncheonette
(„die Imbißstube")
il marketing
lo shopping („der Einkauf")
il poster
lo spray (für die Haare)
lo slip („Badehose" oder „Unterhose" für den Mann)
la pop art

il popcorn	*il cameraman*
il play („das Theaterstück“)	*il drink*
lo script („das Drehbuch“)	*il weekend*
lo speaker („Ansager“)	*il party*
lo show (TV)	*la boxe* („Boxen“)
la TV (ausgesprochen [teh-wuh])	*il match* (Sport)
	jeans

Kisuaheli, eine der in Afrika weitverbreiteten Sprachen, hat im Laufe der Jahrhunderte eine Anzahl von arabischen Wörtern übernommen. Mit der Weiterentwicklung der Länder, in denen Kisuaheli gesprochen wird, sind auch eine Reihe von technischen Ausdrücken in die Sprache eingedrungen, unter anderem:

post office	*posta*	Postamt
police	*polisi*	Polizei
operator	*opereta*	jemand, der ein Gerät bedient
bank	*banki*	Bank
blanket	*blanketi*	Decke
movies	*sinema*	Kino
brakes	*brek*	Bremse
petrol (gas)	*petroli*	Benzin
machine gun	*mashingun*	Maschinengewehr
wire	*waya*	Draht
picture, photograph	*picha*	Bild, Photo
bar	*baa*	Bar
car	*kaa*	Auto

In Kisuaheli stammen auch die Monatsnamen aus dem Englischen: *Januari, Februari, Machi, Aprili, Mei, Juni, Julai, Agosti, Septemba, Octoba, Novemba, Disemba.*

Im Japanischen gibt es über 10.000 Fremdwörter, größtenteils aus dem Englischen – zweifellos ein Rekord für englische Fremdwörter, besonders weil das Japanische keine gemeinsamen Sprachwurzeln mit dem Englischen hat. Das Katakana-

Silbenalphabet gestattet dem japanischen Sprecher, mit Leichtigkeit Fremdwörter ins Japanische zu übernehmen und erfordert lediglich eine Angleichung der Aussprache an die japanische Sprechweise (z. B. wird das *U* nur angedeutet oder überhaupt nicht gesprochen, vor allem am Ende des Wortes). Viele der englischen Fremdwörter kamen durch Handel und Handelsprodukte in das Japanische. Allein in diese Klasse fallen Hunderte von Wörtern, wie zum Beispiel:

meka	*maker, manufacturer*	Erzeuger
surogen	*slogan*	Werbespruch
moderu	*model*	Modell
ado	*ad*	Werbeanzeige
depato	*department store*	Warenhaus
erebatu	*elevator*	Lift
serubisu	*service*	Service, Dienstleistung
taipuraita	*typewriter*	Schreibmaschine
birudingu	*building*	Gebäude
rajio	*radio*	Radio
teipu rekoda	*tape recorder*	Tonbandgerät
sutereo	*stereo*	Stereoanlage
kaa	*car*	Auto
mota	*motor*	Motor
motosaiku	*motorcycle*	Motorrad
gasorin	*gasoline*	Benzin
toranjisuta	*transistor*	Transistor
kamera	*camera*	Kamera
saresmanu	*salesman*	Verkäufer

Viele amerikanische Wörter sind im Japanischen abgekürzt worden – *maskomu* für *mass communication* („Massenkommunikation“), *komu* für *computer* („Computer“), *terebi* für *television* („Fernsehen“).

Die japanische Begeisterung für Baseball *(beisuboru)* ist gleich groß wie in den Vereinigten Staaten. Ihre Abarten der amerikanischen Baseballfachausdrücke sind unter anderem:

boru	*ball*	Ball
sutoriku	*strike*	schlagen
batto	*bat*	Schläger
pitchingu	*pitching*	Werfer
ranna	*runner*	Läufer
kyatcha	*catcher*	Fänger
auto!	*out!*	out
sejfu!	*safe!*	in Sicherheit
hoomurun	*homerun*	Lauf um sämtliche Male

Das Japanische beinhaltet Hunderte von Wörtern für nicht japanische Nahrungsmittel, darunter *supu* (*soup,* „Suppe"), *hotto dogu* („Hot Dog"), *sandoichi* („Sandwich"), *suteki* („Steak"), *hambagu* („Hamburger"), *biru* (*beer,* „Bier"), *uisuki* („Whisky"), *desato* („Dessert"), *pai* (*pie,* „Pastete"), *aisukurimu* (*ice cream,* „Speiseeis") und das unvermeidliche *koka-kora,* das keiner Übersetzung bedarf.

Mit der Zunahme des wirtschaftlichen Wohlstandes in Japan sind auch englische Wörter für Erscheinungen des angenehmen Lebens (*manshon raifu, mansion life,* „herrschaftliches Leben") übernommen worden: *aparto* für „Apartment", *manshon* für *mansion* („Villa" oder „Landhaus"), *yotto* für *yacht* („Jacht"), *daiyamondo* für *diamond* („Diamant"), *puru* (*pool, „Schwimmbecken"), teresu* (*terrace,* „Terrasse"), *gorufu* („Golf"), *tenisu* („Tennis") und *sampen* (*champagne,* „Sekt").

Neuerdings läßt sich auch eine Tendenz im Japanischen bemerken, zwei oder mehrere Fremdwörter zusammen zu verwenden. Ein Japaner weist vielleicht auf *mai kaa* (*my car,* „mein Auto"), *mai taoun* (*my town,* „meine Stadt") oder *mai homu* (*my home,* „mein Haus") hin, anstatt gleichbedeutende japanische Wörter zu verwenden. Ken Ishii, ein japanischer Schriftsteller, hat vor kurzem darauf hingewiesen, daß der Import englischer Wörter, die an die Stelle von japanischen treten, im Augenblick nachgelassen hat, und in einem Artikel darauf aufmerksam gemacht, daß eine beliebte Fernsehsendung für Teenager *(chiieneija)* ohne Übersetzung *rettsu go yangu!* (*Let's go young!* – „Seien wir jung!") genannt wird.

Die umfassende Übernahme englischer Wörter ins Japanische (aber nicht des Englischen insgesamt) ist vielleicht ein Beispiel dafür, wie die weltweite Verbreitung des Englischen durch die vorangehende Übernahme englischer Wörter und durch das Vertrautwerden dieser Wörter erleichtert werden kann.

Von Zeit zu Zeit wirkt der starke Widerstand des jeweiligen Landes als ein Gegengewicht zur Beeinflussung durch das Englische – wie zum Beispiel in der französischsprechenden Gemeinde Québec. Frankokanadier neigen dazu, alle englischen Übernahmen mit Mißfallen zu betrachten, sogar jene, die in Frankreich akzeptiert sind, und vermeiden es möglichst, englische Wörter zu verwenden.

Auf dem Gebiet der Kleidung ist eines der am häufigsten gebrauchten Wörter auf der ganzen Welt das Wort „Jeans" für die Bezeichnung der Einheitskleidung der Weltjugend. Dieses scheinbar amerikanische Wort ist jedoch in Wirklichkeit eine französische Bezeichnung für eine italienische Stadt, nämlich Genua. Ein bestimmtes widerstandsfähiges Material, das von den Franzosen importiert wurde, wurde auf Französisch *Gênes* – aus Genua stammend – genannt, eine Bezeichnung, die zu *jeans* amerikanisiert und als amerikanisches Wort wieder nach Frankreich und in die ganze Welt gelangt ist.

Innerhalb der Vereinigten Staaten selbst existiert eine Sprachinsel, die Gebiete der Navajoindianer, die sich standhaft weigern, irgendwelche englischen Wörter zu übernehmen, auch nicht technische Ausdrücke. Ein Auto wird nach dem Geräusch, das es verursacht, *chidí* genannt; seine Teile werden so bezeichnet, als ob das Auto ein Tier wäre.

Die anderen Teile des *chidí* haben in der Navajosprache folgende Bedeutungen:

Scheinwerfer	die Augen des *chidí*
Bremse	man zieht eine Schnur gegen das *chidí*
Vergaser	das Herz des *chidí*
Räder	die Beine des *chidí*
Reifen	die Mokassins des *chidí*
Benzin	der Saft des *chidí*
Kühler	es dreht sich schnell an der Vorderseite des *chidí*

In der Navajosprache wird ein Raupenfahrzeug „*chidí,* das herumkriecht“ genannt, und ein Flugzeug ist „ein *chidí,* das hierhin und dorthin fliegt“.

Das Wort für „Eisenbahn“ bedeutet in der Navajosprache „viele Wagen, kein Pferd“.

Die Navajos anerkennen in ihrer Sprache die Namen der Staaten, deren Grenzen durch ihr Reservat gehen, nicht, sondern ziehen nur ihre eigenen Grenzen in Betracht, ein riesig großes Reservat, das von ihnen einfach „das Land des Volkes“ genannt wird, mehrere miteinander verbundene Enklaven, die große Gebiete Utahs, Arizonas, Colorados und New Mexicos bedecken.

In ihrer eigenen Sprache verwenden die Navajos nicht die englischen Namen der nahegelegenen Städte (Gallup, Denver, Phoenix), sondern Namen, die für den Navajostaat – oder das Navajovolk – bedeutsame Ereignisse darstellen, die sich in diesem Ort zugetragen haben.

Sogar Nationalitäten werden von den Navajos ihrem Aussehen nach beschrieben. Die Deutschen zum Beispiel werden als *béésh bich ahii* bezeichnet, als „die, deren Hüte aus Eisen sind“, eine Anspielung, die aus dem Ersten Weltkrieg stammt, als amerikanische Navajosoldaten mit der Kaiserlichen Deutschen Armee in Kontakt kamen.

Sogar in der UdSSR gibt es zusehends Hinweise darauf, daß englische Wörter von den jüngeren Russen übernommen werden. Vor kurzem klagte ein sowjetischer Philologe, N. Gorbanewski, im speziellen über so neumodische Übernahmen wie *faser* (*father,* „Vater"), *baton* (*button,* „Plakette") und *wotsch* (*watch,* „Armbanduhr", „Taschenuhr"), die sich unter anderen Dingen bei den jüngeren Sowjetbürgern großer Beliebtheit erfreuen.

39

Wird man eines Tages eine einzige Sprache auf der ganzen Welt sprechen?

Legenden von einer gemeinsamen Ursprache, die sich in eine Vielfalt von Sprachen auflöste, finden sich auf der ganzen Welt. Die „Sprachverwirrung", von der in der biblischen Erzählung des Turmbaus zu Babel in der Genesis und in anderen uralten Aufzeichnungen berichtet wird, wurde von den spanischen Eroberern Yukatáns wiedererkannt, als sie diese Legende bei den Mayas fanden, wo sie sich auf ein Land im Osten bezog, in dem alle Menschen einst eine gemeinsame Sprache gesprochen haben, die seitdem verlorengegangen ist.

Chinesische Legenden berichten von einer allen Menschen gemeinsamen Sprache, deren Aufspaltung in verschiedene Sprachen zur Folge hatte, daß die Welt „von ihrem rechten Wege abwich".

In der persischen Mythologie verursachte Ahriman, der Geist des Bösen, daß die Ursprache der Menschen sich in dreißig Sprachen aufspaltete, von denen sich die anderen herleiten.

Der griechisch-römischen Sage nach lebten die Menschen unter der Herrschaft Jupiters, des Göttervaters im Goldenen Zeitalter, und sprachen eine allen gemeinsame Sprache, bis Merkur diese Sprache in eine Vielfalt von Dialekten verwandelte, die zu Sprachen wurden.

Herodot, der griechische Historiker aus dem fünften Jahrhundert vor Christi, überliefert ein sprachliches Experiment, das von einem ägyptischen Herrscher aus späterer Zeit, Pharao Psammetich, durchgeführt wurde. Der Pharao war davon überzeugt, daß Neugeborene, denen keine Sprache beigebracht wurde, schließlich beginnen würden, die Ursprache der Menschheit zu sprechen. Aus diesem Grunde befahl er, neugeborene Zwillinge ihrer Mutter wegzunehmen und sie von einem Schafhirten aufziehen zu lassen. Diesem Schafhirten wurde unter Androhung der Todesstrafe eingeschärft, niemals ein Wort in irgendeiner Sprache an sie zu richten. Im Alter von zwei Jahren wurde den Kindern die Nahrung verweigert, im Glauben, sie würden schließlich unter dem Druck des Hungers sprechen. Man berichtete dem Pharao, daß das eine der hungrigen Kinder schließlich auf skythisch „Brot" gesagt habe. Aus diesem etwas zu streng überwachten Experiment zog Pharao Psammetich, zu seiner eigenen Befriedigung zumindest, den Schluß, daß das Skythische (einst im Gebiet der heutigen Ukraine gesprochen) die Ursprache der Menschheit sei. (Dieses Experiment wurde vom deutschen Kaiser Friedrich II. im dreizehnten Jahrhundert wiederholt – aber in diesem Falle starben die Zwillinge.)

Von Zeit zu Zeit schien es, daß das scheinbar erfolgreiche Streben des einen oder anderen Landes nach einem Weltreich und einer Weltherrschaft eine einheitliche politische Welt begründete und damit eine Weltsprache, die von allen Menschen gelernt und gesprochen werden sollte. Das erste Beispiel für die Möglichkeit „einer einzigen Welt" im Westen wurde von Alexander dem Großen gesetzt – aber bei seinem kometenhaften Aufstieg zur Weltherrschaft war er mehr an einem Weltreich als an einer Weltsprache interessiert. Die Vorherrschaft einer Sprache, nämlich des Lateinischen, wurde später durch die römische Eroberung und die lang andauernde Herrschaft der Römer über die Mittelmeerwelt und Gebiete im Norden und Osten begründet. Sogar nach dem Zerfall des

Römischen Reiches setzte das Lateinische seine Herrschaft in abgewandelter Form in den „einheimischen" Volkssprachen der früheren Provinzen Roms fort. Es war während des Mittelalters weiterhin die Sprache der katholischen Kirche und der Gelehrsamkeit, der Forschung, der akademischen Berufe und der offiziellen Kommunikation und übt heute noch seinen Einfluß in der Medizin, im Recht und in der Naturwissenschaft aus. Ja, eine vereinfachte moderne Form des Lateinischen, Interlingua, ist für die internationale wissenschaftliche Kommunikation entwickelt worden.

Mit der Ausbreitung des Islam verbreitete sich auch das Arabische auf der ganzen Welt (jedoch nicht bis in die Neue Welt) und wird immer noch überall gesprochen, wo der Islam existiert. Der Anspruch des Arabischen, eine Weltsprache zu sein, wird durch die Tatsache untermauert, daß es die Nationalsprache von über zwanzig Nationen in Afrika und Asien ist. Wäre die Ausbreitung des Islam nicht durch mehrere entscheidende Schlachten zum Stillstand gebracht worden, so würde das Arabische nicht nur zu den wichtigen Sprachen der Welt gehören, sondern wäre die wichtigste überhaupt.

Durch die mongolischen und türkischen Einbrüche in die abendländische Welt wurde die damals bekannte Welt beinahe erobert, aber ihre Einfälle sind als vorübergehende Eroberungen zu beurteilen, die keine Weltsprache konstituierten. Den Überlebenden, die die Eroberer nicht vernichtet hatten, wurde für gewöhnlich gestattet, ihre eigene Sprache und Kultur beizubehalten, solange sie ihnen ergeben blieben und ihre Steuern entrichteten.

Im fünfzehnten und sechzehnten Jahrhundert schien es eine Zeitlang möglich, daß Spanisch zur Weltsprache oder zumindest zur wichtigsten Sprache aufsteigen würde, eine Möglichkeit, die durch das Schicksal der Spanischen Armada *(la gran armada)* im Jahre 1588 und durch weitere spanische Niederlagen gegen Frankreich zunichte gemacht wurde, das um die Mitte des siebzehnten Jahrhunderts zur neuen führenden Macht in Europa wurde.

Waterloo bereitete der politischen Vorherrschaft der Franzosen in Europa und vielleicht sogar in der ganzen Welt ein Ende; es wirkte sich jedoch auf die diplomatische und kulturelle Bedeutung der französischen Sprache nicht störend aus. Das Französische war weiterhin die Diplomatensprache Europas, die während des neunzehnten und zwanzigsten Jahrhunderts auf der ganzen Welt vorherrschte – und es ist heute noch die Nationalsprache vieler Länder. Das Französische ist auch eine der beiden Arbeitssprachen der Vereinten Nationen (die zweite ist Englisch).

Während des Ersten Weltkrieges wurde in Deutschland ein Professorenteam mit der Aufgabe betraut, das Deutsche für zukünftige Untertanenvölker der ausgedehnten Gebiete, die in Europa und auf der ganzen Welt erobert werden sollten, zu vereinfachen. (Man wird an das deutsche Schlagwort erinnert: „Heute gehört uns Deutschland – morgen die ganze Welt.“)

Das Russische, das im größten zusammenhängenden Gebiet der Erde gesprochen wird, ist ein weiterer möglicher Anwärter auf eine allen gemeinsame zukünftige Welt-(und Weltraum-) Sprache. (Einem vor nicht langer Zeit in Europa kursierenden Witz zufolge lassen europäische Optimisten ihre Kinder Russisch lernen, wogegen europäische Pessimisten sie Chinesisch lernen lassen.)

Chinesisch wird vom größten Teil der Weltbevölkerung gesprochen, sogar wenn man berücksichtigt, daß viele Millionen Menschen chinesische Dialekte oder chinesische Sprachen sprechen, die jeweils nur für eine bestimmte Gruppe verständlich sind. Die Nationalsprache, Kuo-yü, früher Mandarinchinesisch genannt, wird von annähernd 800 Millionen Menschen gesprochen, eine Zahl, die mehr als doppelt so groß ist wie die Zahl derer, die irgendeine andere Sprache sprechen. Wenn Kuo-yü zur gesprochenen Sprache ganz Chinas wird, wie es die Absicht der Regierung ist, dann wird jeder vierte Mensch dieselbe Sprache sprechen, Chinesisch nämlich.

Die zweite Weltsprache, der Anzahl ihrer Sprecher nach, ist das Englische. Seine Verbreitung beruht nicht mehr auf Eroberung, sondern auf politischer Bedeutung, Handel, Verkehr und Fernkommunikation – sicherlich eine Art der Sprachverbreitung, die empfehlenswerter ist als die zerstörerischen militärischen Eroberungen der Vergangenheit.

In den letzten zweihundert Jahren ist eine Reihe von Versuchen unternommen worden, eine internationale Sprache zu erfinden, die für viele verschiedene nationale Sprachgruppen etwa gleich schwer zu erlernen wäre. Die Sprachen, die gegen Ende des neunzehnten Jahrhunderts erfunden wurden, wurden allesamt von ihren Schöpfern und Verfechtern als Beitrag zum Weltfrieden gesehen. Die zwei Weltkriege des zwanzigsten Jahrhunderts haben zwar das Bedürfnis nach Frieden sicherlich verstärkt, aber eher dazu beigetragen, Englisch zu verbreiten, als eine der neuen Erfindungen zu fördern. Es gibt mehr als ein Dutzend dieser erfundenen Sprachen, darunter so interessante Bezeichnungen wie Kosmos, Monoglottica, Universalsprache, Neo-Latine, Veltparl, Idio Neutral, Mundolinque, Dil und Volapük, die sich alle mit der Idee der Einführung (oder Wiedereinführung, wenn man den alten Legenden Glauben schenken darf) einer einzigen internationalen Sprache für die ganze Erde widmen.

Diejenige unter diesen erfundenen Sprachen, die sich am hartnäckigsten hält, ist Esperanto. Laut einer von ihren Verfechtern durchgeführten Zählung wird sie von mehr als einer Million Menschen gesprochen, viele davon leben in Brasilien und Japan. Esperanto weist alle Kennzeichen einer

Bewegung auf; seine Anhänger erkennen einander an Plaketten, auf denen ein grüner Stern abgebildet ist – was einer Einladung gleichkommt, den Träger auf Esperanto anzusprechen.

Esperanto bietet den Vorteil einer stark vereinfachten Grammatik und eines Wortschatzes, der aus den romanischen Sprachen, aus dem Lateinischen, dem Deutschen und ein bißchen aus dem Russischen und Griechischen schöpft. Es gibt keinen männlichen oder weiblichen Artikel; „der, die, das" oder „ein, eine, ein" ist *la;* alle Substantive enden auf *o* („der Vater" ist *la patro,* „die Mutter" ist *la patrino*). Der Plural wird durch *j* (wie *i* ausgesprochen) gekennzeichnet („Mann" ist *viro,* „Männer" ist *viroj*). Verben enden auf *s,* und ein Substantiv, das Objekt eines Satzes ist, endet auf *n.* „Der Junge küßt das Mädchen" heißt *La knabo kisi la knabinon.* Ein intensiverer Kuß wird als *shmaco* bezeichnet.

Esperanto wurde im Jahre 1887 von Dr. L. L. Zamenoff erfunden. Dr. Zamenoff, ein gebürtiger Pole, nahm keine polnischen Wörter in seine internationale Sprache auf – mit einer bemerkenswerten Ausnahme. Als es darum ging, ein Wort für „Wurst" auszuwählen, war es ihm offenbar unmöglich, der Erinnerung an die köstliche polnische *kielbasa* zu widerstehen, und so ist das Wort für „eine Wurst" *la kolbaso.*

Der Vorteil von Esperanto besteht in einer sehr vereinfachten Grammatik, die für Sprecher von europäischen Sprachen mit ihren oft komplizierten grammatikalischen Strukturen große Anziehungskraft besitzt. Der Nachteil von Esperanto als internationale Weltsprache ist, daß sein Wortschatz, der auf den romanischen und germanischen Sprachen aufbaut, die Sprachen Asiens und Afrikas nicht berücksichtigt, die vom Großteil der Weltvölker gesprochen werden. Darüber hinaus zeigt Esperanto, da es ja keine nationale Grundlage besitzt, die Tendenz zur Aufspaltung in nationale „Dialekte" oder Seitenlinien wie Esperantido, Nov-Esperanto und Ido.

Nach dem Ersten Weltkrieg erfand Charles Ogden, ein englischer Psychologe, ein System, das er *Basic English* („Basisenglisch") nannte. Als weltweites Kommunikationsmittel gedacht, benutzt dieses System 850 ausgewählte englische Wörter – 600 Substantive, 150 Adjektive und 100 Wörter, die als „andere" klassifiziert sind. Eine Reihe von Aufsätzen, Kurzgeschichten und Büchern ist in dieses System „übersetzt" worden, das nicht dem Ausländer die größte Schwierigkeit bereitet, sondern dem englischen Muttersprachler, wenn er den Ausländer zu verstehen versucht, der das, was er mit der begrenzten Zahl der im *Basic English* zur Verfügung stehenden Wörter ausdrücken will, oft stark umschreiben muß. Diese Schwierigkeit erwächst aus dem Versuch, den Wortschatz einer Sprache einzufrieren – ein Wortschatz, der sich ja wie jeder andere lebende Organismus ständig verändert.

Unter allen möglichen Anwärtern scheint das Standardenglisch bei den gegenwärtigen Bedingungen eine gute Wahl für eine allen gemeinsame Weltsprache zu sein. Es wird von mehr Nationen als Nationalsprache verwendet als jede andere Sprache und ist weiter verbreitet als jede andere Sprache.

Das Englische hat einen Wortschatz, der mehr als doppelt so groß ist wie der jeder anderen Sprache (das Deutsche kommt ihm darin am nächsten). Englisch hat über eine Million Wörter, und ständig werden neue hinzugefügt, nicht nur aus fremden Sprachen, sondern auch aus dem Bereich der gegenwärtigen wissenschaftlichen und industriellen Entwicklungen.

Noch nie ist eine Sprache von so vielen anderen Sprachen beeinflußt worden; die englische Sprache ist nicht nur eine Weltsprache, sondern eine Mischung aus Elementen der meisten Weltsprachen.

Zum ursprünglichen Gemisch aus Angelsächsisch, Keltisch

und Normannisch sind Tausende von anderen Wörtern aus dem Holländischen, den skandinavischen Sprachen, dem Spanischen, Italienischen, Deutschen, Portugiesischen, dem modernen Französischen, dem Arabischen, Russischen, Hebräischen, Jiddischen, Malaiischen, der Hindusprache, dem Chinesischen, Japanischen und den Indianersprachen getreten.

Manche der neuen Wörter aus Sprachen, die einst vom englischen Standpunkt aus als exotisch galten, sind nun allgemein akzeptierte englische Wörter und über das Englische oft in andere Sprachen übertragen worden. Ihre wörtlichen Übersetzungen haben oft eine interessante Bedeutung:

Japanisch	*judo*	„passiver Weg“
	geisha	„künstlerische Person“
	harakiri	„Bauch aufschlitzen“
	kamikaze	„Wind des Geistes“
	kimono	„Ding zum Anziehen“
	tycoon	„großer Prinz“
Chinesisch	*chow*	„gebraten“
	gung-ho	„harmonisch arbeiten“
	typhoon	„großer Wind“ *(taifung)*
	kowtow	„mit der Stirn am Boden anstoßen“
Hindu	*punch*	„fünf Zutaten“
	pariah	„Trommel“ (*parai,* eine ausgestoßene Kaste von Trommlern)
	shampoo	„Massage“ *(champna)*
	bangle	„Armreif aus Glas“ *(bangri)*
	chit	„Brief“ *(citta)*
Sanskrit	*sugar*	„Kies“ *(sakora)*
Indianersprachen	*squaw*	Sprache der Natchez-Indianer, „weibliches Geschöpf“
	papoose	Sprache der Naragansett-Indianer, „sehr klein“
	wigwam	Sprache der Massachusetts-Indianer, „ihre Behausung“

	possum	Sprache der Algonkin, „weißes Tier“
	teepee	Sprache der Dakota-Indianer, „Zelt“
Russisch	*samowar*	„Selbstkocher“
	wodka	„Wässerchen“
Gälisch	*whisky*	„Lebenswasser“ *(uisge beatha)*
	slogan	„Kriegsruf“ *(sluagh gairm)*
Hebräisch	*shibboleth*	„Kornähren“
	kosher	„nach dem Gesetz“ *(kasher)*
	amen	„gewiß“
	sabbath	*Sabbath:* von *shabbath,* „rasten“
Arabisch	*sofa*	„Teppich“ *(suffah)*
	magazine	„Vorratshäuser“ *(makhazin)*
	alcohol	„Augenschatten“ *(alkohl)*
	mattress	„Platz, um etwas hinzuwerfen“ *(matrah)*
Persisch	*julep*	„Rosenwasser“ *(gulab)*
	paradise	„Jagdpark“ *(pari daeza)*
Türkisch	*tulip*	„Turban“ *(tulibend)*

Ausdrucksstarke Wörter aus jeder Sprache können dem Englischen leicht eingegliedert werden; dies wird dadurch erleichtert, daß englische Substantive kein Genus haben, daß Adjektive keinen Plural oder keine Fallendungen haben und daß Verbzeiten einfach und leicht zu verstehen sind.

Während der letzten sechzig Jahre hat sich eine freizügige Einstellung zu Grammatik und Konstruktion im Englischen eingebürgert. Rundfunk, Fernsehen, Werbung und Presse wandeln für gewöhnlich auf willkürliche Weise Substantive in Verben um und bilden neue Adjektive und Adverbien aus Substantiven und Verben – ein geheiligter Brauch im Englischen. Wörter werden um ihrer illustrativen oder schockierenden Wirkung willen geprägt und verwendet.

Das Englische und das Chinesische zählen, zumindest was die Grammatik anbelangt, zu den einfachsten Sprachen der

Welt, da Sprachen die Tendenz zeigen, im Lauf der Zeit durch ausgedehnten Gebrauch einfacher zu werden. Mit anderen Worten, je mehr Menschen eine Sprache sprechen, desto einfacher wird sie.

Alle Regeln ändern sich, allmählich oder unvermittelt. Kein geringerer als Sir Winston Churchill, ein Meister der Sprache, versetzte während des Zweiten Weltkrieges der einst genauestens beachteten Regel, daß man *It is I* („Ich bin es“) – und nicht *It is me* („Es ist mich“) – sagen müsse, einen wirksamen Schlag. Als die britische Armee in Frankreich bereits wankte und sich eine Invasion Englands durch die Nazis abzuzeichnen begann, hielt Churchill eine eigene Rundfunkansprache als Versuch, die Kampfmoral wiederherzustellen. Seine Stimme, die in jeden Winkel des englischen Königreiches und der Welt übertragen wurde, begann mit den Worten: *This is me, Churchill, speaking* („Mich ist es, Churchill, der spricht.“). (Man fragt sich, welche Wirkung seine Rede gehabt hätte, wenn er mit *This is I* . . . begonnen hätte.)

Churchill versetzte auch dem stilistischen Verbot, einen Satz mit einer Präposition zu beenden, einen Schlag. Als man ihm die veröffentlichte Fassung einer von ihm verfaßten Rede zeigte, bemerkte er, daß der Herausgeber einen wirkungsvollen Satz nur deshalb verändert hatte, weil er mit einer Präposition endete. Er stellte die ursprüngliche Version wieder her und schrieb an den Rand: *This is the sort of thing up with which I will not put* („Das ist etwas, was ich nicht dulde“).

Als potentielle Weltsprache hat das Englische mindestens einen großen Nachteil – seine nichtphonetische Schreibweise. Ein ausgezeichnetes Beispiel ist die Wendung *though a rough cough and hiccough plough me through* („obwohl mir ein arger Husten und Schluckauf den Weg bahnen wird“), in der *-ough* auf sechs verschiedene Arten ausgesprochen wird.

Viele Neuerer, darunter Theodore Roosevelt und George Bernard Shaw, haben versucht, die englische Schreibweise zu vereinfachen. (Shaw hinterließ in seinem Testament sogar ein Vermächtnis für diesen Zweck.) Sollte sich die Änderung der Schreibweise letztlich durchsetzen, dann wird dies den Großteil der englischen und amerikanischen Literatur verändern, vielleicht ein allzu hoher Preis, den man dafür zahlt, daß man das Auswendiglernen von Wörtern vermeidet.

In seiner gegenwärtigen Form wird Englisch häufiger im Druck verwendet als irgendeine andere Sprache. Von allen Büchern, die herausgegeben werden, werden 50 Prozent in englischer Sprache gedruckt, 70 Prozent des Briefverkehrs werden in englischer Sprache abgewickelt und 75 Prozent aller Kabelmeldungen werden in englischer Sprache gesendet.

Englisch wird bei allen internationalen wissenschaftlichen, politischen oder industriellen Konferenzen bei weitem am häufigsten verwendet. Mehr als die Hälfte aller Auszüge von chemischen Forschungsarbeiten und wissenschaftlichen Abhandlungen sind in englischer Sprache verfaßt.

Trotz der hohen Anzahl Lese- und Schreibkundiger in vielen ausländischen Staaten (einschließlich Japans, das die höchste Zahl aufweist) sprechen mehr Menschen, die lesen und schreiben können, Englisch als irgendeine andere Sprache.

Etwa 300 Millionen Menschen sprechen Englisch als Muttersprache und vielleicht weitere 300 Millionen als Zweitsprache. Einschließlich dieser Menschen, die Englisch nicht als Muttersprache sprechen, ist die Zahl der Englischsprechenden nahezu gleich groß wie die Gesamtanzahl der Chinesischsprechenden, weil relativ wenige Ausländer Chinesisch als Zweitsprache sprechen und weil viele Chinesen innerhalb und außerhalb Chinas noch nicht Kuo-yü (Mandarinchinesisch) sprechen.

Obwohl wesentlich mehr Menschen Chinesisch als Muttersprache haben als Englisch, existieren auf der ganzen Welt Gebiete, in denen Englisch gesprochen wird. In vielen Ländern, in denen Englisch nicht die Muttersprache ist – in Dänemark, Norwegen, Schweden, den Niederladen, in der Schweiz, Indien, Pakistan, Malaysia und anderen Ländern in Asien und Afrika –, sprechen mehr als 10 Prozent der Bevölkerung Englisch. In Deutschland und in einigen Teilen der spanischsprechenden Welt beläuft sich der Prozentsatz englischsprechender Menschen annähernd auf 10 Prozent der Bevölkerung. In Japan ist das Studium der englischen Sprache weit verbreitet, und sogar in der UdSSR ist Englisch die wichtigste Fremdsprache, die in der Schule gelehrt wird.

Vielleicht wäre es richtig, im Weltraumzeitalter den Vorschlag zu machen, daß das Englische auch in der Luft zur wichtigsten Weltsprache werden soll. Alle internationalen Flüge verständigen sich mit den Passagieren und mit dem Bodenpersonal sowohl auf englisch als auch in der nationalen Sprache der jeweiligen Fluglinie. (Ein Versuch in Quebec, in der Flughafenkommunikation ohne das Englische auszukommen, war verständlicherweise nur von kurzer Dauer.)

Bei Telefongesprächen ist die wichtige Position des Englischen besonders auffällig. Im Jahre 1980 belief sich die Zahl der Telefonapparate auf der ganzen Welt auf 472 Millionen (die Volksrepublik China nicht mitgezählt). Etwa 238 Millionen davon waren in englischsprachigen Ländern oder in englischsprachigen Gebieten installiert.

In den Vereinigten Staaten gibt es 175 Millionen Telefonapparate, und knapp darauf folgt Japan an zweiter Stelle mit 55 Millionen. Zählt man alle „englischsprachigen" Telefonapparate zusammen, so stellt sich heraus, daß mehr als die Hälfte aller Telefone auf der ganzen Welt sich in englischsprachigen Ländern befinden. Darüber hinaus wird der Großteil aller internationalen Telefongespräche in englischer Sprache abgewickelt, sogar geschäftliche Gespräche zwischen asiatischen und afrikanischen oder europäischen Ländern, die keine gemeinsame Sprache haben.

Die gegenwärtige Verwendung des Englischen als Hilfsweltsprache für die Kommunikation über weite Entfernungen, für den Reiseverkehr und für die Geschäftswelt ist immer noch kein Beweis dafür, daß es die eine und einzige Weltsprache der Zukunft sein wird. Wahrscheinlich wird es so sein, daß man bestimmte Wörter überall auf der Erdkugel verstehen wird. Drei dieser Wörter, nämlich *hello, OK* und *stop,* sind vielleicht jetzt schon unerkannte Vorläufer einer zukünftigen Weltsprache.

Weitere Wörter, die sich international durchgesetzt haben und von denen manche ursprünglich aus dem Englischen, Französischen oder anderen Sprachen stammen, sind bereits nahezu überall in Verwendung und werden vielleicht einen Teil einer zukünftigen Weltsprache darstellen. Dazu gehören:

automobile
bus
taxi
plane
motorcycle
bicycle
airport
hotel
cinema
football
polo
bank
post (office)
theater
concert

opera
ballet
dance
music
sport
tennis
golf
camera
passport
telephone
television
radio
program
menu
steak
salad
coffee
whisky
soda
cigarette
dollar

Eine Anzahl von gebräuchlichen Wörtern, die sich auf Kleidung und Haushaltsartikel beziehen, werden noch dazukommen, sobald sie weltweit in Verwendung stehen, z. B. *jeans, Coca-Cola, aspirin, spray.*

Diese möglichen Anfänge einer allen gemeinsamen Weltsprache werden praktisch überall verstanden, teils weil sie von so vielen Reisenden und Bewohnern englischsprachiger Länder verwendet werden, und teils weil sie gleich – oder sehr ähnlich – lauten wie die jeweiligen Wörter in der Muttersprache. Dieser Grundwortschatz ist nicht von Sprachkomitees ausgewählt worden, sondern durch Notwendigkeit und sprachliche Ähnlichkeit entstanden; diese Liste wird sich schließlich auf mehrere Hundert, dann auf tausend erhöhen und in diesem

Stadium, vorausgesetzt es treten keine unvorhergesehenen Ereignisse ein, als Grundlage einer weltweiten Sprache dienen, die auf dem Englischen beruht. Diese Sprache wird Wörter und Wendungen aus den wichtigen (und weniger wichtigen) Sprachen der Welt enthalten, die besonders nützliche und allgemeine Begriffe zum Ausdruck bringen.

Ob sich nun in Zukunft tatsächlich eine allen gemeinsame Weltsprache entwickeln wird oder nicht – eine Anzahl von wichtigen oder weniger wichtigen Sprachen wird zweifellos weiterhin gedeihen, lebendig erhalten durch die Anziehungskraft einer allen gemeinsamen Erinnerung, die sich auf Tradition, Geschichte, Literatur, Nationalstolz und Vaterlandsliebe gründet.

Eine Nationalsprache ist mehr als nur ein Kommunikationsmittel: Sie ist das gesamte Erinnerungsvermögen an die Existenz eines Stammes oder einer Nation. Sie repräsentiert den Charakter und die Individualität der Gruppe, des Stammes oder der Nation, der ein Mensch angehört. Im Kymrischen, einer alten Sprache, die in Großbritannien um ihr Überleben kämpft, gibt es ein Sprichwort, das sich besonders gut auf die beharrliche Fortdauer der Sprache anwenden läßt: *Cenedl heb raith; cenedl heb galon* – „Eine Nation ohne Sprache; eine Nation ohne Herz.“

Danksagung

Der Autor möchte Valerie Seary-Berlitz, Schriftstellerin, Linguistin und Künstlerin, die ihm bei der Vorbereitung zur Drucklegung und bei der Auswahl und Anordnung der Illustrationen behilflich war, seinen Dank für die Unterstützung bei der Vorarbeit zu diesem Werk aussprechen.

Ferner dankt der Autor folgenden teils lebenden, teils verstorbenen Personen, die ihm bei seinen eigenen Sprachstudien oder bei der Vorarbeit zu diesem Buch eine Hilfe waren oder ihm eine Anregung geboten haben: Professor Mark Baldwin, Latinist; Ehud Beneliezar Benyehuda, Lexikograph, Spezialist für modernes Hebräisch; Lin Berlitz, Linguistin, Forscherin; Dr. George Frangos, Historiker, Schriftsteller, Linguist, Spezialist für Balkansprachen; Dr. Alexei Gierowski, Historiker, Linguist, Schriftsteller, Spezialist für osteuropäische Sprachen; David C. Frost, Redakteur, Linguist; Charles Hughes, Linguist, Philologe, Ethnologe, Spezialist für Indianersprachen; Dr. Constantine Mertvago, Multilinguist; William Morris, Lexikograph, Schriftsteller, Universitätslektor, Leitartikler, Etymologe; Professor W. Max Müller, Ägyptologe, Linguist, Historiker, Übersetzer des *Mahabharata;* Dr. Mario Pei, Linguist, Philologe, Schriftsteller, Spezialist für romanische Sprachen; Maxime Berlitz Vollmer, Schriftsteller, Universitätslektor, Linguist, Philologe; King Wang, Spezialist für klassisches Chinesisch; und King-Mau Wu, Linguist, Spezialist für chinesische Dialekte.